엄마를 위한 나라는 없다

여자에게만 희생을 강요하는 세상을 향한 분노의 어퍼컷

엄마를 위한 나라는 없다

김가혜 지음

와이즈맵

서문보다 변명에 가까운,
프롤로그보다 고마운 분들에 가까운

1.

출판사에 이 책의 기획안을 보낸 건 지난해 여름이었다. 누군가는 '마더 퍼커'라는 가제만 보고 엄마 욕하는 이야기냐고 묻던데, '굳이' 여성 혐오를 담은 영어 욕을 제목에 넣은 건 당시 개봉한 지 2년도 지난 〈어벤져스 : 인피니티 워〉를 봤기 때문이다.

어느 주말, 그날도 우리 부부는 전날인지 전전날인지 또 한바탕 싸우고 나서 어물쩍 화해의 낮술을 마시고 있었는데, 부엌 선반 위 14인치 텔레비전 채널을 돌리다 이 영화를 발견하고 쾌재를 불렀다. 야호, 드디어 나도 본다!

영화가 개봉한 2018년 4월. 우리 집엔 태어난 지 한 달이 조금 지난 신생아가 둘이나 있었다. 나와 남편은 절대적으로 부족한 잠 때문에 곧 쓰러질 것 같았지만, 돌이켜보면 그때가 가장 돈독했다. 끝이 보이지 않는 불면의 터널 속에서, 우리는 서로를 연민하고 격려했다. 괜찮아, 100일만 지나면 그래도 '살만하대'.

토요일 오후 극장 티켓 한 장. 나보다 먼저 산후 우울증을 겪고 있던 남편을 위한 선물이었다. (러닝타임만 무려 149분이라고!) 당시 내 상태로 말할 것 같으면 우리 집 아래서 담배를 뻑뻑 피우는 10대의 손이라도 빌리고 싶은 심정이었다. 이봐요, 젊은이. 금연구역에서 담배 피웠다고 나무라는 거 아니에요. 관리실에 전화 안 할 테니까 올라와서 애들 좀 봐주겠어요? 아주 잠깐만, 눈으로만 보면 돼요. 방광이 곧 터질 것 같아 그래요….

극장에 다녀온 남편에게 내가 마블 캐릭터 중 가장 사랑하는 '그루트'가 무사한지 물었다가 재빨리 그의 입을 막아버렸다. 아니야, 스포라니. 말도 안 되지! 그렇게 나는 누적 관객 1,123만 명 안에 들어가지 못했다. 관련 뉴스는 일부러 피했다. 자막 오역으로 관객들의 원성을 샀다는 이야기는 들었지만 불굴의 인내심으로 검색해보지 않았다.

그런데 그날, 사람들의 기억에서 잊힌 지 오래인 문제의 마지막 대사를 뒤늦게 봐버렸다. "마더 퍼…"란 말이 "오, 어머니!"란 자막으로 등장한 순간, 나는 배를 잡고 웃었다. 뭐야? 말도 안 돼! 닉 퓨리가 저렇게나 효자였어? 우주 최강 어벤져스도 진짜 끝났다 싶을 땐 엄마 찾는 거야? 신이 모든 곳에 있을 수 없어 만든 엄마라?

그때 생각했다. 다음 책 제목은 '마더 퍼커? 오, 어머니!'라고 지

프롤로그

어야지. 애 엄마가 왜 저런 욕을 입에 담는지, 그것도 모자라 책 제목에 쓸 생각을 했는지 이상하게 생각할 수 있다. 하지만 나는 지구상 모든 인간은 (적어도 생물학적으로는) 엄마가 있는데, 너무 많은 인구가 엄마를 욕보이는 욕을 쓰는 현실이 더 이상했다. 가족은 건드리지 말라면서, 엄마만 생각하면 눈물이 난다던데, 너무 쉽게 엄마 욕을 썼다. 나는 초등학교 몇 년을 경상도에서 보냈는데 토박이 친구들이 애용하는 욕은 보통 '니미-'로 시작했다. 그랬다, '니미'는 경상도 방언으로 '어머니'란 뜻이다.

친정 오빠에게 가제가 '마더 퍼커'인 책을 쓰기 시작했고 임신, 출산, 육아에 대한 분노를 담은 이야기라고 했더니 시니컬한 목소리로 물었다. "왜 뭐, 《82년생 김지영》 같은 거?"

2.

출산 후 많은 엄마(와 자매)들에게 힘을 얻었지만, 이 책을 쓸 수 있었던 건 스크린으로 만난 두 여성의 영향이 컸다. 한 명은 작가이자 코미디언인 앨리 웡이고, 다른 한 명은 〈작은 아씨들〉을 연출한 그레타 거윅이었다. 전자는 내 얼굴을 붙잡고 "해보니까 욕 나오지? 참지 말고 욕해!"라며 소리쳤고, 후자는 다정한 얼굴로 어깨를 쓰다듬어 주었다. "걱정 마, 우리는 자매니까."

앨리 웡에게 빠진 건 넷플릭스 스탠드업 코미디 〈앨리 웡: 코브라 스네이크〉가 시작이었다. 빨간 안경에 쫙 달라붙는 원피스를 입고 무대에 올라온 임신 7개월 차의 동양 여성은 영상 초반엔 언뜻 여성 혐오적인듯한 말들을 늘어놓는다. 여성들이 이전까지 그랬듯 '멍청한 척' 살면 집에서 토크쇼나 보면서 편하게 지낼 수 있는데 페미니스트들이 "우리는 뭐든 할 수 있고 뭐든 될 수 있다"라고 진실을 말해버리는 바람에 다 망했다고 말이다. 하버드 경영대 출신의 남편에게 연애 시절부터 매일 도시락을 싸줬던 건 순전히 전업주부가 되고 싶었기 때문이라고.

그녀는 자신이 전업주부가 되려면 (역시나 동양인인) 남편이 '백인 남성이 썬, 한 팩에 10달러짜리 유기농 망고 슬라이스를 맘껏 먹을 수 있는' 경제적 수준을 이뤄야 한다고 말한다. 방송을 본 사람들은 알겠지만, 그녀의 코미디는 결국 우리 주변에서 매일 일어나는 차별에 대한 '미러링'이었다. 인종과 성별에 대한, 여성의 임신과 육아에 대한 차별을 몸소 보여준 것이다.

전 세계 여성을 자매애로 뭉치게 만든 그레타 거윅의 연출작 〈작은 아씨들〉은 어떤가. 2019년 2월 12일, 개봉 첫날. 극장 맨 뒷줄에서 혼자 영화를 보던 나는 가슴이 터질 것만 같았다. 자신의 원고를 익명으로 잡지사에 팔고 신나서 달려가는 '조'를 따라가면서, 늘 자신을 뒷전으로 만드는 언니에게 복수하기 위해 글을 태워버린 '에이미'에게 공감하면서, 결혼하지 말고 도망가서 살자는 동생에게 "내 꿈이 네 꿈과 다르다고 중요하지 않은 건 아니야"라던 '메그'의 반응에 말문이 막히면서, 그리고 예술가의 꿈을 접겠다는 '에이미'에게 남성 사회가 정한 기준에 휘둘리지 말라고 말하는 '로리'에게 반하면서.

모든 자매, 형제가 빛난 영화지만 특히 나를 위로한 것은 '엄마(로라 던)'였다. 가족들에게 화내는 모습을 한 번도 보인 적 없던 그녀는 본인의 성질머리를 한탄하는 딸에게 고백한다. "나도 거의 매일 화가 나는걸!"이라고. 인내심이 많은 천성은 아니지만 분노에 자신의 좋은 면이 잠식되지 않게 노력하며 배우고 있다고. 그러면서 딸에게는 본인만의 방법을 찾으라고 조언한다. "어떤 천성들은 너무 고결하고 굽히기엔 너무 드높단다."

영화 개봉 당시 엄마가 된 그레타 거윅은 한 패션지와의 인터뷰에서 영화를 세상에 내놓는 것과 아이를 출산하는 것의 유사점에 대해 이렇게 (멋쩍게) 대답한 바 있다. "아마 영원히 부족하다고 느끼는 점, 그 일로 경외의 대상이 된다는 점이 비슷하지 않을까 싶네요."

3.

혼자서는 마감이 잘 되지 않아 브런치에 글을 올리기 시작했다. 한때는 매달 인쇄되는 글을 쓰는 게 직업이었지만, 개인 블로그 한 번 해본 적 없던 내게는 적잖은 용기가 필요한 일이었다.

한동안은 즐거웠다. 구독자가 늘어나고, 누군가 내 글에 공감하고, 자신의 내밀한 경험을 털어놓으며 때론 내 글을 기다리고 있단 말에 설렜다. 마감에 속도가 붙었고, '무언가 생산적인 것'을 하고 있다는 생각에 활력이 생겼다.

그러다 '소요'가 일어났다. 그리 힘주어 썼다고 생각하지 않은 주제에서, 펑! 자칭 상위 20% 남편과 사는 것에 대한 소회를 담은 글의 조회수가 무서우리만큼 빨리 올라간다 싶더니 평소 임신, 출산, 육아 글을 따로 챙겨보지 않을 (거라 예상되는) 사람들이 내 글에 대한 불편함을 드러냈다. 가정적인 남편의 불편한 진실은 직장에서 아랫사람 피 빨아먹는 인간이라는 이야기부터 시작해 여자들이 남편 욕이나 하며 좋아하는 모습이 '추하다'고 표현하는가 하면, 결혼생활에서 양성평등을 논할 거면 군대나 가라는 글도 있었다(물론 예의를 갖춰 "육아하는 여성의 고됨은 이해하지만 남편분이 억울하실 것 같아서요"라고 말하는 분도 있었다).

나는 대응하지 않았다. 일단 그 글은 남편을 험담하는 것이 목적이 아니었다. 남편의 노동은 값비싸게 매기면서 나의 노동은 당연하게 생각하는 친정에 대한 불만과, 대체로 내게 많은 힘을 주지만 때때로 상실감도 주는 육아 동지들에 대한 씁쓸함, 엄마란 존재를 신계로 드높이면서 그 대단한 존재를 집 밖으로 못 나오게 만드는 사회에 대한 유감을 드러내고 싶었다. 퇴근 후 애들도 보고 집안일

9

도 하고 아내가 외출도 하게 해주는 남편 정도면 상위 1% 안에 든다고 '올려 치기' 하는 사람들에게 "그럼 아내는?" 하고 묻고 싶었다. 아내들에게 자신이 상위 몇 퍼센트 안에 든다고 생각하는지 묻는다면? 후하게 쳐봐야 "간신히 평균 정도"라고 대답할 것이다.

엄마로서 묻는다면? 이때부터는 한숨만 나온다. 워킹맘이든 전업주부든 대부분의 유자녀 여성은 자신이 서툴고 나쁜 엄마라고 생각한다. 엄마들은 아이가 성장하면서 드러나는 '누구에게나 있는' 작은 결핍의 원인을 자신에게서 찾고 괴로워한다. 한 육아 동지는 내가 아이들에게 애니메이션 〈엄마 까투리〉를 틀어주는 걸 지켜보면서 한숨을 쉬었다. "나는 못 보겠어요. 엄마 까투리가 너무 완벽하잖아요?" 나는 자신이 얼마나 좋은 엄마인지 모르는 그에게 얼굴을 바짝 가까이 대고 말했다. "말도 안 돼요! 아빠 장끼는 그림자도 안 보이는데요?"

4.

일요일 오후 3시. 남편은 주말 청소를 시작했고, 나는 데이베드(실은 아이들 침대다)에 앉아 넷플릭스로 〈작은 아씨들〉을 틀었다. 평소 같으면 가습기 청소를 하든지, 세탁기를 돌리든지 했겠지만 우리는 이틀째 냉전 중이었고, 나는 아침부터 두 끼 식사를 차리느라 이미 지쳐 있었다. 한가로운 영화 감상 따위 불가능한 상황이란 건 알고 있었지만, 우리 침대에서 이리 뒹굴 저리 뒹굴 하며 곧 잠들

것 같은 아이들을 보며 잠시 실낱같은 희망을 품었었다(그러고 보면 인간은 망각의 동물이 확실하다).

영화가 시작된 지 얼마 지나지 않아 딸아이가 애착 베개를 들고 와 꿰매 달라고 했다. 아이가 기분이 좋지 않거나 졸릴 때마다 입술을 비비는 원숭이 베개의 귀 부분이었다. 영화를 다 보고 해주겠다고 얼러봤지만 통할 리 없었다. 하는 수 없이 반짇고리를 챙겨와 귀에 난 구멍을 메우기 시작했다. 한 장면도 놓치고 싶지 않은 영화를 컴퓨터 배경화면처럼 흘려보내며 바느질에 집중했다. 아직은 돋보기 없이 바늘구멍에 실을 넣을 수 있음에 감사하며(루테인을 열심히 먹은 효과를 이렇게 확인하는군!). 아이가 2년 넘게 끌어안고 다닌 베개는 터진 곳이 한두 군데가 아니었다. 시작한 김에 보이는 구멍을 다 메우는데, 남편이 옷방과 거실 청소를 마치고 안방으로 들어왔다. 청소 때마다 입는 낡은 트렁크 차림으로. 연애 때 선물한 것이니 못해도 10년은 입은 것이었다. 어쩐지 그 모습이 애처로워 바느질을 하다 말고 한참을 쳐다봤다.

아이를 낳고 우리의 세계는 변하다 못해 뒤집어졌는데, 변하지 않은 것도 있었다. 일요일 오후, 트렁크 차림으로 집 청소를 하는 남편. 그는 내가 임신, 출산, 육아를 경험하며 느낀 차별과 부당함에 대해 글을 쓸 것이며, 남편은 물론이고 시댁에 관한 유감도 들어갈 거라 했을 때 망설임 없이 그러라고 했다. 하지만 가까운 친구들은 물론이고 이 책의 편집자 또한 우려했다. 그 어떤 이해심 많은 남편도 자신의 가족을 부정적으로 그리는 글을 응원하기는 힘들다고 말이다(편집자는 농담처럼 출간 전에 남편의 각서를 받아두는 것이 좋지 않겠냐고 물었다). 나는 사람들의 그런 반응을 볼 때마다 입을 삐죽거렸지만, 앞서 말한 소요가 일어났을 때 남편을 다시 보게 됐다. 당황스럽고 불쾌한 동시에 겁을 먹은 나를 달래며 그는 말했다. "괜찮아, 신경 쓸 거 없어."

고맙고 미안했다. 아내로, 엄마로, 딸과 며느리로 겪은 부당한 일들을 글로 쓰는 과정에 남편이 언제나 함께했다는 걸 그동안 너무 간과했다. 나는 왜 자꾸 이 남자를 원망하고 채찍질할까? 내가 싸워야 할 건 남편이 아니라 시스템인 걸 알면서. 내가 노력하는 만큼 그도 노력하고 있다는 걸 잘 알면서. 나는 마치 오래전에 각성하고 무결하게 생활하는 인간인 것처럼.

첫 책에서 나는 내가 여자로 태어난 것에 고마움을 느끼는 대부분의 순간은 여자들의 우정을 확인할 때라고 썼다. 그 생각엔 변함이 없다. 혈육상으로는 없지만, 쌍둥이가 이름을 기억하는 '이모'만 해도 열 명이 넘는 걸 보면 확실히 나는 자매 복이 많은 사람이다. 10대 후반, 언니란 존재가 얼마나 든든한 것인지 알게 해준 새언니 역시 마찬가지다.

변화라면 전과 달리 남매애도 생겼다는 것이다. 서로의 입장 차를 줍히지 못하고 소리지르며 싸우는 날도 많았지만, 결국은 내 이야기에 귀 기울이고 지지해준 남자들에게 고맙다는 말을 하고 싶다. 이 책에서 '가장 많은 욕을 먹은' 친정 오빠는 내가 더는 글을 쓰는 게 "무섭다"라고 하자 아무것도 아닌 것 같은 말로 울컥하게 만들었다. "동생, 아무것도 아니야. 네가 아무것도 아니라고 생각하면 아무것도 아니야." 그리고 기혼 유자녀 여성으로 일희일비하는 순간마다 내 편인 듯 내 편 아닌 내 편으로 힘이 돼준 비혼 남자 친구 J에게, 이 우정이 끝나는 순간까지 이 긴장감을 유지해주길 부탁하고 싶다.

　엄마가 된 후 경험한 세상은 결코 핑크빛이 아니었다. 제목 그대로 '엄마를 위한 나라'는 없었다. 하지만 그럼에도 다정하고 용감한 자매들이 있기에, 더불어 사랑스러운 남자들이 있기에 희망을 걸어본다.

목차

1장

다시는 임신 전으로 돌아갈 수 없다

아침에는
똥을 생각하는 것이 좋다

"똥인지 떡인지 먹어봐야 알아?"

어떻게 지내냐는 친구의 말에 똥으로 시작하는 근황을 전했다. 친구는 한참 깔깔대며 웃더니 기대와는 사뭇 다른 질문을 해왔다. "근데, '똥인지 된장인지' 아냐?" 맙소사. 평소 잘못된 맞춤법과 예시를 지적해 네 똥 굵다는 말을 적잖이 듣던 내게, 친구는 잘 걸렸다는 듯 내 말을 바로잡아주려 했다. 어이 친구, 지금 너의 친구는 망할 '산후 건망증' 때문에 된장을 떡으로 잘못 말한 게 아니라고! 나는 재빨리 상황을 정리했다.

"농담도 비유도 아니야, 진짜 먹을 뻔했다니까!"

생후 30개월, 아이들의 배변 훈련이 한창이다. 어린이집 담임선생님은 지금이 '적기'라고 했다. 같은 반에 아이들보다 생일이 두 달 '빠른' 친구가 화장실에 가는 걸 보고 두 아이 모두 관심이 많다면서, 팬티를 입혀 보내주면 원에서도 같이 훈련을 하겠다고. 선생님은 기쁜 소식을 전하는 것이 틀림없었지만 나는 난감했다.

배변 훈련의 적기란 말은 이번에 처음 들은 게 아니었다. 1년 전, 당시 어린이집 담임선생님도 같은 이야길 했다. 그땐 그 말이 아파트 분양에 당첨됐으니 당장 몇 억을 만들어오란 소리처럼 들렸다. '벌써요? 아니 물론 그런 날이 오길 꿈꿨죠, 그래야만 하고요. 그런데 아직은 마음의 준비가 안 됐다고 해야 하나, 너무 빠른 건 아닐까요? 다 제쳐두고, 제가 그걸 할 수 있을까요?'라고 묻고 싶은. 막 생후 18개월이 지난 아이들은 하루가 다르게 몸놀림이 빨라졌고 의사 표현의 대부분은 '아냐!'였다. 아파트 단지를 지나가다 마주친 초면의 쌍둥이 육아 동지는 아이들의 개월 수를 확인하고는 이렇게 반색했다. "아, 엄마들이 18, 18 한다는 그 18개월이요?"

똥덩어리 같은 미션이었다. 찾아보니 '빠른' 아이들의 경우엔 18개월에도 '성공'하지만, 보통은 두 돌이 지난 후 30개월 전후로 기저귀를 뗐다. 가만, 그러고 보니 담임선생님은 우리 아이들이 '빠른 편'이라며 자주 비행기를 태워주셨다. 내심 뿌듯했고 어깨가 으쓱한 날도 있었다. 그런데 실은 애들의 기저귀를 하루빨리 떼버리고 싶어 밑작업(?)을 하신 거라면?

그게 선생님의 빅 픽처였다 해도 할 말은 없었다. 담임선생님은 영아반을 맡은 지 한 달 만에 허리 건강이 나빠져 병가를 냈다. 왜 안 그러겠나. 아직 기어 다니는 아이들 셋을 돌본다(어린이집 영아반은 교사 한 명당 아이 셋이 배정된다)는 건 그야말로 중노동이다. 10킬로그램 안팎의 아이를 때마다 들어 의자에 앉히고, 놀이기구에 올려주고, 넘어지면 일으키는 일련의 과정은 무거운 아령을 들고 몇 시간 동안 스쿼트와 런지로 체력단련을 하는 것과는 차원이 다르다. 과거 운동부였던 지인은 내가 쌍둥이를 안았다 내려놓기를 반복하는 걸 보고 허리에 무리가 가지 않는 자세를 친절하게 일러줬지만, 양육자에게 바른 자세 따윈 없다. 아이가 더 안전하거나 안정감을 느낄 자세만이 있을 뿐. 그 노동 강도를 알다 보니 어느 날 갑자기 선생님이 그만두셨다는 비보를 듣는 건 아닐까 걱정됐고, 내가 할 수 있는 일을 했다. 등원 직전까지 아이들의 장을 최대한 비우는 것이었다.

최대 6회, 평균 3.5회. 오전 9시까지 똥 기저귀를 간 횟수다.

먹고 기도하고 싸라

———

화장실에 가거나 차 한 잔을 마시며 한숨 돌릴 수 있는 시간. '휴식시간'은 노동자에게 마땅히 보장돼야 할 기본적인 권리다. 하지만 그 노동이 양육이라면? 계약서에 사인만 하지 않았을 뿐 휴식은 '포기 항목'에 들어가 있다.

일에 미쳐 직장생활을 하던 시절에는 '먹고 자고 싸는 것'에 연연하면 '없어 보인다'고 생각했다. 덜 먹고, 덜 자고, 덜 싸며 더 높은 가치를 이뤄내고 싶었으니까. 하지만 그 생각은 틀렸다(미쳤던 거지!). 생리적 욕구가 1차 욕구인 건 가장 덜 인간적인 원초적 욕구이기 때문이 아니라 그것이 충족되지 않으면 좀처럼 인간답게 살 수 없기 때문이다.

두 아이가 태어난 후 인간에게 잠이 얼마나 중요한지 새삼 깨달았다. 아이들이 잠자지 않는 괴물처럼 보이는 100일 전까지, 턱없이 부족한 수면시간 때문에 내 안의 '헐크'를 보았다. 100일의 기적, 그러니까 아이들이 통잠을 자기 시작하면서부터는 인간답게 잘 수 있었다. 하지만 얼마 못 가 새로운 문제에 부딪혔다. 그것도 다름 아닌 배설의 문제.

출산 후 나는 만성변비에 시달리고 있다. 엄마들의 세계에서 아이를 안은 채 변기에 앉아 일을 보는 건 흔한 일이지만, 쌍둥이를 키우는 입장에선 그마저도 부럽다. 뇌와 대장이 '지금이야!'라고 신호를 보내는 순간에 아이들이 쌔근쌔근 자고 있지 않다면, 성공 확률은 20% 미만이다.

상상해보자. 일단 화장실 앞에 범보 의자 두 개를 놓고 아이들을 나란히 앉힌 뒤 나도 변기에 앉는다. 그리고 교감이라기엔 영 뭐한 시간을 보내며 일을 해결해야 한다면? 기저귀를 찬 아이들을 키우면서 가장 힘든 점은 남이 싼 똥을 치우느라 정작 내 똥은 쌀 시간이 없다는 것이다.

어쨌거나 미션은 떨어졌다. 특명, 아이들이 대소변을 가리게 하라! 이게 가능한 미션인지 불가능한 미션인지는 해봐야 아는 일. 배변 훈련이란 숙제를 받고 집에 돌아와 화장실 변기에 앉았다. 집은 고요했다. 엉덩이를 붙이기가 무섭게 화장실 문을 벌컥 열고 나를 관람하는 영아들은 지금 어린이집에 있다. 문을 닫아 둔 사이 아이들이 어딘가에 올라갔다 떨어지거나 어느 모서리에 가서 부딪히는 건 아닐까 노심초사하지 않아도 된다.

뭐부터 해야 할까? 끙차. 휴대전화 검색창에 '배변 훈련'을 쳤더니 배변 훈련 팬티가 연관검색어로 등장했다. 겉으로 새지는 않지만 기저귀처럼 흡수력이 좋지 않은 이 방수팬티는 아이가 찝찝한 나머지 팬티를 벗게 하는 원리로, 찝찝함을 다시 느끼고 싶지 않은 아이가 이후 배설의 욕구를 느끼면 화장실에 가게 만드는 동기부여 아이템이었다. 세상에 이런 팬티가! 놀랍고 반가웠다. 소재와 제작 과정, 브랜드에 따라 가격은 천차만별. 인지도가 있는 브랜드의 상품은 손바닥만 한 팬티 한 장에 몇만 원씩 했다.

관련 후기를 보니 의견은 분분했다. 누구는 생각보다 흡수력이 좋아 아이가 소변을 누고도 벗을 생각을 안 해 훈련이 되지 않는다고 하고, 누구는 가랑이로 오줌이 줄줄 새서 일반 팬티와 다를 바 없다 하는 가운데, 눈에 띄는 조언을 발견했다. "기저귀 뗀다고 안

해본 게 없는데, 그냥 며칠 벗겨놓는 게 최고더라고요." 그냥 며칠 벗겨놓으라고? 그럼 돈도 굳고, 그 핑계로 외출도 안 해도 되는 거 아닌가. 최고잖아?

하지만 인생에 공짜란 없는 법. 이어지는 이야기는 참혹했다.

"다만 손이 닳도록 빨래를 해야 하는 게 흠이에요."

서 말 똥의 법칙

"우리 친정 엄마가 그랬어. 손에 아이 똥 '서 말'은 묻혀야 엄마가 되는 거라고."

나와 아이들을 3주간 돌봐주신 산후 돌봄선생님이 남긴 어록이다. 말도 냄새를 남긴다는 걸 이 말을 듣고 처음 느꼈다. 이후 남들이 '서 말' 하면 꿰어야 할 구슬을 떠올릴 때, 나는 내 손에 묻혀야 할 똥을 떠올리게 되었다.

'서 말' 할 때 '말'이 분량을 측정하는 단위라는 것만 알았지 그게 얼마만큼을 말하는지는 몰랐다. 대충 많겠지 싶었다. 하지만 하루의 고됨을 똥 기저귀 교체 횟수로 수치화하는 날들이 계속되자 이 고통스러운 기저귀 터널에도 과연 끝이 있는지, 있다면 현재 위치는 어디고 얼마나 더 가야 하는지 알고 싶었다.

찾아보니 한 말은 약 18리터, 서 말은 54리터였다. 마트에서 파는 2리터 생수 열두 개들이 묶음을 양손에 들고 끙끙대며 걸어가는 내 모습이 상상됐다. 그런데 뒤에서 누가 부르는 거다. "여기 3병 놓고 갔어요!" 두 묶음을 박스처럼 쌓고 그 위에 세 병을 얹어 차력쇼 하듯 다시 나서는데, 또 부른다. "저기 애기 엄마! 쌍둥이라 그랬나?" 절망한 나는 그것들을 내동댕이친다.

곁다리로 '한 말'의 씨앗을 뿌려 농사를 지을 만한 넓이의 땅을 '한 마지기'라고 부른다는 것도 알게 됐다. 그렇다면 두 아이의 여섯 말 똥을 뿌려 지을 수 있는 농사는 과연 규모가 얼마나 될까? 똥 같은 생각이 꼬리에 꼬리를 물었다.

실패는 성공의 어머니? 똥이다!

────────

1년 전 배변 훈련은 흐지부지 실패했었다. 승용 완구처럼 손잡이가 달린 유아용 변기를 거실에 두고 친숙하게 만들어보려 했지만 처음엔 잘 앉는 듯하던 아이들은 이내 변기통을 머리에 쓰고 놀더니 어느 날부터는 그 안에 장난감은 물론이고 먹을 것을 보관했다. 하루는 설거지를 하고 돌아섰더니 아이들이 변기통에 담은 사과를 맛있게 나눠 먹고 있었다. 그 길로 유아용 변기는 다용도실 선반 맨 위 칸으로 옮겨졌다. 18개월에 덤벼든 배변 훈련은 그렇게 눈에 띄지 않는 곳에 봉인되었다. 덜컥 사둔 배변 훈련 팬티 14장과 함께.

하지만 배변 훈련은 언제나 미뤄둔 방학숙제처럼 가슴 한편에 남아 있었다. 어느 날 어린이집 엄마들 모임에서 선생님이 18개월에 내준 배변 훈련 숙제를 두 돌이 지나도록 하지 않았다고, 나는 '게을러빠진 엄마'라고 고백하자 따뜻한 위로들이 쏟아졌다. "급하게 생각하지 말아요. 우리 집 애도 30개월 훌쩍 넘기고 뗐어요", "우리 아들은 더 이상 맞는 기저귀도 없어서 얼마나 애를 태웠다고요. 그런데 어제저녁까지 안 되던 게 오늘 아침에 되는 거예요. 때 되면 다 하더라고요". 가장 위로가 된 건 원장의 엄격한 보육 방식에 스트레스를 받지 말라는 말이었다. "원장이 자기 애가 18개월에 기저귀 뗐다는 걸 자랑스럽게 여기잖아요. 우리 집도 적기란 말에 시작했다가 애한테 거부감만 생겨서 더 늦어졌다니까요." 육아 선배들의 경험담을 들으며 '적기'에서 해방되는 기분이었다. 그래, 때 되면 하는 거지!

1년 만에 다시 시작된 훈련. 그사이 아이들의 기저귀는 4단계에서 (마지막 단계인) 6단계로 바뀌었다. 뜻한 바는 아니지만 '배수의 진'을 친 형국. 아이들은 몸집만 커진 게 아니었다. 매운 것을 제외한 대부분의 음식을 소화할 수 있게 되었고, 신생아 때는 색깔만 좀 거시기한 점토 같던 대변이 이제는 성인의 것과 별반 다르지 않은 양과 냄새를 갖추었다.

준비물은 배변 팬티 14장과 방수매트, 그리고 핸드크림. 웬 핸드크림이냐고? 근래 나는 의학 드라마 속 이식 수술을 앞둔 외과의 못지않게 손을 박박, 오래 씻는다. 손가락 사이사이, 손톱 아래까지 청결히 하려면 양 손가락을 깍지 끼고 왔다갔다하는 것은 물론 각 손가락을 반대편 손바닥에 대고 문질러야 한다. 여기서 하나 고백하자면, 사실 이전의 나는 손 씻기에 철저한 사람이 아니었다. 손 씻기란 그저 내가 사회구성원인 동시에 문화인이란 증표로 사람들이 오가는 공용화장실에서 약간의 보여주기를 더해 하는 행위였고, 눈에 보이는 무엇이 손에 묻지 않는 이상 특별히 힘과 시간을 들일 일이 아니었다. 하지만 지금 내게 손 씻기란 나와 내 가족을 세균의 습격에서 보호할 최선의 방어책이다. 씻고 또 씻을 수밖에.

대변을 본 아이의 엉덩이를 닦기 전에 손을 씻고, 아이의 엉덩이를 닦은 후 또 씻고, 기저귀를 버리고 욕실을 정리한 후에 마무리로 또 씻어야 하니 과장 하나 보태지 않고 하루에 족히 100번도 더 손을 씻는다. 엄마들의 손이 '닳는' 이유다. 누구는 물티슈로만 닦아도 충분하다며 일을 덜라고 했지만, 사흘이 멀다 하고 비워야 하는 기저귀 쓰레기만으로도 나는 죄책감에 짓눌렸다. '지옥에 가면 기저귀 폭탄에 맞아 죽겠지!'

기저귀를 빨아 쓰는 건 애초에 포기했다. 하지만 수명이 얼마 남지 않은 지구에 새 생명을 낳고 생긴 일말의 양심은 물티슈라도 최대한 적게 쓰라 했다(물을 많이 쓰는 게 함정이지만). 이렇게 손을 자주,

박박 씻다 보니 지난봄엔 손가락이 얼마나 간지럽던지 밤에 자다 깰 만큼 주부습진이 심해졌다. 그래서 승무원들이 애용한다는 독일 브랜드의 핸드크림 3개 묶음을 샀는데, 한 계절이 지나도록 한 통도 다 쓰지 못했다. 손을 씻을 때마다 핸드숍을 쓰는 건 필수지만 핸드크림을 바르는 건 사치였다. 내 손은 소중하니까, 최면을 걸어가며 핸드크림을 곱게 바르고 뒤돌면 아이는 기다렸다는 듯 말했다. "엄마 나 응가."

대망의 훈련 첫날. 식탁 의자에 앉아 심호흡을 했다. 남편은 출근하고 없었다. 이 지옥훈련을 함께하며 전우애를 키우고 싶었지만, 3~4일씩 벗겨두는 집중훈련을 하려면 주말 이틀로는 부족할 것 같았다. 일단 아이들에게 방수 팬티를 입히고 화장실에 가고 싶을 때 말하라고 했다. 두 시간 뒤, 결과는 예상보다 더 참혹했다. 팬티 8장을 버렸다. 어떤 팬티는 처참하게 소변이 흘러내렸고 덕분에 침대 커버와 이불까지 빨래가 무한정 늘어났다.

기저귀 떼기에 성공한 어린이집 친구의 엄마에게 전화를 걸었다. 그녀로 말할 것 같으면 단 4일 만에 기저귀 떼기에 성공한, 내겐 '캡틴 마블'만큼이나 위대해 보이는 육아 선배였다. "둘째는 아들이라 수월하게 뗀 거 같아. 첫째(딸) 때는 정말 손이 닳도록 빨래했어. 일단 팬티 입히고 한 시간에 한 번씩 화장실로 데려가 소변을 보게 해. 그리고 성공하면 칭찬을 엄청 해주는 거야. 나는 사탕도

주고 그랬어. 그렇게 패턴이 잡히면 두 시간에 한 번씩으로 텀을 늘리는 거지."

포기하고 싶다고 포기할 수도 없는 일이다. 다른 아이들보다 빠른 건 바라지 않(으려고 노력하)지만, 우리 아이들만 기저귀를 못 뗀 아이들로 '남는' 건 싫었다. 허리 펼 새 없이 아이를 변기에 앉히고, 엉덩이를 닦고, 팬티를 빨았다. 몸 여기저기가 시름시름 아팠고 기분은 곤두박질쳤다.

배변 훈련 3일 차. 지치고 지친 나는 긍정의 힘보다 당의 힘이 더 간절했다. 그때 냉동실의 두텁떡이 떠올랐다. 아이들과 해동한 떡을 사이좋게 나눠 먹는 동안 잠시 똥 생각은 잊었다. 알밤만 한 떡을 열 입에 나눠 먹으며 웃음꽃이 피는 아이들을 보고 있으면 이게 참 뭐라고 이렇게 좋아할까, 귀엽고 고마운 마음이 들었다. 떡고물이며 앙금을 사방에 떨어뜨려 뒤처리가 귀찮은 게 흠이지만. 습관처럼 떨어진 앙금을 주워 입에 가져가다 '에이, 뭘 또 주워 먹어?' 자책하며 휴지로 싸서 버렸다.

얼마나 지났을까. 어디선가 기분 나쁘게 익숙한 '그것'의 냄새가 스멀스멀 올라왔다. 킁킁대며 진원지를 따라가 보니 좀 전에 앙금을 주웠던 나의 왼손 엄지와 검지였다. 아까부터 걷는 게 뭔가 어정쩡해 보이던 아이의 팬티를 벗기자 입에 넣을 뻔한 앙금 형상의 그것이 '뚝' 떨어졌다.

안녕, 두텁떡. 당분간 넌 못 먹을 것 같다.

언젠가, 너희가 똥오줌을 가리게 된다면

———

본격적인 배변 훈련을 시작한 지 한 달이 지났다. 요즘 아이들은 혼자 팬티를 입고 벗고 변기에 올랐다가 내려와서는 손까지 씻고 나온다. 차를 타고 몇 시간씩 이동할 땐 불안한 마음에 기저귀를 입히는데, 며칠 전 아들은 요의를 느끼고 목적지까지 남은 시간을 확인하더니 (물론 시간 관념은 없다) 10여 분의 시간을 참은 뒤 목적지에 도착해서 화장실로 들어가는 의젓함을 보여주기도 했다. 아직 딸은 책장 구석에서 나무 막대기를 쥐고 주문 아닌 주문을 외우며 기저귀에 대변 보는 걸 좋아하지만, 하루에도 20장씩 갈던 기저귀를 요즘엔 5장도 안 쓰게 되었으니 나름대로 희망적이다.

아, 육아 선배들조차 말해주지 않은 이 훈련의 최대 고역은 손의 노화가 아니라 '공개 수업'이었다. 어차피 남편이 집에 없는 동안 우리 집 화장실은 '오픈 토일렛'이지만, 아이들에게 배변의 과정을 처음부터 끝까지 보여주려면 전보다 더 적나라한 참관 수업이 이뤄질 수밖에 없다. 아이들은 문밖에서 수시로 나의 상황을 물었고 ("엄마 뭐해?", "푸푸 해?", "아직 푸푸 해?"), 문을 벌컥 열고 들어와 보고 있던 잡지를 빼앗아가서 나와 마주 앉는가 하면, 내 엉덩이를 들어올려 결과물을 확인한다.

웬만하면 이 요물들이 없는 시간에 큰일을 해결하고 싶지만, 오늘 아침엔 도저히 미룰 수 없는 신호가 왔다. 아니나 다를까, 두 녀석은 똑똑 노크 한 번 없이 쳐들어와 모든 것을 지켜봤다. 좀 익숙해질 때도 됐건만, 변기에 앉아 느끼는 아이들의 시선은 여전히 피하고 싶은 것 중 하나다. 말은 또 어찌나 하루하루 느는지, 어디 가서 "우리 엄마가 오늘 화장실에서요…" 하고 떠벌리진 않을까 걱정스럽다.

그러니 사랑하는 딸, 아들, 엄마가 부탁 하나만 할게. 엄마의 푸푸를 어린이집에 알리지 말… 뭐라고? 똥 쌌어?!

가슴과 유방과 젖

85 A.

85는 둘레, A는 컵 사이즈. 체격에 비해 가슴이 작은 편이다. 다양한 사이즈의 노 와이어 속옷이 많지 않던 시절, 브래지어를 벗고 거울 앞에 서면 가슴 아래 'U' 자국 두 개가 선명하게 남아 있었다. 철창신세가 따로 없었다. 손빨래가 귀찮아 세탁기에 넣으면 와이어가 천 밖으로 튀어나와 몸에 상처가 났다. 30대에 입은 라이크라 소재의 브래지어는 내 가슴이 처음 만난 자유였다.

나와 체형이 비슷한 친구는 '노 뽕브라, 노 라이프!'를 외쳤지만, 나는 회의적이었다. 평평한 내 몸이 좋았다. 체육시간에 특별히 부대끼는 게 없었고, 가슴이 무거워 어깨가 아픈 고통도 (출산 전까지) 몰랐다. 셔츠 단추를 두세 개 풀어도 '야해 보이지 않아' 옷 입기에 편했다. 나와 키만 같지 브래지어 사이즈가 70D인 친구를 볼 때면 세상 참 불공평하다 싶었지만, 그때만 잘 넘기면 내 작은 가슴에 만족할 수 있었다.

그랬던 가슴이, 출산이 다가올수록 하루가 다르게 커졌다. 전에 본 적 없는 사이즈의 가슴을 보다 문득 고등학교 시절 가사 선생님의 말씀이 생각났다. 의복의 역사를 가르치다 말고, 선생님은 가슴에 대해 꼭 해주고 싶은 두 가지 이야기가 있다고 하셨다.

> 첫째, 브래지어를 잘 챙겨 입어라.
> 여자의 가슴은 너무나 아름다운 것이다. 우리가 아기를 보면 만지고 싶고 깨물어주고 싶은 것처럼, 남자는 여자의 가슴을 보면 만지고 싶은 게 자연스러운 반응이다. 여성들이 코르셋을 벗기 시작한 시대에 성추행이 늘어났던 것도 이 때문이다. 가슴을 잘 가려라.

20세기 말. 천주교 학교에서 규율 반장 역할을 했던 수녀 선생님은 학생들의 하복 블라우스 밖으로 비치는 유색 브래지어를 심히 걱정했다. 성추행의 원인을 여성의 복장에서 찾고 단속하는 그 시절다운 발상과 교육이었다.

> 둘째, 모유수유를 거부하지 마라.
> 요즘 엄마들 중에는 아이를 낳자마자 젖이 마르는 주사를 놔달라는 사람도 있다더라. 가슴 모양이 바뀌는 게 싫었던 거다.

아이에게 자신의 젖을 물리는 건 아이를 낳은 여성만이 누릴 수 있는 축복이다. 절대 수유를 포기하거나 거부하지 마라.

브래지어 단속엔 거부감을 느꼈지만, 모유수유 전도는 그러려니 했다. 모르는 세계였으니까. 자식에게 젖을 먹이는 것보다 본인 가슴 걱정이 앞서다니, '이기적인 엄마일세' 생각했다. 산모의 가슴 형태에 따라 수유가 어려울 수 있으며, 산모와 아이들의 건강 상태에 따라 분유를 권장하는 경우도 적지 않다는 건 조리원에 들어가서야 알게 됐다.

수유라는 미지의 세계

수술 날짜가 다가오고, 육아 선배들이 보내온 출산 용품들을 하나씩 꺼내 보며 내가 얼마나 출산에 무지했는지 새삼 깨달았다. 당최 무엇에 쓰는 물건인지 알 수 없는 것들이 너무나 많았다.

이 무시무시한 사이즈의 브래지어는 뭐야? "그거 수유 브라. 수유할 때 추켜올릴 필요 없이 후크로 여닫는 거야." 살다 보니 이렇게 F컵 (실제 사이즈는 'Free'라고 적혀있지만) 브래지어를 하는 날이 다오는군. 임신 전엔 그저 엄마들의 가슴이 커져서 브래지어를 새로 사는 줄 알았는데, 알고 보니 '여닫는' 게 중요한 거였다. 이건 또 뭐야? 수유 패드? "젖이 흐르거든. 옷 밖으로 새어 나오지 말라고 하는 거야." 옷이 젖을 정도로 젖이 나온다고? 패드를 갈아도 계속 나오면 어떻게 해? "그래서 짜놓는 거지! 거기 휴대용 유축기도 넣었다. 밖에서 양이 너무 많을 땐 그걸로 짜. 날짜 쓸 수 있는 비닐팩 보이지? 그게 모유 저장팩이야. 짜서 거기다 넣고 냉동실에 얼려."

시원시원한 답변을 들을수록 눈앞이 캄캄해졌다. 아직 내 가슴은 뚜껑 달린 속옷도, 가슴에 붙이는 패드도 너무나 낯설었다. 그런데 집이 아닌 곳에서 가슴에 기구를 끼워 젖을 짜고 그걸 비닐팩에 넣는다고? 그게 가능해?

직장생활을 10년 넘게 하는 동안 수유하는 사람은 딱 한 명 봤다. 아이 셋을 낳아 업계 전설이 된 선배 J. 출산휴가를 마치고 돌아온 선배는 한동안 늘 백팩을 메고 다녔는데, 우리는 "못 보던 '백'이네요" 하고 가방에만 관심을 보였었다. 하지만 알고 보니 백팩에는 유축기와 젖병 2개가 들어 있었다.

내가 다닌 회사 중에는 수유실을 갖춘 곳도 있었지만, 출산 후 복직해 수유까지 하며 미친 마감을 쳐내는 에디터는 극히 드물었다. 사실상 수유실은 잠이 부족한 마감 좀비들의 수면실이었다. 나는 지하철 노약자석에 앉는 것처럼 어쩐지 맘이 불편해 사용하지 않았는데, 마지막 마감을 하던 밤에 동료들을 따라 처음으로 수유실에 들어섰다.

사람들이 오가지 않는 조용한 방. 긴 소파에 누우니 왜들 그렇게 수유실을 찾는지 알 것 같았다. 이 방에 와서 누운 건 처음이라고 하자 누군가 그랬다. "정말? 여기서 잤으면 몇 년은 더 버텼을 텐데." 나를 포함한 무자녀 여성들은 수유실 소파에 누워 무슨 부귀영화를 보자고 매달 이런 마감을 하고 살까 투덜거렸다.

　아이를 낳고 종종 그 밤이 생각난다. 이젠 어디를 가든 수유실 위치부터 확인하는 유자녀 여성이 되고 보니, 공간을 비워두느니 누구라도 사용하는 게 효율적이라 생각하는 사람들에게 야속한 마음이 든다. 언젠가 수유실에서 자던 동료가 "여기는 수유실이에요"라는 소리에 쫓겨나온 적이 있었다. 그땐 무안해하는 동료를 달래주기 바빴는데, 이제 와서야 쫓아낸 사람의 심경을 헤아리게 된다. 유축을 하기 위해 사무실 자리를 비우고 올라왔을 그에게, 수유실을 수면실로 쓰고 있는 누군가는 자신의 권리를 침해하는 사람이었을 테니까.

　근로기준법에는 생후 1년 미만의 유아가 있는 근로자에게 하루 두 번, 30분 이상씩 유급 수유 시간을 보장하도록 되어 있다. 근로자가 회사에 청구하면 반드시 보장해야 하는 의무사항으로 이를 위반하면 2년 이하의 징역 또는 2,000만 원 이하의 벌금이 부과되지만, 이걸 당당하게 요구하는 근로자도 적극적으로 보장하는 회사도 찾기 힘들다.

　아이에게 가장 좋은 건 모유이며, 모유에 가장 가까운 분유가 가장 좋은 분유라고 광고하는 모유 찬양 시대에도 수유를 위한 사회적 제반시설과 이해의 분위기는 한없이 부족하다. 수유는 아이 낳은 엄마만이 누릴 수 있는 축복이니 축복받은 엄마는 집에만 있으라는 건가?

내 가슴이 말을 듣지 않아

모유만 먹이는 '완모'는 애초에 포기했었다. 남편도 수유에 집착하지 말자고 했다. 주변 육아 선배들이 술과 커피는 물론이고 맵고 짠 음식도 못 먹어가며 '완모'를 완수한 뒤 임신 전보다 더 알코올과 카페인, 니코틴에 의지하는 후폭풍을 보고 나서였다. 그래, 일단 엄마가 행복해야지, 아무렴. 아무리 모유가 좋다지만 요즘 분유도 얼마나 잘 나오는데? 분유만 먹고 자란 나와 모유만 먹고 자란 남편만 봐도 내가 훨씬 튼튼하지 않은가.

쌍둥이를 모유로만 키운 엄마들은 그 자체가 신화였다. 신화 속 여성들은 럭비 공 두 개를 안은 듯 두 아이에게 동시에 젖을 물린다고 했다. 지극히 평범한 인간인 나는 신의 영역에 있는 엄마들과 선을 그었다. 이 미천한 인간은 그만 물러가겠습니다.

초유는 정말 정말 좋다고 하니까, 초유는 먹이자 생각했다. 가능하다면 100일 정도까지만. 하지만 내 비장한 100일 수유 계획을 들은 쌍둥이 엄마 C는 고개를 저었다. "어차피 쌍둥이는 모유만 먹이기 힘들어. 젖병부터 잔뜩 사두시게나." 쌍둥이 선배의 예언대로 아이들은 처음부터 모유와 분유를 함께 먹었다. 태어났을 때 희희는 2.39킬로그램으로 저체중, 낙낙은 2.78킬로그램이었다. 신생아 평균 체중인 3.4킬로그램에 한참 못 미치는 체중으로 빠른 시간 안에 몸무게를 늘리려면 분유의 도움을 받아야만 했다. 그럼 분유의 도움을 받으면서 100일까지만?

그런데 웬걸. 내 젖꼭지는 함몰유두는 아니었으나 아이가 물기에 불편한 모양새로 니플 꼭지를 따로 붙여야 했고, 양은 또 어찌나 적은지 조리원에 구비된 '유축기계의 샤넬'로 몇 시간씩 짜 봐도 100밀리리터가 될까 말까였다. 손대면 콸콸 터질 줄 알았던 원장님의 유선 뚫기 마사지도 별 효과가 없었다.

조리원에서 나와서는 상황이 더 나빠졌다. 아이에게 직수(직접수유)를 하지 않고 유축만 하면 젖이 마른다더니, 이건 고로쇠물을 모으는 것보다 속도가 더뎠다. 내가 젖소처럼 유축기에 가슴을 끼워 젖을 한 방울씩 쥐어짜내는 동안 쌍둥이는 배가 고파 바락바락 울었다. 보다 못한 산후 돌봄선생님은 '완분(완전 분유)'을 권하셨다. "애기 엄마, 애들 배부른 게 먼저야!"

출산 4주 차. 나는 유축기를 박스에 넣었고, 남편은 퇴근길에 맥주를 사 왔다.

집 나간 가슴을 찾습니다

수유를 위해 F컵으로 달려가던 나의 가슴은 한 달도 활약하지 못하고 사라졌다. 현재 사이즈는 임신 전과 비슷한데, 문제는 모양이다. 몇 년씩 수유를 한 엄마들이 들으면 기가 찰 초단기 수유에도 불구하고 내 가슴은 이 생의 소명을 다한 것처럼 축, 늘어져 버렸다. 나의 유두는 더 이상 앞을 보지 않는다. 망할, 대체 왜들 이러는 거야?

혹시 만화 〈이나중 탁구부〉에 나오는 할머니를 아는지? 손 대신 가슴으로 쟁반을 들고 다니는 할머니 말이다. 지금 내 가슴이 딱 그렇다. 누군가는 A컵이 늘어져 봤자라 생각하겠지만, 빌어먹을 중력은 내 가슴만 더 지독하게 잡아당기는 듯했다. 모유수유를 하면 유방암에 걸릴 확률이 줄어든다는 통계나 모유수유를 한 아이들의 심신이 더 건강하다는 연구는 내 경험으론 확인할 길이 없다. 내가 직접 느낀 모유수유의 장점은 안타깝지만 이것 하나다. 유방 엑스레이 촬영이 전보다 수월해졌다는 것. 촬영판 위에 올려놓기 좋게 가슴이 늘어진 덕분이었다.

수유 후 가슴이 이전 같지 않은 건 풍만한 가슴도 마찬가지였다. 10대 시절부터 가슴 때문에 어깨 통증을 호소하던 친구는 완모 후 등에 업은 아이도 먹일 수 있는 '긴 가슴'을 얻었다. 어느 날 오랜만에 남편과 황홀경을 맛보던 그 친구는 문득 남편이 자신의 가슴을

위도 아닌 아래에서 보고 있단 생각에 오르가슴이 싹 달아났다고
했다. 그래서 결국 하던 일을 멈추고 내려와(?) 남편에게 물었다고.
"내 가슴 너무 할머니 같지?"

엄마를 위한 맘스진은 없다

한 번 더 입어볼까? 갑자기 추워진 날씨에 옷장을 정리했다. 여름옷들을 옷걸이에서 빼내 박스에 넣는데 6월에 사서 한 번도 입지 못한 반바지가 보였다. 매장에선 분명 올라갔다(그러니 샀지). 이후에도 지퍼를 다 올린 적이 몇 번 있는데, 주로 전날 저녁을 굶고 운 좋게 다음날 아침 쾌변까지 본 날이었다. 그럴 때면 콧노래를 부르며 신발장까지 달려 나갔지만, 언제나 신발을 신다 말고 후퇴했다. 도저히 세상 밖으로 나갈 엄두가 나지 않았다. 허리를 숙이는 것도 어려운 '전족' 같은 반바지를 입고 무얼 할 수 있을까? 운 좋게 후크를 날려 보내(엄한 사람을 다치게 하)지 않고 카페 의자에 앉는다 해도 커피는 꿈도 꿀 수 없다. 가뜩이나 예민해진 방광이 펑 하고 터져버릴지도 모르니까. 문득 슬픈 예감이 들었다. 나는 이 바지를 평생 못 입을 것이다.

ZARA 매장에서 처음 봤을 때, 분명 바지에는 이렇게 적혀 있었다. '맘핏' 버뮤다 팬츠. 근데 대체 어딜 봐서 맘핏이란 거지? 요즘 엄마들은 허리는 잘록하고 배는 쏙 들어갔으며 그 와중에 골반은 큰, 콜라병 몸매로 진화한 걸까? (나만 빼고?) 어쨌거나 이 바지는 내가 사랑하던 '맘스진'의 핏이 절대 아니다. 맘스진은 '배바지'의 다른 말이라고!

　맘스진을 입기 시작한 건 보이프렌드진에 대한 일종의 저항이었다. 마치 남자친구의 옷을 입은 듯 낙낙한 핏의 셔츠와 팬츠에는 몸매를 드러내는 옷들과는 다른 멋이 있었다. 하지만 내가 입으면 남자친구 옷처럼 보이지 않는 게 문제였다.

　나는 키가 168센티미터고, 우리나라에서 보기 드문 '태양인' 체형으로 늠름하다거나 기골이 장대하다 같은 말을 들으며 자랐다. 그런데도 언제나 '여리여리한' 남성을 좋아해 사실상 남자친구의 옷을 빌려 입는 것부터 어려웠으며, 넉넉한 사이즈의 옷을 빌린다 해도 '남자친구 옷 빌려 입었어요 핏'은 절대 나오지 않았다. 나는 애초에 나 같은 체형의 여자는 처음부터 고려하지 않은 보이프렌드진에 등을 돌렸다. 대신 광장시장 구제 청바지 가게에서 건진 리바이스 바지들로 '맘스핏'을 선보였다. 지금도 옷방 바지 칸에는 맘스진이 한가득인데, 정작 애 엄마가 되고 나서는 하나같이 입을 수 없게 되었다.

　대체 내 몸에 무슨 일이 일어난 거지?

이게 정말 사람 배라고?

임신하고 배가 조금씩 나오기 시작했을 때, '쌍둥이 만삭' 사진을 검색한 적이 있다. 3초 만에 후회했다. 도저히 믿을 수가 없었다. 이게 정말 사람 배라고? 켄타우로스의 궁둥이가 아니라? 아무리 배 속에 태아 둘이 들어 있다고 하지만, 이건 배가 커도 너무 컸다. 찾아보니 쌍둥이 임부들은 배 둘레가 '20인치' 느는 게 보통이라고 했다. 맙소사, 난 죽었다. 남편에게 휴대전화 화면을 들이밀었다. 그의 동공이 전에 없이 커졌다. 하지만 이 남자의 역할은 감정이 초마다 바뀌는 아내를 진정시키는 것. 곧 AI의 그것 같은 위로가 출력됐다. "괜.찮.을.거.야… 걱.정.하.지.마."

전보다 20인치 늘어난 배를 안고 직립보행을 하는 게 과연 가능할까 싶었지만, 나는 수술 전날까지 거리를 활보하고 다녔다. "애가 배 속에 있을 때가 제일 편한 거야"라는 주변의 말이 원동력이 되었다. 매일 불면과 소화불량과 관절통증에 시달렸지만, 그래도 그때가 가장 좋다는 어른들 말씀을 잘 새겨듣고 즐길 수밖에. 수술을 열흘 앞두고는 친구들과 파티도 열었다. "지금이 가장 좋을 때라잖아. 자, 오늘이 마지막인 것처럼 놀아보세!"

밤에 어차피 잠을 잘 못 자니 주말엔 남편과 밤마실을 다녔다. 동대문도 가고 극장도 가고 식당은 당연히 가고. 그렇게 돌아다니면서 가끔 배 때문에 사람들을 놀라게 했다. 무슨 자동차 사이드 미러에 붙은 문구처럼, 사람이 '보이는 것보다 가까이 있어서' 여기 꽁, 저기 꽁 부딪치고 다녔다. 뒤에 줄을 선다는 게 앞사람 등을 미는 것이다. 그러면 앞사람은 뭔가 싶어 돌아봤다가 위협적으로 나온 내 배에 놀라 뒷걸음질을 쳤다.

출산 후 2년 8개월. 지금 내 몸은 돌아갈 길을 잃은 듯 보인다. 37주까지 한없이 커지며 주변 사람들을 떨게 했던 배는 출산과 함께 푸욱 꺼져버렸다. 놀이동산에서 산 헬륨풍선을 집에 들고 와 일주일 지났을 때의 모습을 본 적 있는가? 지금 내 배가 딱 그렇다. 당연히 인생 최대의 허리 사이즈다. 이럴 줄 알았으면 임부 바지를 그렇게 미련 없이 버리는 게 아니었는데….

뱃살도 뱃살이지만, 임신 때 자궁이 커지면서 밀려났던 장기들이 아직도 제자리를 못 찾은 것 같다. 조금만 끼는 옷을 입으면 몸 안의 장기들이 어딘가에 끼여서 울고 있는 느낌이랄까? 조리원 3일 차였나. 누워서 배를 만지다 갈비뼈를 더듬고 화들짝 놀랐다. 갈비뼈 사이가 활짝 벌어져 있었다. 우족 두 개는 너끈히 들어갈 공간이었다. 출산한 지 30개월이 지나고 나니 갈비뼈는 이제(야) 거의 제자리를 찾았지만, 내부 장기들의 안녕은 잘 모르겠다. 어쩌다 빳빳한 청바지를 입으려고 하면 여기저기서 장기들이 신음하는 소리가 들리니까.

으으으 고무줄 바지 입으라니까. 으으으 브래지어 하지 말라니까.

1장. 다시는 임신 전으로 돌아갈 수 없다

빠질 거 같죠? 안 빠져요

기억하는가? 암울했던 고교 시절, 우리를 교실에 가둬놓고 먹고 쌀 때만 빼고 엉덩이 딱 붙이고 앉아 공부만 하라던 어른들의 거짓말. "대학만 가면 너희들은 살이 빠지고 예뻐질 것이다! 남자친구도 생길 것이다!" 그런데 막상 대학에 가보니 날씬한 애들은 둘 중 하나였다. 원래 말랐거나 죽어라 다이어트를 했거나. 잘 알겠지만 저절로 살이 빠지는 일은 없다. 배 속에 회충을 반려충으로 키우고 있거나 호르몬 고장으로 어디가 아픈 게 아니라면 말이다.

그렇게 속아 놓고, 임신하니 또 속는다. '임신해서 찐 살은 애 낳으면 다 빠진다'라는 새빨간 거짓말. 임신하고 체중이 몇 킬로그램 늘었든, 허리가 몇 인치 늘었든 애만 낳으면 애 낳기 전 몸으로 뽀로롱 하고 돌아갈 거란다. 이건 분명 출산에 관심이 없거나 회의적인 여성에게 출산을 강요하거나, 출산은 원하지만 두려운 게 많은 여성이 발 빼지 못하게 하려고 만든 거짓말이다. 한편으론 임신했기 때문에 거짓말이라도 믿고 싶다. 실천 여부를 떠나 평생 '해야 할 일 목록'에서 다이어트를 지우기 어려운 여성의 삶에서, 몸무게나 몸매 신경 쓰지 말고 잘 먹기를 권장 받는 시기는 이때뿐이다. 그게 태아에게 갈 영양분 걱정이 앞선 조언이라 할지라도 일단 모르는 척, 체중계에 찍힌 숫자 따위는 무시하고 먹고 싶은 음식 실컷 먹고 뒹굴고 싶다. 하지만 막상 그렇게 실컷 먹으면 체하기 십상이고, 배 때문에 뒹굴기는커녕 엎드리지도 못한다.

물론 모두가, 100퍼센트 거짓말을 하고 있는 건 아니다. 개인의 경험에 따라, 특정기간에 한해 사실일 수 있다. 하지만 여기엔 몇 가지 참혹한 현실이 생략돼 있다. 첫째, 출산 후 한동안은 인간답게 그릇에 담아 천천히 씹어 삼키는 식사 자체가 불가능하다. 수유를 위해서든 육아를 위해서든 에너지원은 필요하고, 무엇보다 일단 살고 봐야 하니 눈에 보이는 음식은 '들이키게' 된다. 둘째, 출산 전 체중을 간신히 찾았다 해도 아이를 재우고 난 뒤 노동주와 야식으로 하루를 마무리하다 보면 '임신 전'이 아니라 '출산 전' 체중으로 돌아간다. 셋째, 활동량에 비해 식사량이 적어 살이 빠진다 해도 뱃살과 허벅지살은 지렁이가 꿈틀대는 것처럼 쭈글쭈글해진다.

아이를 낳고 처음으로 친정에 갔을 때, 작은오빠가 미간을 찌푸리며 말했다. "어휴, 몸이 대체 그게 뭐냐?"

당시 나는 임신했을 때 산 빨간색 니트 원피스를 입고 있었는데, 오빠 눈엔 애 낳고 붓기가 안 빠진 건지 그냥 살이 찐 건지, 하여간 퉁퉁 부은 여동생이 '부끄러운 줄 모르고' 시뻘건 포대 자루를 쓰고 나타난 것처럼 보였던 모양이다. 어렸을 때부터 얼평(얼굴 평가)으로 우애를 다진 남매였지만, 하루에 3시간도 못 자는 고통 속에 지내던 나는 한껏 뾰족해져서 말했다.

1장. 다시는 임신 전으로 돌아갈 수 없다

"그게 지금, 애 낳은 지 100일도 안 된 동생한테 할 소리야?"
"널 보니까 안 할 수가 없다야. 남편한테 미안하지도 않냐?"

하나뿐인 동생이 애를 낳고 몸이 퍼져서 남편에게 외면당하는 '애 엄마의 전형'이 되는 게 안타깝다나. 오빠는 애 낳고 살찌는 여자를 이해하지 못했다. 새언니로 말할 것 같으면 애 셋을 낳고도 결혼 전과 몸매 변화가 거의 없는, 44반 사이즈의 소유자였다. 그날 오빠는 헤어질 때까지 연신 내 몸을 위아래로 훑으며 쓴 표정을 지었다. 이제 곧 '아이돌봄 서비스'를 이용할 수 있다(생후 100일 이후부터 이용할 수 있다)는 내 말을 듣고 한 첫마디가 "그럼 운동부터 해라"였다.

1년 후, 임신 전 몸무게로 친정을 찾았다. '수족구 다이어트'의 결과였다. 쌍둥이들이 돌아가며 수족구에 걸리더니, 나도 옮았다(애들이 남긴 전복죽이 아깝다고 먹은 게 화근이었던 것 같다). 찾아보니 성인이 수족구에 걸릴 가능성은 1퍼센트. 내 인생에 처음으로 1퍼센트 안에 든 일이었다. 이후 한동안 링거 투혼 육아를 했다. 일주일에 많게는 세 번씩 링거를 맞아가며, 아침에 눈을 뜨면 울면서 아이들의 아침을 차렸었다. 이유가 어찌 되었든 자나 깨나 동생 걱정인 오빠는 한시름 놓은 표정이었다. 살이 빠지니 얼마나 보기 좋은지 모르겠다나. 금의환향이 따로 없었다.

보디 포지티브, 먹는 건가요?

———

언제부턴가 군살 하나 없는 애 엄마를 발견하면 넋 놓고 바라본다. 아파트 놀이터에서, 소아과 대기실에서, 쇼핑몰에서, 늘씬한 엄마만 보면 저절로 눈이 따라간다. 한 번은 아웃렛 식당가에서 하얀 반팔 티셔츠에 새틴 스커트를 입은 엄마의 몸매를 한참 훔쳐봤다. '저 홀쭉한 배 좀 봐. 아이가 돌도 안 된 것 같은데, 군살 하나 없이 미끈하잖아? 원래 날씬했을까?' (적어도 그 날) 아이를 안는 건 남편 몫이라는 듯 두꺼운 체인이 달린 크로스백을 멘 그녀가 식당에서 유유히 사라지고 나서 나는 입맛을 잃었다. 그 좋아하는 샤오롱바오를 먹다 남겼다. 재래시장에서 '꽃무늬 일바지'를 사면서도 신나하는 쇼핑광이지만 그날은 아무것도 걸쳐보지도 들어보지도 않고 맨손으로 돌아왔다.

어느 잘나가는 남자 방송인이 그랬었다. 하루 종일 애 보면서 살은 어떻게 빼냐고 분통을 터트리는 (기혼 유자녀) 여성 MC의 말에 "아기 안고 앉았다 일어났다!" 하라고. 그러게, 그렇게 애 안고 스쿼트라도 했으면 무릎은 나가도 살은 좀 빠졌을 텐데, 왜 그 생각을 못 했을까? 아닌 게 아니라 나는 쌍둥이 젖병 열두 개를 씻을 때마다 그날 밤 먹고 싶은 안주 생각으로 분노를 다스렸는데, 누군가는 그 시간에 운동을 하며 살을 뺐다고 한다. 젖병에 베이킹 소다 희석

액을 넣고 백 번씩 흔들며 싱크대 앞에서 스쿼트를 했다고. '국민학교' 시절, 낮에는 구두를 닦고 밤에는 공부해 서울대에 들어간 성공 스토리를 들을 때만큼이나 비현실적인 이야기였다.

거울 앞에 서면 나도 모르게 미간을 찌푸린다. 친할머니가 생각난다. 할머니 배가 딱 이랬다. 할머니는 애를 아홉인가 열을 낳았다고 했는데, 내가 기억하는 할머니는 70대였다. 어릴 때 하도 말라서 별명이 '쭈쭈바'였던 오빠는 언제나 나를 '돼지'라고 놀렸다. 새벽마다 정화수 떠놓고 기도해서 어렵게 얻은 막둥이 아들과는 절연하고 살면서도 '남아선호'는 버리지 못했던 할머니는 늘 "여자는 식탐이 있으면 소박맞는다"라고 경고했다. 나 스스로도 난 못생겼으니까, 뚱뚱하기까지 하면 절대 안 된다고 생각했다. 표준체중이었을 때도 내 몸을 '덩치'라고 불렀고, 과체중을 넘어서고부터는 언제나 '뚱보'라고 자학하는 개그를 했다. 내 몸을 가지고 살이 쪘니 안 쪘니 하는 소리는 듣기 싫었지만, 받은 만큼 남의 몸을 놀리는 걸 합리화했다.

우리 아이들이 잘 부르는 동요 중에 '곰 세 마리'가 있다. 나는 이 노래가 어릴 때부터 맘에 안 들었다. 아빠가 출근할 때 뽀뽀뽀, 엄마가 안아줘도 뽀뽀뽀처럼 성 역할을 나누는 게 분명했고, 무엇보다 엄마는 날씬해야 할 것만 같은 암묵적 강요도 싫었다. 그래서 아이들이 노래할 때면 옆에서 개사를 해 더 크게 불렀다. 아빠 곰은 뚱뚱하지 않고 엄마 곰은 날씬하지 않으며 애기 곰 역시 귀엽지 않다고, 남녀노소 할 것 없이 "멋있어"로 통일했다. 반복학습 효과로 우리 집 아이들은 엄마 곰은 날씬하다고 노래하지 않는다. 한번은 "엄마 곰은 뚱뚱해"라고 불렀더니 아이들이 정색하고 말했다. "엄마 안 뚱뚱해! 엄마 예뻐!" 순간 뭉클했다. 정말? 너희들이 계속 그렇게 말해준다면, 요즘 많이들 이야기하는 보디 포지티브? 엄마 그것도 가능할 것 같아.

여기도 82년생 김지영

★ 이게 영화까지 만들 이야긴가? 내 삶이 더 영화 같다! – 시누이
★ 왜들 난리지? 와이프도 별로라던데? – 시매부
??? 별로라던데? – 남편

미루고 미뤘던 영화를 보고 말았다. 〈82년생 김지영〉. 원작 소설
도 미루고 미루다 올해 초에 봤다. 책이 신드롬을 일으킨 몇 해 전,
서점에서 초반부를 읽었다. 주인공 김지영이 명절에 시댁 식구들
앞에서 정신을 놓는 장면이었다. "사부인" 하고 시어머니를 부르는
데, 공포영화를 보다가 눈을 질끈 감을 때처럼 황급히 책을 덮었다.
하… 더 이상은 못 보겠다.

남의 이야기 같지 않아서, 공감이 되는 정도가 아니라 애써 외면
하고 괜찮은 척했던 내 삶이 무너질까 봐 겁났다. 가뜩이나 82년생,
게다가 김씨. 책이 처음 나왔을 땐 임신 준비를 하고 있었지만 지금
은 기혼 유자녀 여성이 되었다. 현실을 직면하는 건 생각보다 용기

가 필요한 일이었다.

영화가 개봉했을 당시. 영화를 보고 온 시누이와 시매부가 내 의견을 물었었다. 그것도 각자 시간차를 두고. 82년생 김씨 며늘아기는 시험에 든 기분이었다. 처음 시누이가 이야기를 꺼냈을 땐 대충얼버무리고 넘어갔다. 대체 이게 영화씩이나 만들 이야기냐면서 자신의 삶이 더 영화 같다고 말하는 시댁 식구에게 무슨 말을 할 수있을까? 하지만 시매부가 나의 시댁이자 본인의 처가인 거실 소파에 드러누워 이야기를 꺼냈을 땐, 가만히 있으면 안 되겠다는 생각이 들었다.

"제가 82년생인데요. 남녀는 평등하다고 배우면서 자랐거든요.그런데 어른이 되고 보니 실상은 그렇지 않잖아요? 제가 아직 영화는 안 봐서 모르겠는데요. 김지영은 단순히 산후 우울증에 걸린 한여자의 이야기가 아니에요. 여성이 사회에서 얼마나 많은 차별을당하고 무력해지는지에 대한 이야기죠."

내 반응이 예상보다 너무 진지했는지 시매부는 "그래…" 하더니화제를 다른 데로 돌렸다. 할 말은 많았지만 더 하지 않았다. 돌아올 말은 뻔했다. "우리는 안 그러잖아?"

내 아내는 미친 페미니스트

    나와 남편은 영화도 보지 않은 상태에서 대거리를 했다. 집에 놀러 온 친구가 남자 동료들과 이 영화 이야기를 하면서 답답했다는 말을 듣고 나서였다. 남편은 부탁한 적도 없는 영화 비평이라도 하듯 말했다. "그 영화, 별로라던데?" 책도 영화도 안 봤으면서 대체 무엇을 보고? 나는 자세를 고쳐 잡고 물었다. "누가 별로라는데? 커뮤니티 형님들이?"

    우리 둘 사이에서 '별로라던데'는 금지어였다. 잘 알지도 못하면서, 남들이 하는 말이 엄청난 근거인 것처럼 특정인이나 특정 화제에 대해 함부로 평가하는 일. 〈알아두면 쓸데없는 신비한 잡학사전〉 시즌 3에 나온 여성 출연자를 보고 남편이 무심하게 던졌던 말이다. 시청률은 잘 나왔지만 두 시즌 동안 '알은체하기 좋아하는 아저씨들의 회식자리' 같다는 비난을 받은 프로그램이 처음으로 투입한 여성 학자였다. 나는 그를 알고 있었고 남편은 알지 못했으며, 우리는 그가 출연한 방송을 본 적이 없었다. 그런데 무턱대고, 별로라던데?

    어쩐지 기분이 싸했지만 확인하고 싶었다. 내가 10여 년간 의심 없이 사랑한 남자가, 별 생각 없이 여성 혐오 발언을 옮긴다고 믿고 싶지 않았다. 뭐가 별로라는데, 말해 봐. "아무 데나 다 끼어든다는데?"

맥주 맛이 오줌으로 변하는 기분이었다. 암탉이 울면 집안이 망한다는 소리를 하는 줄도 모르고, 남편은 너도 방송 보면서 별 이유 없이 싫어하는 사람 있지 않냐고, 그 대상이 여자라고 해서 무조건 여성 혐오냐며 기분 나빠했다. 나는 그가 좋아하는 남성 출연자가 했던 말로 '혐오'부터 정의했다. "혐오는 존중의 반대말이야."

그리고 〈82년생 김지영〉이 화제가 된 그 날. 우리 사이의 금지어를 꺼낸 남편에게 그간의 소요들을 전했다. 원작 소설을 SNS에 올렸다는 이유만으로 공격을 받은 여자 아이돌, 주인공으로 캐스팅되자마자 남성 팬들의 지탄을 받은 배우, 개봉하기도 전에 별점 테러를 당한 일까지. 남편은 다 몰랐다고, 미안하다고 했다. 미안하다는 말에 안심이 되었지만, 나는 톡 쏘았다. "그러니까 모르면 말하지 마!"

몇 번의 대거리 후 나는 남편에게 '미친 페미니스트 아내'가 되었고, 남편은 내게 '알고 보면 뼛속 깊이 한국 남자(줄여 쓰면 거품을 문다)'가 되었다. '젠더 이슈'는 육아 퇴근 후 맥주 한 잔 하며 회포를 푸는 부부의 시간을 꽤 자주 파국으로 치닫게 했다. 한동안은 싸우는 것도 지쳐서 젠더 이슈 금지령도 내렸다. 날씨와 먹을 것과 예능과 아이들 이야기만 하자고. 하지만 예능과 아이들 이야기도 젠더 이슈에서 그리 자유롭지 못했다.

우리와 달리 영화를 본 부부들이 싸우는 이유의 7할은 공유 때문이었다. 그가 맡은 '대현'은 불이익이 생긴다는 걸 뻔히 알면서도 육아휴직을 고려할 정도로 아내의 경력단절과 독박육아를 걱정하는, 공감 능력 중급 이상의 남편이었다. 아내가 마음에 병이 있다는 걸 알게 된 후 모든 게 자신의 탓인 것 같아 툭 하면 우는, 성찰하는 남성 말이다.

나는 원작 소설과 달리 '남편 역시 딱하게' 바라보는 연출도 아쉬웠지만, 평범해서 더 공감이 가야 할 남편 역할을 왜 굳이 제일 잘나가는 훈남 스타에게 맡겼는지 처음부터 의문이었다. 김지영의 전 직장동료가 그의 사진을 보며 "넌 이렇게 맛이 가고 있는데 대현 씨는 왜 이렇게 때깔이 좋니?"라고 말하는 한 장면을 위해? 그렇다 해도 슬프고 아름다우신 도깨비까지 소화한 배우를 데려올 필요는 없었다. "남편이 저렇게 다정한데 여자가 배가 불렀네"라고 말하는 어머니 세대를 볼 때면 그의 훤칠한 키와 처진 눈매와 다정한 말투가 원망스럽다. 제발 얼굴 빼고 상황을 좀 보시라고요, 어머니!

1982년에 태어난 여자아이는

오빠는 절대 인정하지 않지만, 나는 남아선호의 그늘에서 자랐다. 단적인 증거로 치킨의 많고 많은 부위 중에 닭 모가지를 좋아한

다. 웃을 일이 아니다. 요즘엔 특수부위 마니아들 사이에서 사랑받아 마트에서도 팔지만, 어린 애가 처음부터 모가지를 좋아했을까? 엄마들이 생선 대가리와 내장을 좋아하듯? 그럴 리가. 이건 다 나를 키운 할머니 때문이다.

할머니는 나와 고종사촌 오빠를 함께 키우면서 늘 치사하게 먹을 걸로 차별했다. 오빠에겐 닭다리와 생선 뱃살을 주면서 내겐 닭 모가지와 생선 꼬리를 준 것이다. 어디서 들은 말은 있어 "나는 친손 주고 오빠는 외손주잖아!"라고 항변하면 가시나가 성질이 왜 저 모양이냐고, 먹을 건 또 왜 저렇게 밝히는지 모르겠다면서 혀를 찼다. 어쨌거나 TK 할머니의 '가시나가 말라꼬' 차별은 '남자는 뭐 대단하다고' 하는 저항의 근간이 되었다.

나는 국민학교를 다닌 마지막 세대였는데, 교실에서 남녀 짝을 지어 앉으면 언제나 남자끼리 앉는 짝꿍이 생겼다. 어느 집 엄마가 임신했다가 "딸이라 지웠다"는 이야기는 어린 애들한테도 비밀이 아니었고, 심성 착한 내 친구는 딸만 줄줄이 낳았다고 엄마를 구박한 할머니를 투명 인간처럼 대하는 막내딸이었다. 중학교 때는 학교 주변에 변태가 출몰하니 조심하라는 방송이 한 달 내내 나왔고, 고등학교 때는 10대 남학생 여럿이 채팅으로 만난 여학생을 살해한 지역 사건으로 야간자율학습이 금지되기도 했었다. 마지막으로 들은 모교 소식은 재학생 두 명이 실종된 후 교복 색을 바꾸라는 부모들의 요청이 쇄도했다는 이야기였다. 붉은 교복 색 때문에 범인의 표적이 된 것이라고.

딸이 1호, 아들이 2호입니다

아이들이 태어나기 전까지는 주민번호 뒷자리에 의문을 품은 적이 없었다. 그런데 먼저 태어난 딸보다 아들 이름이 먼저 올라간 건 강보험증을 보고 처음으로 1과 2, 3과 4의 순서에 대해 생각했다. 같은 날 태어나 주민번호 앞자리가 같은 두 아이는 뒷자리 첫 번호 때문에 태어난 순서가 뒤집힌 채 이름이 올라 있었다. 숫자는 구분을 위한 표기에 지나지 않을 수도 있지만, 일상에서 너무나 많은 우선순위와 우열의 기준이 되는 것이었다.

남자 친구 J는 내가 과민하다고 했다. 우리 세대가 경험한 남아선호에 대한 반감은 이해하지만, 같은 날 태어난 아이들의 순서에 연연하는 것 또한 기성세대의 서열주의와 다를 게 없다고. 우리나라는 쌍둥이 중에서 먼저 태어난 아기를 첫째로 부르지만, 외국에서는 뒤에 태어난 아기가 첫째가 된다는 말도 했다. 세상에 나온 순서를 따지는 우리와 달리 외국은 착상 순서를 기준으로 삼는다고 말이다. 서열주의에 대한 친구의 지적에는 뜨끔했지만 3과 4의 구분에서 이어지는 차별에 대해서는 눈감을 수 없었다.

별 생각 없이 '장손의 장손인 남자'와 결혼해 얼떨결에 장손을 낳고 보니 더 그랬다. 시부모님은 용돈을 주면서도 꼭 아들 이름을 먼저 불렀다. 우리 장손, 하시면서. 그럴 때면 나는 딸아이를 들이밀었다. "여기, 장녀 먼저 주세요!"

그런데 미국에서 체외수정 시술을 한 친구의 이야기는 우리와는 많이 다른 사회적 분위기를 느끼게 해주었다. 우리나라는 '시험관'이라 불리는 체외수정을 할 경우 수정란을 최대 3개까지 넣을 수 있는데, 친구가 다닌 병원은 한 번에 수정란 하나만 넣는다고 한다. 2개를 한꺼번에 넣는 경우는 쌍둥이를 원하는 경우. 우리나라처럼 쌍생아의 가능성을 열어두고 성공률을 높이기 위해 수정란을 여러개 넣는 게 아니었다. 이 과정에서 놀라운 점은, 수정란을 이식하기 전에 성별을 확인하고 어떤 성별을 이식할지 '선택'할 수 있다는 것이다.

'아들딸 구별 말고 하나만 낳아 잘 키우자'는 표어가 귓가에 생생한 나는 놀랄 수밖에 없었다. 차별이 일상이었던 기억은 태아의 성별 확인이 차별의 시작이 될 수도 있다는 두려움을 키웠다. 내가 출산 병원으로 옮긴 뒤에야 아이 성별을 확인했단 걸 알고 있던 친구도 의사의 말을 듣고 놀랐다고 했다. 의사는 어깨를 으쓱하며 말했다. "디스 이즈 아메리카!"

나는 궁금했다. 미국 사회에서 인종차별이 없다고 '우기듯' 성 차별은 사라졌다고 보는 건가? 미투 운동을 보면 전혀 그렇지 않지만, 기득권은 그렇게 착각할 수도 있지 않은가? 친구는 말했다.

"차별이야 있지. 선호하는 성별이 없단 게 아닐까?"

선호가 없다라, 그마저도 부러웠다.

가계부도 싫고
최저가 쇼핑도 싫다

2018년 ×월 지출

1일

- 하기스 매직핏 2단계 공용 3팩 / 11번가   ₩40,600
- 아벤트 공갈 젖꼭지 2개 / G마켓   ₩10,010

6일

- 아토베네 아쿠아수딩젤 160ml 2개 / 쿠팡   ₩25,900
- 버츠비 레스큐 오인트먼트 멀티밤 15g / 위메프   ₩12,400

7일

- 트루맘 액상분유 1단계 6개 5박스 / 인터파크   ₩43,745
- 그린맘 240ml 젖병/ 젖꼭지 M(2+1) × 2박스 / 티몬   ₩58,806

인터넷 최저가의 늪

아이들이 잠들고 나면 어둠 속에서 인터넷 쇼핑을 했다. 살 건 많은데, 아는 건 없으니 정보의 바다에서 매일 허우적허우적, 육아용품 후기를 보고 또 봤다. 맘카페와 블로그, 쇼핑몰 구입후기 별점을 수십 개씩 확인한 뒤 물건을 고르면 최저가 검색에 들어갔다. 공갈 젖꼭지 하나를 사는 데도 2~3일이 걸렸다. 많게는 몇천 원, 적게는 몇십 원을 아끼겠다고 몇 년간 들어가지 않은 쇼핑몰의 휴면 아이디를 살리기도 했다. 가까스로 아이디와 패스워드를 찾아내 구매했는데, 택배가 감감무소식인 적도 있었다. 말도 안 돼! 우리는 초고속 배달의 민족 아닌가? 지연사유 문자 한 통 없이 배송이 늦을 리가.

물건이 일주일 넘게 오지 않을 땐 가계부를 펼쳤다. 아이들을 낳고 태어나서 처음으로 가계부란 걸 쓰기 시작했다. 빌어먹을 산후 건망증 때문인지 정말 뒤돌아서기가 무섭게 까먹다 보니, 가계부에 날짜와 지출내역은 물론이고 구입처와 결제방식까지 적어두었다. 가계부에 적힌 온라인 쇼핑몰에 로그인했더니 물건은 '배송 완료' 상태. 대체 어떻게 된 일이지? 전 받은 게 없는데 대체 어디로 배송했단 말입니까? 소비자센터에 전화를 하고 택배 기사님과도 통화를 한 결과, 판매 업체도 배송 업체도 잘못이 없다는 걸 알게 됐다. 잘못은 내게 있었다. 최근 배송지가 그야말로 추억의 장소들이었던 것이다. 이유식 용기는 퇴사한 지 5년도 넘은 전전 직장 사무실로 갔고,

빨대컵은 졸업한 지 10년도 넘은 대학교 과방으로 갔다. 이럴 때 자괴감이 드는 거겠지, 이러려고 내가 아이를 낳았나.

육아 선배들은 내게 최저가 찾느라 고생하지 말고, 배송 빠른 쇼핑몰 앱 하나만 깔라고 조언했다. 몇 푼 아끼려다 시간도, 시력도 다 버린다고. 하지만 나는 최저가 쇼핑만의 기쁨이 있다면서 버텼다. 특히 모유에 가장 가까운 분유로 알려진 독일 분유를 독점 수입하는 모기업 마트의 반값(국내 중가 제품보다 저렴하다)으로 살 때의 기쁨이 컸다.

몇백 원, 몇천 원 차이에 집착하다 보니 남이 쓰는 돈도 아까웠다. 한번은 직장 선배들이 인터넷 최저가의 두 배 가까운 돈을 주고 백화점에서 출산 선물을 사 왔는데, 잔소리부터 튀어나왔다. "육알못인 건 알겠는데, 뭐 하러 백화점까지 가서 물건을 샀어요?" 이왕이면 품질보장도 되고 AS도 확실한 물건을 사주고 싶었던 비혼 선배들은 애 낳더니 인생 선배 노릇을 하는 후배에게 차 대접은커녕 잔소리만 한 바가지 얻어갔다. 그때 생각했다. 나는 이렇게 콩나물 값으로 실랑이하는 아줌마가 되는 걸까?

요구한 사람은 없었지만, 증명하고 싶었던 것 같다. 나는 '피로곰' 세 마리를 짊어지고 다니는 남편이 벌어온 돈을 허투루 쓰는 아내가 아니라고. 직장에서 법인카드 영수증 정산을 할 때처럼 치열하게, 내가 얼마나 최소의 비용으로 최대의 효과를 내는 인력인지 보라고.

　하지만 최저가라고 해서 들어간 사이트마다 '재고 없음'을 확인하거나 택배비가 붙으면 다른 사이트보다 비싼 가격임을 확인하는 일이 반복되면서 슬슬 화딱지가 났다. 최저가 쇼핑에 성공해도 배송이 문제였다. 물티슈며 보디로션이며 아이들에게 필요한 수십 가지 물건은 돌아가면서 떨어지고, 어린이집에서 보내달라는 물건도 많은데, 배송이 예상보다 오래 걸리면 하루 종일 택배만 기다리게 됐다. 내가 인터넷 최저가 검색과 주문상품 배달현황에서 눈을 떼지 못하는 동안, 옆에서 온라인 커뮤니티 댓글을 보며 웃는 남편을 보면 울화통이 터졌다. 지금 웃어?

　결국 출산 후 2년 만에 백기를 들었다. 더는 어둠 속에서 인터넷 쇼핑을 하며 시력은 잃고 미간 주름은 얻는 시간을 보내고 싶지 않았다. 택배 기사들을 노예처럼 부린다는 뉴스를 접하고 지워버렸던 소셜커머스 앱을 다시 깔았다. 새벽배송 정기회원도 신청했다. 굴복하니 편했지만, 죄책감이 들었다.

지름신 엄마의 고백

빚은 학자금 대출이 처음이자 마지막이었다. 언젠가 한 예능에서 내 또래 연예인이 OTP 카드를 쓰지 않는 걸로 다른 출연진들이 놀리는 걸 보면서 내가 다 얼굴이 빨개졌다. 나도 여태 안 쓰는데? 아파트 전세 대출을 받은 하우스 푸어 친구는 내가 카드 형태의 보안 카드를 꺼내 인터넷 뱅킹을 하는 모습을 보면서 귀엽다는 듯 말했었다. "너 아직 아기구나?"

나는 빚을 견디지 못했다. 학자금 대출 이자 몇십만 원 때문에 신불자가 될 뻔한 사람은 이해할지도 모르겠다. 잡지사에서 일하는 비정규직은 법인카드가 없어서 필요한 물품이 생기면 일단 본인 돈으로 산 뒤 영수증 처리를 하는데, 신용카드가 없던 나는 밥값은 고사하고 진행비가 없어 발을 동동 구른 적이 한두 번이 아니었다. 은행에 입사한 친구에게 의리로 신용카드 발급 신청을 했다가 낮은 신용도 때문에 거부당하고 집에서 혼자 운 적도 있다. 대학생 때 은행에서 빌린 2천만 원을 갚는 데엔 생각보다 오랜 시간이 걸렸다. 다 갚고 보니 서른. 대출금 완납을 기념하며 작은 파티를 열었다. 이제 나는 빚이 없다네, 신용카드는 있다네. 부어라, 마셔라, 즐겨라!

겨울을 대비하는 개미였다면 그 뒤로 성실히 돈을 모으고 불렸겠지만, 나는 빚만 없으면 부자라고 생각하는 베짱이였다. 월급은 통장을 스칠 뿐? 그게 어때서? 마이너스만 아니면 되지! 아직 벌지 않은 돈을 미리 계산해 열심히 썼다. 가끔은 얼마나 셈이 정확한지 카드값이 빠져나가고 통장에 남은 월급 몇천 원을 볼 때는 묘한 쾌감마저 들었다. 이렇게 계획적인 삶을 살 수가 있나.

남편은 연애 시절부터 나의 소비를 보며 혀를 찼지만, 내 나름대로는 한때 신용불량 후보에 오른 신용도를 회복하기 위해 최선을 다했다. 소비는 지름신처럼 하되, 신용카드 결제는 무조건 일시불로 했다. 가격표를 보며 자연스럽게 6개월 할부로 쪼개는 소비 같은 건 절대 안 했다는 말이다. 어쩌다 여행을 다녀와서 지출이 평소보다 클 때는 카드론 말고 지인 대출을 이용했다.

20대 중반에 비정규직으로 벌었던 수입에 비하면 30대 중반에 정규직으로 받은 월급은 무척 큰 돈이었다. 사회생활 10년 차에 전 세계 웬만한 공항 라운지는 다 이용할 수 있다는 프리미엄 카드를 발급받았을 땐 (프리미엄 카드를 공격적으로 영업하던 시절이었다) 성공한 인생이 따로 없었다. 출장길에 공항 라운지에서 쓱 내밀던 카드는 요즘 우리 아이들의 마트 계산대 장난감에 꽂혀 있다. 두 아이가 마트 놀이를 하면서 그 까만 카드를 여기저기 긁을 때마다 속이 쓰리다. 얘들아, 엄마가 그 카드 한 장을 받기 위해 얼마나 뼈 빠지게 일한 줄 아니?

사랑스러운 쌍둥이를 낳기 전까지, 나는 돈을 모으거나 불려야겠다는 생각을 하지 못했다. 워라밸 같은 건 다음 생으로 미룬 채 번돈 대부분을 '시발 비용'으로 날리면서도, 빚이 없다는 것만으로 내 소비생활을 꽤 고고하다고 느꼈다. 무슨 기준으로? 대형마트에 가면 동일 제품군에서 가장 저렴한 PB 상품을 사지 않았고, 대기업 드럭스토어에서는 마일리지 적립을 사양했다. 대기업의 갑질 횡포를 볼 때마다 혼자 비장하게 다짐했다. 내가 너희들 배 불리게 해주나 봐라, 어림도 없지.

하지만 직장을 때려치우고 퇴직금까지 뚝 떨어지자, 고고한 척 굴었던 드럭스토어에서 마일리지 적립을 시작했다. 그뿐인가. 대기업이 동네 골목길까지 침투해 연 빵집에서 통신사 할인도 받고 마일리지 적립도 하겠다며 모바일 지갑 앱을 실행해 뒷사람 눈총을 받는 게 일상이 되었다.

우리는 맞벌이 부부였지만, 말이 좋아 프리랜서지 백수에 가까운 나의 벌이는 직장생활을 하는 남편의 수입에 비해 턱없이 적었다. 내가 하는 살림과 육아의 경제적 가치를 마지막 직장에서 받은 월급으로 셈하며 당당해지고 싶지만, 남편이 입금하는 생활비 카드로 장을 보고 남편이 주는 용돈을 받는 생활이 길어지면서 나의 소비는 점점 위축되었다. 끊임없이 내가 먹고사는 것의 가격을 따졌고,

늘 더 싼 것을 선택했다. 좋아하는 사람을 만나 맛있는 음식을 먹고 "내가 살게"라고 말하는 기쁨과는 작별한 지 오래다. 오랜만에 친구들과 만나면 전과 다르게 더치페이가 편했고, 내가 지갑을 여는 걸 막는 친구의 손짓에는 고마운 한편으로 자존심이 상했다. 과거에 쇼핑은 나의 힘이었지만, 이젠 SPA 브랜드의 세일 상품이 아니면 쳐다보지도 않게 됐다. 신상품을 왜 사, 몇 달 지나면 할인할 걸? 옷은 사서 뭐해, 갈 데라곤 어린이집 아니면 놀이터인데?

엄마 돈 벌어 올게, 응?

누군가에게 빌려주고 못 받은 돈, 그러니까 떼인 돈을 받기 위한 가장 좋은 방법은 쌍둥이를 낳는 것이다. 적어도 우리는 그랬다. 쌍둥이를 낳은 뒤 얼마 지나지 않아 친정에서 500만 원을 입금했다. 한 달 안에 갚겠다며 빌려 간 후 3년이 지나도록 갚지 않아 포기한 돈이었다.

긍정의 힘으로 충만한 사람이라면 '아이들이 정말 복덩어리'라며 감사했을 것이다. 하지만 부정의 힘이 넘치는 인간은 의문부터 품었다. 이렇게 줄 수 있는 걸 여태 안 준 이유는 대체 무엇인가? 나의 친정은 혈육에게 빌린 돈은 갚아야 할 명단 최하위에 두었던 것인가? 여태 안 주던 걸 이제서야 주는 이유는, 그만큼 현재 우리의 상황이 나빠졌다는 의미인가?

"너희 돈 없잖아. 남편 혼자 벌어서 어떻게 애 둘을 키우니?" 갑자기 웬 '입금'이냐고 묻자 새언니는 말했다. 잠깐만, 언니. 내 비록 빛 좋은 개살구, 아니 프리랜서로 남편의 5분의 1도 안 되는 돈을 벌지만, 그렇다고 노는 건 아닌데? "너 당분간 일도 못 할 거 아냐. 분윳값에 보태렴." 잠깐만, 나 당분간 일 못 해?

애들이 어린이집에 가기만 하면, 다시 일을 할 수 있을 줄 알았다. 전처럼 야근에 찌든 직장생활은 할 수 없겠지만, 당장 출퇴근하는 직장생활은 어렵겠지만, 아이들이 어린이집에 가 있는 동안 매일 6시간씩 일하면 정기적인 수입이 생길 거라고 기대했다. 그럼 예전처럼 번 돈의 일부를 남편한테 주며 생색도 내야지. 이봐 남편. 이달 내가 목 조르고 싶은 몇 명을 너그럽게 용서하며 힘들게 번 돈이야. 아껴서 생활비 쓰고, 저금도 하고 그래!

하지만 현실은 늘 예상과 달랐다. 생일이 빠른 쌍둥이는 태어난 이듬해에 어린이집에 들어갔지만, 나는 늘 대기조였다. 처음 한두 달은 아이들이 어린이집에서 보내는 시간을 조금씩 늘려가는 적응기였고, 이후엔 감기를 비롯한 질병을 옮기고 옮아오는 통에 가정보육을 해야 하는 날이 많았다.

자연스럽게 구직을 포기했다. 내 시간은 나의 것이 아니었다. 시간이 없으니 돈을 벌 수 없었고, 돈이 없으니 소비하는 게 스트레스였다. 남편의 경제활동은 내가 포기한 경제활동 덕분이었지만, 왠지 모르게 당당할 수 없었다. 월급날마다 "이달엔 얼마를 입금하면 될까?"라고 묻는 남편의 말에 압박을 느꼈다. 다시 일하고 싶었다. 다시 돈을 벌고 싶었다.

핑크가 창피해?

"이게 소위 말하는 '분홍색 수치심'인가 보네.

그게 뭐냐면

전통적으로 여성적이었던 것들을 좋아하는걸

수치라고 느끼는 거야."

_〈렛다운〉 시즌 2, 6화 '엄마라서 창피해?' 중에서

넷플릭스 드라마 〈렛다운〉 마지막 화. 비혼 부모인 오드리와 제러미는 이사 후 집을 정리하고 있다. 제러미는 사방이 분홍색인 방에 흰색 칠을 시작한 오드리를 말리지만, 그는 눈에 흙이 들어가도 분홍색 방에서 딸을 키울 생각이 없다. 아이가 좋아할지도 모른다고 말해봐도 절대 그럴 리 없으며 그래서도 안 된다는 거북한 반응을 보인다. 하지만 제러미가 어린 딸에게 (말하는 것처럼, 하지만 실은 동거인 들으라고) 기사에서 본 '분홍색 수치심(Pink Shaming)'을 이야기하자 당황해서 할 말을 잃는다.

보고 있던 나도 뜨끔했다. 완전 내 얘기잖아?

X세대 회색분자는 자라서

———————

나는 회색분자로 자랐다. 학생이 외모에 신경을 쓰는 순간 학업
은 물건너간다는 게 표면적인 이유였다. 이제 와 생각해 보면 이혼
한 부모 대신 나를 키운 고모는 얼굴에 흉터가 있는 여자아이가 덜
상처받으며 자랄 수 있는 방법은 '보호색 위장'밖에 없다고 여긴
것 같다. 남자애도 아니고 여자애가 얼굴에 흉터라니, 일단 눈에 띄
지 않는 게 좋겠구나. 고모는 내가 학교 시멘트 벽 색깔에 묻힐 수
있도록 회색 옷만 사줬다. 회색 상의에 회색 바지를 입은 커트머리
아이. 사람들은 나를 잘 보지 못했고, 보더라도 여자일 거라 생각하
지 않았다.

내가 초등학교 저학년일 때만 해도, 새 학년 첫 날 모든 것이 낯
선 아이들을 키 순서대로 쭉 세운 다음 남녀 짝을 지어 앉히는 무지
막지한 선생님들이 있었다. 2학년 때 담임선생님도 그랬는데, 나를
여자아이와 짝 지어주었다. 남자라 생각한 것이다. 학교에선 무척
조용한 아이였지만, 그 시간이 지나면 평생 남자로 학교를 다닐지
도 모른다는 생각에 정말 정말 무섭게 생긴 (여자)선생님 팔꿈치를
잡고 기어들어가는 목소리로 말했다.

"저… 여잔데…요….”

이유는 알 수 없지만, 그런 중에도 늘 예쁜 친구들과 어울렸다. 머리끝부터 발끝까지, 엄마들이 아침에 인형 옷을 입히듯 예쁘게 꾸며서 학교에 보낸 아이들. 일주일에 한 번은 베레를 쓰고 등교하는 친구도 있었고, 내복 말고는 아예 바지가 없는 친구도 있었다. 분홍과 보라와 자주 사이에서, 나는 늘 회색분자였다. 집에 있는 핑크색이라곤 주방의 고무장갑이 전부였다.

회색에서 벗어난 건 초등학교 고학년 때. 문제집 살 돈을 뼹땅 쳐입고 싶은 옷을 사기 시작했다. 누구도 쇼핑에 간섭하지 않았지만, 핑크 근처엔 가지 않았다. 어색했고, 늦었다고 생각했다. 친구들은 이미 핑크를 졸업했는데, 이제 와서 핑크를 입을 수는 없었다.

핑크와 담쌓은 대신 남자 옷과 친했다. 여섯 살 많은 오빠 옷을 모조리 물려받은 덕분이었다. 어릴 땐 겨울마다 바지 아래로 파란 줄내복이 보일까 전전긍긍했지만, 사춘기에 들어서는 터울이 큰 오빠의 존재가 꽤 쓸모 있게 느껴졌다. 오빠의 옷장엔 내 용돈으로는 엄두도 못 내는 리바이스 청바지와 나이키 야구 점퍼가 있었다. 토요일 오후, 오빠의 스톰 청바지에 닉스 재킷을 입고 거울 앞에서 옷매무새를 다듬던 순간이 아직도 생생하다. 오빠의 옷은 내게 (살짝) 오버핏으로 잘 맞았고, 또래 여자애들이 입지 않는 '보이시한' 스타

　　　　　　　　1장. 다시는 임신 전으로 돌아갈 수 없다

일이 그럴듯했다.

하지만 스톰 청바지에 닉스 재킷을 입은 그날, 나는 집 밖으로 나가지 못했다. '복장 불량'으로 2시간 넘게 혼나고, 외출 금지까지 당한 것이다. 고모부는 지퍼 부분에 세로로 로고가 들어간 스톰 바지를 보고 마구 호통을 치셨다. 어떻게 그 위치에 시선이 쏠리는 디자인의 바지가 세상에 존재할 수 있는지 분노했고, 이따위 바지를 사서 입는 아들은 성인 남자니 차치하더라도, 어떻게 10대 여자애가 이런 '남우세스러운' 바지를 입고 나갈 생각을 했는지 묻고 혼내고, 또 묻고 또 혼냈다. 대체 그 바지를 입고 나가는 목적이 뭐냐고(나 스톰 입었다 으스대는 거요! 292513, 이것이 옷일세!).

핑크에 대한 열망 없이 소녀 시절을 넘기고, 핑크와 어색한 상태로 성인이 되었다. 사회생활을 하면서는 핑크를 깔보게 되었다. 패션 좀 안다는 사람들은 〈금발이 너무해〉의 주인공이 아닌 이상, 핑크로 치장하는 스타일은 지양했다. "어쩜 그 브랜드에서도 그런 핑크색 아이템을 골랐니?", "너는 핑크색을 참 좋아하는구나"라는 말은 "너 참 촌스럽다"는 말이었다.

편집부 막내 시절, 당시 여신이라 불리던 배우를 인터뷰하고 온 선배는 그의 인상을 이렇게 정리했다. "머리끝에서 발끝까지 핑크더라." 해석하자면, 전혀 궁금하지 않은 여자란 것이다. 남자들 눈에는 예쁠지 모르나 그게 전부인 매력 없는 여자, 주체적인 자신만의 생각이 있을지 의문인 여자, 어릴 때 갖고 놀던 인형의 집에서 아직 못 빠져나온 여자.

핑크가 좋다는 딸에게

———

요즘 들어 딸아이가 핑크색만 보면 눈을 반짝인다. 색종이를 고를 때도 "난 핑크가 제일 좋아!"라며 핑크색만 찾고, 말랑카우든 뽀로로 비타민이든 무조건 핑크색 포장지부터 먹고 본다. 내가 요가복으로 갈아입는 걸 보다가도 "엄마 운동복 핑크색이다!" 하며 반기고, 식당에서 유아용 멜라민 접시와 컵을 주면 잽싸게 핑크를 선점한다.

나는 물었다, 희희(딸)는 핑크가 좋아? "응!" 왜 좋아? "좋으니까 좋아." 그래, 엄마의 질문이 너무 어리석었구나. 핑크색이 좋은데 뭐 그리 과학적인 연구를 바탕으로 한 논리적인 이유가 있겠니. "여자아이의 망막엔 대상의 성질이나 색 정보를 수집하는 P세포가 발달했다잖아. 낙낙이(아들)는 망막에 동작이나 방향에 대한 정보를 수집하는 M세포가 많아서 공룡, 자동차처럼 크고 빠른 장난감을 좋아하지만, 나는 화려한 색의 인형을 좋아하지" 같은 말이라도 할 줄 알았나?

1장. 다시는 임신 전으로 돌아갈 수 없다

아이들이 태어나기 전, 지인들로부터 옷 선물을 받으며 고민에 빠졌다. 박스를 열면 옷들은 사이좋게 핑크 하나, 파랑 하나가 들어 있었다. 누가 봐도 딸 하나, 아들 하나. 나는 선물을 준 사람들의 의도와 상관없이 딸에게 파랑을, 아들에게 핑크를 입혔다. 아이들이 말을 시작하면서부터는 옷을 입힐 때마다 입버릇처럼 말했다. "남자는 핑크지!" 엄마는 핑크 없이도 잘만 살았건만, 아이들에게는 그럴 수가 없었다. 아이에게 핑크는 어른에겐 초록과도 같았다. 없어도 살 수는 있지만, 그럼 사는 게 잿빛인 거다. 핑크와 함께 육아용품 세계의 양대 산맥 색상은 역시나 파랑이었고, 다른 선택지를 열심히 찾아봐야 노랑이었다.

결국 나는 같은 디자인의 물건을 색만 다르게 두 개씩 사면서, 강박적으로 핑크를 배분했다. 희희는 포크와 컵이 핑크니까 낙낙이는 공갈 젖꼭지와 식판이 핑크, 희희는 상의가 핑크니까 낙낙은 하의가 핑크. 문제는 집 밖, 사회생활이었다. 어린이집에 보내는 물병, 칫솔, 양치 컵, 베개, 이불, 식판 가방 등을 새로 보낼 때마다 고민했다. 핑크색 물건에 아들 이름을 붙이면 선생님이 헷갈려 하실까?

쌍둥이를 데리고 외출하면 낯선 사람들의 질문을 받는 게 일상이 된다. "어머 쌍둥이예요?" 쌍둥이가 맞다고, 자매인지 형제인지 묻는 예상 질문에 '남매둥이'라는 정보까지 전달하면 이어지는 질문은 십중팔구였다. "누가 여자고 누가 남자예요?" 사람들은 굳이 그

자리에서 둘 중 누가 여자인지 맞히기 위해 노력했는데, 정답률은 10퍼센트도 되지 않았다. 핑크와 리본, 레이스, 치마, 구두 같은 '여아로 추측되는 단서'가 없는 상태에서 머리 길이가 짧은 유아 둘의 성별을 구별하는 건 생각보다 어렵다. 대부분의 사람들은 얼굴이 동글동글한 낙낙이를 가리키며 "애가 딸인가 보네!"라고 했고, 웃으면서 아니라고 하면 어쩔 줄 몰라 했다. "어머 죄송해요, 아들이 예쁘게 생겨서 그만… 이렇게 보니까 애가 딸이 맞네, 맞아."

시간이 지나면서 왜 엄마들이 딸아이의 민머리에 주먹만 한 리본 밴드를 씌우는지 알고도 남았지만, 하던 대로 했다. 내 돈으로는 무채색과 줄무늬만 샀다. 핑크를 좋아하는 육아 동지는 중성적인 스타일의 우리 아이들을 보면서 슬그머니 충고했다. "언니, 핑크에도 총량의 법칙이 있대요. 어릴 때 입고 싶어 하는 걸 막으면 뒤늦게 핑크를 입는 거죠, 그것도 집착적으로!"

충격적이었다. 이놈의 총량의 법칙은 세상 어디에나 통하는 진리란 말인가. 사춘기에 들어선 희희가 뒤늦게 핑크에 집착해서 친구들의 놀림을 받으면 어쩌지? 나는 어쩐지 '너무 여성스러워서' 옷장 깊숙이 넣어두었던 옷들을 모조리 꺼내 아이들에게 입히기 시작했다. 핑크와 꽃무늬와 레이스를! 그러자 이번엔 남자 친구가 아들 걱정도 좀 하라고 충고했다. 핑크도 그렇고, 누가 봐도 여자애 것인 옷을 남자애한테 입히면 어쩌느냐고. 주변 친구들이 다 딸을 낳아 얻어둔 옷 대부분이 여자 옷이라고 항변했지만, 친구는 내 무

　　　　　　　　　　　　　　　　1장. 다시는 임신 전으로 돌아갈 수 없다

지막지한 '젠더리스' 스타일링이 아이에게 상처가 될 거라고 했다. 지적은 옷에서 끝나지 않았다. "대체 아들 머리는 왜 자꾸 묶어주는 거야?" 희희가 묶으면 낙낙이도 묶어달라고 하니까 그러지. "나중에 커서 어렸을 때 사진 봐봐라. 분명히 엄마를 원망할 거야!"

입고 싶은 옷을 입자고요

어린이 도서관에서 처음으로 책을 빌렸다. 번역가 노지양이 작업한 《메리는 입고 싶은 옷을 입어요》, 《우리 아빠는 멋지고 힘세고 (감수성도 풍부한) 남자였대요Though Guys have feelings too》, 《우리 아빠가 엄청 멋졌었다고?》등 남녀평등의 메시지를 담은 그림책으로 유명한 동화작가 키스 네글리의 책이다. 표지에는 바지를 입고 너무도 당당하게 걸어가는 여자아이를 보며 놀라고 화내고 걱정하는 사람들이 보였다.

소녀들은 바지를 입을 수 없던 옛날 옛적에 바지를 입었다는 이유로 등교를 거부당한 주인공 메리는 19세기 미국에 실존한 여성 메리 에드워즈 워커를 모델로 했다. 1832년 뉴욕 주에서 태어난 그는 어려서부터 독립적이었고, 성평등 문제에 관심이 많았다. 메리는 최초로 바지를 입은 여성 가운데 한 명으로, 바지를 입었다는 이유만으로 여러 차례 경찰서에 잡혀갔는데, 그때마다 그는 이렇게 주장했다고 한다. "나는 남자 옷을 입지 않았습니다. 내 옷을 입었을 뿐입니다!"

의대 졸업 후 당시 많은 사람이 여성은 될 수 없다고 여기던 의사가 되었고, 이후 남북전쟁이 일어나자 북부연합군에 지원해 군의관으로 활약했다. 최전방에서 병사들을 진료하다 남부연합군에 포로로 잡히기도 했는데, 이때 남부연합군은 그에게 드레스를 입으라고 갖은 방법으로 강요했다. 전쟁통에도 바지 입은 여성은 그냥 지나칠 수 없는 대상이었던 것이다. 하지만 그는 끝까지 신념을 꺾지 않았고, 1865년 미국에서 가장 등급이 높은 무공훈장인 명예훈장을 받았다(이 명예훈장을 받은 여성은 아직까지 메리 에드워즈 워커 한 명뿐이라고 한다). 존경합니다, 죽을 때까지 입고 싶은 옷을 입은 닥터 메리.

알고 보면 남성인, 작가 키스 네글리의 이 책은 표지부터 '핑크핑크'하다. 그림의 메인 컬러는 마젠타 핑크. 옛날 옛적, 바지를 입어 동네를 뒤집은 여자애 얘기에 웬 핑크인가 싶은 사람들도 있겠지만, 19세기까지만 해도 핑크는 강함과 권위를 상징하는 남성의 색이었다. 우리가 핑크를 전통적으로 여성적인 색이라 여기게 된 건 20세기 중반부터 여성, 특히 어린 여자아이들을 대상으로 (물건을 팔기 위해) 사용했기 때문이다.

그렇다면 요즘 핑크는? 여성은 물론 약자, 소수자를 상징하는 색으로 사용되며 힘이 센 핑크로 거듭나고 있다. 서로 다르지만 결국 하나로 모이는 여성들의 목소리를 담은 책《나만 그런 게 아니었어 Feminists Don't Wear Pink and Other Lies》의 작가 스칼릿 커티스는 핑크를 입으면 안 된다고 생각하는 페미니즘의 분위기를 비판한다. 여성적이라 여긴 것들을 모두 배척하는 태도가 양성평등 실현의 전제조건이 되어야 하는지 의문을 제기하는 것이다.

요즘 나는 아이들에게 핑크를 배분하는 일을 멈췄다. 딸이 위아래 옷은 물론이고 겉옷까지 핑크를 입든, 아들이 새파란 티라노사우루스가 그려진 내복을 어제도 입고 오늘도 입고 내일도 입으려고 하든, 참견하지 않는다. 딸이 쎄시봉 시대의 장발 머리를 묶지 않겠다고 해도, 반면 아들은 삐삐 머리로 묶고 나간다고 해도 그러자고 한다.

아이를 선입견과 편견 없는, 프레임에서 자유로운 사람으로 키우는 건 정말 어려운 일이다. 하지만 노력하기로 했다. '분홍색 수치심'을 알기 전의 나와 알고 나서의 내가 다르듯, X세대의 반골 정신이 정답인 것처럼 굴지 않을 것이다.

그러니 나의 딸아들. 입고 싶다면 핑크를 입으렴. 엄마는 너희가 딸이든 아들이든, 무슨 옷을 입든 상관없어. 무조건 핑크하지.

2장

임신은
해피엔딩이
아니었다

정상가족을 꿈꿨다

결혼도, 출산도 당연히 생각했다. 혼자 자는 게 정말 싫었다. 고등학생 때 하숙 생활을 시작으로 결혼 전까지 내 자취 생활의 공간은 언제나 집이 아닌 '방'이었다. 잠만 자는 방, 고시원, 친구의 원룸, 학교 앞 슬럼가의 다세대 주택. 작은 방에서 더 작은 침대에 누워 자다 보면 벽의 서늘한 기운에 잠을 깨는 일이 많았다.

고등학교 땐가, 어느 지루했던 수업 시간에 우리는 별로 궁금하지도 않으면서 선생님의 결혼 스토리를 물었다. 그런데 결혼을 결심하게 된 계기가 기대보다 시시했다. "겨울에 손발이 너무 차서." 추운 겨울에 하필 전기장판이 고장나서 그냥 결혼해버렸다나. 그땐 낭만이라곤 찾아볼 수 없는 답변에 실소했는데, 몇 년 전 한 라디오 방송에 나갔다가 같은 질문을 받고는 그와 별반 다르지 않은 대답을 했다. "옆구리 시린 게 싫더라고요."

그저 사람 온기가 필요해서, 라고 하기엔 꽤 괜찮은 남자와 결혼했다. 장발의 히피를 상상했던 주변 사람들은 회사 앞에서 나를 기다리는 '직장인 가방을 멘' 아주 보통의 남자를 보고는 이렇게 물었다. "남편은 대체 너의 어디가 좋대?"

그는 감정이 널뛰는 나와 반대로 대부분의 날을 차분하게 넘기는 사람이었다. 그러면서도 타인에 대한 이해심이 넓었다. 한 달의 반은 사무실에서 살고, 나머지 반은 지난 마감의 분노와 닥친 마감의 분노를 술로 푸는 여자와 결혼을 결심할 정도다. 주변의 결혼한 에디터들 대부분은 흔히 '가정적'이라 평가받는 남자들과 살고 있는데, 나는 그들에게서도 "장가 잘 갔네!" 소리를 들었다. 살림 분담을 어떻게 하는지 묻는 질문에 "아무것도 하지 않는데요"라고 실토했기 때문이다.

그랬다. 퇴사 전까지 나는 집에서 아무것도 하지 않았다. 결혼하고 처음으로 서울에서 집 같은 집에 살면서도 '잠만 자는 방' 생활을 청산하지 못했다. 택시 할증이 풀린 시간에 퇴근하면 침대 한편에서 자고 있는 남편을 보며 결혼 전 내가 딱 원했던 온기를 느꼈지만, 그의 입장은 많이 달랐다. 주말마다 베란다에서 세탁기를 돌리던 남편은 매번 같은 이유로 화를 냈다. "양말 좀 뒤집어 놓지 마!"

결혼 전엔 '동거'를 제안했었다. 일단 같이 살고 싶었다. 마감이 끝나고 그의 집에서 하염없이 자고 있으면 이런 소리에 잠이 깨곤 했다. "밥 먹고 다시 자." 딱, 꿈꾸던 상황이었다. 2인분의 온기가 있는 집에서 자고 먹고 섹스하는 삶. 같이 살자고 여러 번 설득했지

2장. 임신은 해피엔딩이 아니었다

만, 그는 매번 단호하게 거절했다. 끝이 좋은 꼴을 못 봤다고 했다. 나 역시 끝이 괜찮거나 끝이 없는 동거 케이스를 주변에서 찾지 못했다. 그래서 결국 결혼했다.

동거에 대한 로망은 못 이뤘지만, 혼인신고라도 최대한 미루고 싶었다. 외국처럼 생활 동반자도 결혼한 사람들과 똑같은 혜택을 받을 수 있다면 법적 구속력에 의지하지 않고 사는 게 낭만적이라 생각했다. 그런데 개뿔! 결혼한 지 1년 만에 나는 내 손으로 남편을 끌고 구청으로 달려가 혼인신고를 했다. 가정적인 남자의 인내심에 한계가 왔기 때문이었다. 신고를 끝낸 후 나는 남편의 손을 다정히 잡고 말했다. "우린 이제 법적으로도 부부야. 이혼 같은 거, 쉽게 생각하면 안 돼~"

정상가족을 꿈꿨던 것 같다. 이성과 결혼해 아이를 낳고 키우며 같이 나이 들어가는 삶. 저마다의 성적 지향성과 탈혼의 선택을 존중하고 지지하지만, 나는 한국 사회에서 '결혼' 하면 떠올리는 그것을 하고 싶었다. 누군가는 정상가족의 울타리 안에서 성장해 당연하게 정상가족을 이루고, 누군가는 정상가족이 당연하지 않은 울타리 안에서 성장해 기를 쓰고 정상가족을 이룬다. 내 경우는 후자다. 고모가 재혼하며 데려다 키운 조카. 등본을 떼면 내 이름 앞에는 '동거인'이라는 단어가 나왔다. 평범해 보이는 '배우자'나 '손' 같은 세대주와의 관계가 나에겐 갈급한 단어였다. 결혼은 '결손가정 아이'라 불리며 성장한 유년기에 대한 보상이자 "가정교육이 중요하다"는 폭력적인 평가에서 벗어날 수 있는 기회 같았다. 고모도 나에 대한 임무를 어느 정도 해결한 것이 될 테고, 그럼 더는 내 삶을 휘두르지 않겠지.

아이는 처음부터 낳을 생각이었다. 나는 아기가 좋았다. 정확히는 '새끼'가 좋았던 것 같다. 태어난 지 얼마 안 된 작은 생명체들은 다 예뻤다. 아기가 뒤집고 기고 걷는 과정은 경이로웠고, 아이가 자전거를 타고 부모의 손을 처음으로 벗어나는 장면은 언제 봐도 눈물 났다. 작은 생명체를 사랑으로 키워낼 수 있다면, 나보다 더 괜찮은 인간으로 자라는 걸 볼 수 있다면, 시시한 내 인생도 꽤 근사하게 빛날 것 같았다. 그래, 이번 생엔 아이를 낳아야지!

다만 조건이 있었다. 아이는 하나만, 딸 하나만 바랐다. 나라는 인간의 그릇이 담을 수 있는 작은 생명체는 최대 한 명이라 생각했다. 어려서부터 친구 같은 엄마와 딸에 대한 환상도 컸다. 그래, 딸을 낳아서 세상 멋지게 키우는 거야!

나와 남편과 딸아이가 웃고 있는 가족사진. 그게 내가 꿈꾼 정상 가족이었다.

결코 자연스럽지 않은
자연임신

애주가인 Y가 소주잔을 잡고 주저하는 걸 본 순간, 느낌이 왔다. "너, 임신했구나?" 그의 남편이자 나의 절친인 D가 웃기만 하는 아내를 대신해 소식을 전했다. "나 아빠 된대." 근래 들은 소식 중 가장 기쁜 일이었다. 몇 달 전, 모임에 늦은 내가 자리에 앉기가 무섭게 Y는 물었다. "언니, 제가 요즘 '마리아'에 다니는데요. 쌍둥이 어때요?" 웬 마리아? 쌍둥이는 또 왜? 우리 집에 있는 유아들 안부를 묻는 거야? "아, 미안해요. 언니 만나면 물어봐야지 벼르고 있던 터라 맘이 급했나 봐요." 결혼 3년 차가 된 둘은 아이를 갖기로 결심했고, 집 근처의 난임 시술로 유명한 병원을 다녀왔다고 했다. 아, 그 마리아… 난임 시술에 대해 알아본 사람이라면 서울에 있는 세 병원의 이름은 알게 돼 있다. 마리아, 차, 제일.

나도 이 병원들의 후기를 인터넷과 지인 경험담으로 확인하고 한동안 고민했다. 하지만 유명세만큼 대기도 어마어마했고, 성공률이 높아도 병원 분위기나 담당의사의 성향과 맞지 않을 수도 있으며 결과가 만족스럽지 않아 병원을 옮기는 경우도 적지 않았다. 개인적으로는 대형병원에 가는 게 겁도 났다. 그때까지 내가 경험한 대형병원은 크고 바쁘고 불친절한데 비싸기만 한 곳이었다. '난임' 이란 단어만으로도 쪼그라드는데 굳이 전국구로 유명한 병원을 찾아 심신을 축내고 싶지 않았다. 일주일에 많게는 두세 번씩 가야 하고 이상 증세가 있으면 최대한 빨리 갈 수 있어야 하는데, 아쉽게도 '집 근처'엔 이 세 곳이 없었다.

상담을 간 두 사람에게 의사는 난임 시술을 할 경우 다태아가 생길 가능성이 높다고 설명했다. 아이는 원하지만 다태아를 생각해본 적 없는 부부는 고민에 빠졌다. '우리가 과연 쌍둥이를 키울 수 있을까?' 두 사람은 아이는 무조건 둘 이상 낳고 싶다는 데 동의하고 결혼했다. 하지만 대학에서 시간강사로 일하며 박사 과정에 있던 둘은 늘 돈과 시간이 궁했다. 대부분의 비정규직이 그렇듯, 시간강사의 살림살이는 한해살이에 가까웠다. 식구가 늘어도 숟가락 하나만 더 놓으면 된다는 어른들의 막무가내 출산 종용에 대충 속아 넘어갈 나이도 아니었다. 그런데 이렇게 바쁘고, 돈 없는 자신들에게 애가 하나도 아니고 둘이 생긴다면? 그저 기쁜 일은 아니었다.

나는 약속 장소에 가는 내내 잡고 뜯으려고 한 족발 뼈를 잠시 미뤄두고, 조심스럽게 입을 뗐다. "각오가 필요한 일이지만, 각오한다고 계획대로 되진 않더라."

임신은 제가 알아서 할게요

──────

아파트 단지 안 헬스장에서 요가 수업을 듣기 시작한 후 한동안 어르신들의 '신상털기'에 시달렸다. 시작이 "결혼은?"이더니, 했다고 하면 "아이는?" 하고 훅 치고 들어오는데 "없어요" 하면 "병원 소개해줄까?"로 어퍼컷을 날렸다. 인사를 한 지 5분도 채 안 돼서 '잘 아는' 산부인과를 소개해주겠다는 무지막지한 대화 전개라니. 처음엔 어안이 벙벙하다가 점점 기분이 나빠졌다. 우리나라 사람들이 얼마나 남의 집 가족계획에 적극적이고 무례하게 개입하는지 실감했고, 여전히 '구전'의 힘이 막강한 아파트 단지에 이렇게 친화력 좋은 어머님들이 산부인과 영업인력으로 파견된 건 아닐까 의심했다.

내가 일했던 잡지 업계는 편집부의 대다수가 여성인데 비혼이 워낙 많고, 결혼을 해도 아이가 없는 경우도 적지 않다. 그런 집단 안에 있을 땐 결혼했다는 게 놀랄 일이지("결혼했다고? 배신자!" 아니면 "결혼했다고? 왜 굳이!"라고 반응했다), 결혼했다고 해서 "아이는?", "언제 낳을 건데?" 식의 질문을 받는 일은 흔하지 않았다.

그런데 아파트 단지 안에서 오전 10시에 시작하는 요가 수업에 들어갔더니 내 이름도 모르는 사람들이 나이와 결혼 여부를 확인하고 '슬하의 자녀'를 물었다. 마무리는 언제나 선의의 도움을 주려는 듯 "병원 소개해줄까?"였고. 나는 그때마다 "아니에요, 괜찮습니다"라고 말하고 자리를 피했다. 오랜 기간 노력했지만 임신이 되지 않았거나 어렵게 임신했다가 유산을 했다면, 난임 시술을 수 차례 받으며 몸과 마음이 지쳐 있었다면, 아이를 갖는 문제로 남편 이나 시댁과 갈등이 있었다면 절대 그렇게 답하지는 못했을 것이 다. 괜찮다고 사양할 때마다 입꼬리만 간신히 끌어올리고 억지웃음 을 지어 보였다. 불편하고 불쾌했지만, 싫어하는 직장 상사와 단둘 이 엘리베이터에 탄 상황처럼 생각했다. 그래 잠깐이면 돼, 잠깐이 면(그러다 직장도 때려치웠지만!).

그 질문들과 대면하기 전까지, 나는 정말 괜찮았다. 10년 넘게 일 하고 자발적 백수가 된 지 세 달째였나. 내일 출근하기 싫다며 울면 서 잠들지 않았고, 마감하느라 밤샐 일도 없었으며 이를 바득바득 갈며 누군가를 싫어할 일도 생기지 않았다. 이 얼마나 행복한 삶인 가. 통장 잔고가 바닥을 드러내기 시작했지만, 버티고 버텨서 1년 은 꼭 놀 것이라 다짐했다.

나의 한가로운 백수 생활을 위협하는 사람들을 요가 수업에서 만 나게 될 줄은 몰랐다. 한 달 수업료가 매우 저렴한 아파트 주민 전 용 헬스장을 이용한다고 해서, 옵션으로 이런 불편한 시간이 끼어 들 줄 누가 알았을까. 경험해보니 단지 내 헬스장에서 하는 그룹 수 업은 옛날 마을로 치면 아낙들이 모이는 빨래터와 같았다. 같은 개 울을 쓰고, 옆자리에 앉아 같은 행위를 하다 보니 집에 숟가락 젓가락 몇 개인지 묻는 일이 너무나도 자연스러웠던 것이다. 하지만 나는 그 자연스러운 질문이 불편했다.

내가 이상한 걸까? 내가 비혼인지, 딩크인지, 난임 부부인지, 그 밖에 어떤 이유로 '정상가족'이 될 수 없는 상황인지 모르면서, 아파트 이웃 주민이자 세상의 어른으로서 도움을 주고 싶을 뿐이라는 사람들에게 그저 고마워할 수가 없었다.

임신하기 눈치 보인다고요

────────

전 직장 동료들을 만나면 지난 마감에 멱살 잡고 싶었던 사람들 이야기를 듣는다. 나도 매달 마감을 하고 지낼 땐 그랬었다. 한참을 떠든 직장인들이 흥분을 가라앉히고 백수에게 마이크를 넘기면 나 역시 나를 화나게 하는 누군가를 이야기해야만 할 것 같았다. 그때 떠오른 게 요가 수업에서 만난 가족계획 참견 전문가들이었다.

비혼 또는 탈혼한 나의 전 직장 동료들은 기대 이상으로 공감하고 분노했다. 그 질문을 받는 사람의 상황이 어떤지도 모르면서 어떻게 그런 폭력적인 질문을 하느냐고 말이다. 우리나라는 유난히 임신, 출산, 육아를 겪는 여성의 몸을 공공재처럼 생각한다고. 여성의 임신, 출산, 육아에 대한 이해나 배려는 턱없이 부족한데, 그에 대한 관심과 잔소리는 만렙인 것에 우리는 함께 분개했다.

욕하면서 생각해보니 여초 업계 잡지판에서도 상사들이 가족계획에 참견하는 일은 드물지 않았다. 결혼식 날짜를 마감 직후 주말이 아닌 그 다음 주말로 잡아 눈총을 받았다고 (그래서 내 신혼여행 기간은 꼴랑 3박 5일이었다. 목적지가 파리였는데 말이다!) 우는 소리를 했을 때, 선배들은 임신 시기도 상의하라는 편집장도 있다면서 그 정도는 양반이라고 위로해주었다.

비혼인 편집장은 모르는 대로 배려가 없고, 기혼 유자녀 편집장은 자신의 경험을 기준 삼아 간섭을 한다고 했다. 친구 H는 임신후 입덧이 정말 심했는데 하루는 화장실에서 먹은 것을 다 게우고 나왔더니 편집장이 놀란 얼굴로 문 앞에 서 있었다. 그러면서 하는 말. "난 입덧이 전혀 없었는데, 넌 정말 심하구나?" 그는 평소 "애는 엄마가 아니라 돈이 키우는 것"이라며 직장에선 혈혈단신 모드로 일하기를 강요하던 상사였다. 그날 이후 편집장은 친구에게 전보다 살가워졌지만, 그렇다고 일을 줄여주진 않았다.

출산일이 임박한 에디터에게 '쉬는 기간(출산휴가 3개월을 말한다)' 재충전하고 아이디어 가득 돌아오라는 격려사를 보내는 경우도 허다하다. 육아휴직? 그런 걸 쓰고도 책상이 그대로 남아 있길 기대하는 사람은 없다. 당장 옆자리 동료부터 몸서리치게 싫어한다. 빈자리 몫을 새로운 누군가가 일정 기간 들어와 메우는 것이 아니라 팀원들이 n분의 1씩 떠안아야 하니 이해가 안 될 것도 없다. 어쨌거나 그런 상황을 보고 들으며 나는 굳게 다짐했었다. 내 절대 이 비

인간적인 일터에서 임신, 출산 하지 않으리.

소문 듣고 찾아왔습니다

———————

1년 뒤. 나는 가족계획 참견 전문가들의 추천 병원이 궁금해졌다. 직장만 때려치우면 나의 심신에 평화가 찾아오고, 평화가 깃들인 나의 몸 안엔 새 생명도 자연스럽게 안착할 줄 알았건만 아니었다. 나는 좌절했다. 우리는 '노력하기로' 했다. 이름처럼 자연스럽지는 않지만 '자연임신'을 위해 노력하자고. 근데 시작부터 죽을 맛이었다. 섹스한 지 십수 년 만에 새삼 날짜를 맞춰 관계를 맺는 것이 얼마나 어색한 일인지, 해보기 전엔 절대 몰랐다. 우리의 섹스는 전에 없이 지루했고, 서로의 눈치를 엄청나게 살폈으며, 목적이 앞선 행위를 마친 뒤에는 한동안 적막했다. 그렇게 몇 달을 어색하게 보내며 임신테스트기의 성능을 수차례 의심한 끝에 나와 남편은 병원을 찾기로 했다. 근데, 어디로 가지?

남편에겐 검색 찬스뿐이었다. 여자들의 세계에선 지인의 지인 경험담이라도 난임으로 고생한 누군가가 어느 병원에 가서 무엇을 하여 아이를 가졌다는 이야기를 듣는 게 어려운 일이 아니지만, 남자들의 세계에선 결과만 겨우 알 뿐이었다. 상황이 이렇게 되고 보니 동네 어르신들이 나의 가족계획에 참견하도록 내버려두지 않은 것이 후회됐다. 에이, 가만히 듣고만 있을 걸. 당신은 친절을 베푸시는데 분명 정색 비슷한 표정을 지었을 테니 이제 와서 다시 물어볼 엄두가 나지 않았다. 인터넷 검색만 하다 말다를 반복했다.

그러던 어느 날, 역시나 요가 수업을 같이 듣던 '언니' 한 분이 "아이 계획은 있어?"라고 물어왔다. 전에 놓치고 후회하고 다시 기다려온 다정한 가족계획 전문가가 손을 내미는 순간이었다. 나는 최대한 부드러운 미소를 지으며 "이제 슬슬 가지려고요"라고 답했고, 말이 끝나기가 무섭게 기대했던 정보를 얻었다. "나 아는 사람이 ○○역에 있는 ○○에서 아이 가졌어. 좋다더라."

지하철로 세 정거장, 찾고 있던 '집 근처' 병원이었다.

난임의 추억 1
– 난임 클리닉, 난임 검사

졸업하고 3년 만이다. 우리 아이들을 갖게 된 여성병원.

진료실 앞 접수처에는 익숙해서 반가운 얼굴도 있다. 한때는 일주일에 서너 번씩, 길게는 한 시간 넘게 앉아 있던 베이지색 소파에 앉아본다. 그땐 너무 긴장했던지 이렇게 푹신한 줄 몰랐다. 소파 깊숙이 몸을 기대고 병원을 둘러본다. 눈에 거슬리는 것이 없는 차분한 인테리어, 누구 하나 큰 목소리를 내지 않는 조용한 실내, 별로 변한 것이 없다.

근처를 오갈 때면 우리의 담당의사였던 김 선생님과 간호사분들의 안부가 궁금했다. 잘들 계시려나? 왜인지 정확한 이유는 모르겠으나 어버이날이나 스승의날이면 이곳 생각이 났다. 애 낳고 부인과를 갈 일이 없었던 것도 아닌데, 여성병원이기 전에 '난임 클리닉'의 이미지가 앞서 선뜻 생각을 하지 못했다.

엄마가 되고 나서는 병원에 가는 게 쉽지 않다. 애들 병원은 이틀이 멀다 하고 가지만, 환자 이름에 내 이름을 적는 건 그날 할 일을 모두 처리하고 시간이 남을 때나 가능한 일이다.

그런데 종합검진 결과지에서 '자궁근종 의심', '난소낭종 의심'을 확인하고 다시 이곳을 떠올렸다. 3개월 후 추적검사를 해도 됐지만, 출산 후 그곳의 안녕을 너무 등한시했다는 생각이 들었다. 증상으로 불쾌한 냄새도 났고, 통증도 있었다. 이 핑계로 우리에겐 삼신할머니 비슷한 김 선생님도 뵐 수 있으니, 어찌 보면 일석이조. 가방에는 병원에 대한 불신이 컸던 내가 김 선생님을 만나 얼마나 많은 힘을 얻었는지 적은 (폭망한) 나의 첫 책이 들어 있었다.

진료실 문을 열자 3년 전보다 더 멋져 보이는 김 선생님이 앉아 계셨다('안경을 벗으셨네!'). 그는 우리가 처음 만났을 때처럼 차분한 목소리로 인사했는데, 특별히 나에 대한 기억이 있거나 반가운 느낌은 아니었다. 일 년에 만나는 환자만 수천 명이 넘을 텐데 기억하실 리 없지, 이해하면서도 나만 애틋하게 기억하는 학교 선배를 만났을 때처럼 조금 서운했다.

"오랜만에 오셨네요. 그때 쌍둥이 임신하셨죠?"
"네….."
"아이들 성별이?"
"아, 남매예요!"
"아이들은 건강하죠?"

"네, 선생님."

설마 기억 못 하시는 거예요? 그 아이들이 벌써 세 살이 되었답니다. 놀이터에서 얼마나 잘 뛰어노는지 몰라요. 둘이 얼마나 싸워대는지 요즘 제가 제일 많이 하는 말이 "너네 자꾸 양처럼 싸울 거야?"예요. 왜 하필 양이냐고요? 얼마 전 강원도에 가서 양들한테 먹이를 주는데, 두 양이 서로 먹겠다고 치고받고 싸우는 걸 봤거든요. 둘이 먹을 걸로도 엄청 싸우는데, 그때마다 양 이야기를 해요. 첫째는 태어날 때 2.39킬로그램이었거든요? 요다 같은 얼굴에 저체중(2017년 1월부터 국민건강보험공단에서는 출생 시 몸무게가 2.5킬로그램 미만의 신생아는 '저체중아'로 분류해 36개월까지 외래진료비 본인부담을 줄여주고 있다)이라 얼마나 걱정을 했는지 몰라요. 그런데 지금은 15킬로그램에 육박한다니까요! 둘째는 2.78킬로그램이었으니까 쌍둥이치고는 크게 나온 편인데, 출산한 대학병원에서 뇌에 음영이 보인다고 하는 바람에 퇴원 수속 밟으면서 또 얼마나 울었다고요. 하지만 지금은 건강하답니다.

하고 싶은 말은 많았지만, 〈TV는 사랑을 싣고〉 같은 재회 자리가 아니니 묻는 말에 최대한 짧게 답했다. 질염이나 방광염이 의심되는 불편한 증상들을 말한 후 일단 검사를 해보기로 했다.

어두운 검사실 한편, 커튼 사이로 빛이 새어나오는 탈의 공간. 전엔 이곳에 들어갈 때부터 몸이 굳는 느낌이었는데, 이젠 찜질방 탈

의실만큼이나 익숙하다. 디자인이 왜 이 모양이냐고 투덜댔던 검진용 치마조차 반갑다. 보들보들한 나일론 소재의 무릎 언저리까지 내려오는 치마는 피가 묻어도 티 나지 않는 자주색. 내가 다녔던 가톨릭 고등학교 교복 색과 같았다. 한창 공부하느라 한창 살찌는 고등학생 교복이 하필 팽창색인 자주색이었던 거다. 학교에서는 '순교자의 피' 색깔이라고 했지만 우리는 졸업할 때까지 한 번도 우리가 성스러운 사람이 된 기분을 느끼지 못했다.

임신 막차에 타신 걸 환영합니다

처음 이 병원을 찾았을 때, 나와 남편은 예상보다 더 형편없는 우리의 자연임신 가능성을 듣고 실망했다. 난임이란 건 알고 있었다. 병원에서는 만 35세 미만은 1년, 만 35세 이상은 6개월 이상 적극적인 시도를 했는데도 임신이 되지 않은 경우를 난임이라고 진단하는데, 당시 내 나이 35세, 남편은 38세였고 배란일에 맞춰 부부관계를 한 지는 반년이 훌쩍 지난 상태였다.

난임 검사는 여성은 피 검사, 자궁초음파, 자궁난관 조영술, 남성은 피 검사와 정액 검사로 진행된다. 언젠가 난임 클리닉을 찾은 남성이 가장 뻘쭘한 순간은 정액이 든 컵을 제출할 때라는 말을 들은 적이 있다. 평소 자신의 심벌엔 절대 문제가 없는 것처럼, 입식 소변기 앞에 나란히 서서 볼 일을 보는 남자들에겐 대단한 굴욕이려나? 심정은 이해하나 만약 그걸 부인한테 티내는 남편이 있다면 울대를 걷어차여도 시원치 않다. 남자가 혼자 방 안에서 정액을 모으는 동안 여자는 '굴욕 의자'에서 약해도 생리통만큼, 심하면 아랫배가 뜯어질 정도의 통증을 느끼는 자궁난관 조영술을 하고 있으니까. 다행히 우리 집 남자는 검사 후 조용했다. 나는 그 어둠 속에서 대체 어떤 영상을 보는지 궁금했지만 그는 끝내 함구했다.

검사 결과를 확인한 김 선생님은 바로 시술에 들어가길 권했다. 일단 나는 난포 개수가 적었다. 난소에서 여러 개의 난포 중 가장 건강하고 성숙한 난포 하나를 배출하는 것을 배란이라고 하는데, 난포가 많은 여성은 한 달에 10~15개, 또래 여성들은 평균 5~7개인데 비해 나는 2.5개밖에 되지 않는다고 했다. 난자 하나와 정자 하나가 만나면 임신, 이라고 뭉뚱그려 가르치던 중학교 가정 수업이 새삼 원망스러웠다. 매달 하는 생리가 아프고 귀찮기만 했지, 건강한 난자 하나를 선발하기 위해 내 몸 속에서 매달 서바이벌이 벌어지고 있을 줄은 몰랐다. 양보다 질이라지만, 양부터 너무 떨어졌다. 남편도 상황은 비슷했다. 정자가 많은 편이 아니었고, 그보다 더 중요한 활동력이 떨어진다고 했다.

어렴풋한 추측과 수치화된 결과 사이의 간극은 꽤 컸고, 우리는 본격적인 시술도 하기 전에 풀이 죽었다. 막차일지도 모른다는 생각에 급히 열차에 오르고 보니 꼬리칸인 기분이랄까. 후에 내가 난임 클리닉에 다니는 걸 알게 된 친구(나보다 출산 선배다)는 누구에게 '문제'가 있는지 물었는데, 내가 "둘 다"라고 심드렁하게 대답하자 "그래도 다행이네"라고 했다. 어째서? "너한테만 문제가 있었어봐, 엄청 스트레스 받았을 걸?"

이게 무슨 21세기에 씨받이 찍는 소리인가? 내가 아는 누구는 난임의 원인이 남자에게 있었음에도 불구하고 시댁에 갈 때마다 눈치를 봤다고 했다. 정말 왜들 이러는 걸까? 정자 상태가 개떡 같아도 난자만 건강하면 찰떡같이 임신이 될 거라 생각하는 걸까? 그래서 여자애들한테는 어려서부터 조신하라 가르치고?

배란일에 맞춰 남편의 정자를 부인의 몸속에 넣는 인공수정의 경우 성공률은 내 나이에선 10%대. 부인의 난자와 남편의 정자를 각각 채취해 체외수정한 후 다시 부인의 몸에 이식해서 착상을 기다리는 시험관은 30%대라고 했다.

우리는 인공수정부터 해보기로 했다.

난임의 추억 2
– 인공수정, 폴립 제거

인공수정은 실패했다. 10%대의 확률에 큰 기대를 걸진 않았지만, 그래도 실망스러웠다. 인공수정은 남성의 정자를 채취한 뒤 건강한 녀석들을 선발해 배란일에 맞춰 여성의 몸에 넣는 방식이다. 시술 뒤 침대 밖으로 벗어나지 않(거나 못하)는 사람들도 많다던데, 나는 평소처럼 일상을 보냈다.

아니다. 돌이켜 보면 평소보다 더 격렬하게 움직였다. 우리는 병원을 다니면서 의기소침해진 기분을 바꿔보겠다고 1박 2일로 여행을 떠났다. 목적지는 충북 단양. 단양 적성비와 함께 마늘로 유명한 곳. 마늘 하면 스태미나, 스태미나 하면 흠…. 난임 시술을 받은 부부의 기분전환용 여행지로 안성맞춤 아닌가? 방이 하나 남아서 동행이 가능한 친구들을 찾다 결국 그의 남동생과 함께 떠났다. 아, 오해는 없길 바란다. 나는 그의 남동생을 정말 좋아한다. 혹시나 시댁과의 인연이 끊어진다 해도 시동생과의 수다는 그리울 거라 생각할 정도다.

이전까지 내 국내여행의 목적은 하나였다. 그 지역에서만 먹을 수 있는 지방색 강한 안주에 술 마시기. 하지만 음주가 불가능한 상황이었다. 그때 나는 아침저녁으로 화장실 바닥에 꿇어앉아 질정을 넣고 있었다.

인간의 몸은 놀라운 운영체계와 회복력을 가진 대자연이지만, 일단 난임 클리닉의 문턱을 넘고 나면 배란 주기에 맞춰 인위적인 약물과 주사, 시술에 내 몸을 맡겨야 한다. 시술 전엔 과배란을 촉진하는 난포자극 호르몬이 들어간 배란 주사를 맞았고, 시술 후엔 수정란의 착상을 돕기 위해 프로게스테론이 들어간 질정을 12시간 간격으로 넣고 30분간 꼼짝 않고 누워 있었다. 넣을 땐 당연히 이물감이 들었고 움직이다 보면 어지럼증도 느꼈는데, 당시엔 '기분 탓'이려니 했다. 바쁘게 직장생활을 했다면 못 느꼈을 불편함이라고, 내 아이를 갖고 싶다고 시작한 일인데 꾀병 같은 건 부리지 말자고 생각했다. 그런데 출산 후 난임 시술을 한 엄마들을 만나보니 심한 사람은 구토와 어지럼증으로 며칠씩 누워만 있었다고 했다. 그제야 깨달았다. 그때 나도 힘들었다는 걸.

난임 시술은 처음이라, 우리는 너무 무지했다. 그러니 그 몸을 이끌고 좁고 구불구불하고 높은 계단이 많기로 유명한 고수동굴에 갔겠지. 나는 동굴 입구에 쓰여 있는 관람 시 유의사항에서 '영유아, 임신부, 노약자는 힘들 수 있습니다'라는 문구를 보면서도 그저 남 일이라 생각했다. 관람 구간이 1.3킬로미터나 된다는 건(!) 출발 직전에야 알았다. 내가 괜찮다고 하니 남편도 그런 줄로만 알았을 것이다. 조금 춥고, 조금 어지럽고, 조금 숨이 찼지만 기분 탓이려니 했다. 남근석 비슷하게 생긴 커다란 종유석 앞에서 사진 찍는 관광객들도 짜증났지만, 사실 그보다 더 참을 수 없었던 건 남편의 동생바보짓이었다. 그는 건강한 남동생이 잘 따라오는지 자꾸만 뒤돌아봤다. 그대, 먼 곳만 보네요. (어제 인공수정 시술한 아)내가 바로 여기 있는데….

동굴 관광에 지친 우리는 전통시장에 들러 단양마늘이 잔뜩 들어갔다는 치킨을 사서 숙소에 돌아왔다. 남편은 치맥, 술을 안 먹는 시동생과 술을 못 먹는 나는 치콜. 남편은 텔레비전을 보며 신나게 맥주 6캔을 비우더니 먼저 잠들어버렸다. 시동생은 민망해하면서 형이 운전하느라 많이 피곤했나보다고 나를 달랬다. 그래요, 그렇겠죠?

잠들기 전, 화장실에 꿇어앉아 질정을 넣고 어기적거리며 침대로 가서 누웠다. 그리고 세상모르고 자는 남자의 얼굴을 한참 들여다봤다. 임신하고 보자, 그땐 먼저 잠드는 일 없게 해 줄게.

언제나 문제는 똥이다

종합검진을 받으며 대장내시경을 했다. 해본 사람은 알겠지만 검사 자체보다 준비과정이 고역이다. 관장약은 무식하다 싶을 정도로 양이 많았다. 예전보다 맛이 아주 좋아진 편이라고 하는데, 내 입에는 그저 다 먹고 남은 '쭈쭈바' 껍질을 씻어낸 물 한 바가지를 먹는 것 같았다. 찝찝했고, 자꾸만 구역질이 났다. 밤새도록 화장실을 들락거리면서 혹시라도 내 괄약근이 본분을 망각하고 힘을 놓아버리면 인간으로서의 내 존엄성은 끝날 거라는 공포가 밀려왔다.

그런데 이 상황이 왠지 익숙했다. 나는 관장약을 처음 먹은 게 아니었다. 근데 내가 관장을 언제 했더라? 분명 임신, 출산 과정 중에 있었는데… 이 빌어먹을 산후 건망증! 나처럼 쌍둥이를 제왕절개 수술로 낳은 친구에게 물었더니 본인은 대장내시경 약을 먹은 적이 없다고 했다. 그럼 난 대체 언제 먹은 거지?

인공수정에 실패하고, 우리는 바로 시험관 준비에 들어갔다. 그때 '폴립 제거' 수술을 했다. 자궁 내막에 돌기처럼 튀어나온 용종들을 제거하는 수술이었다. 용종이 무조건 나쁜 것도 아니고 자연적으로 소멸되는 경우도 있었지만, 수정란 착상을 방해하는 원인으로 난임 시술에선 필수 과정이었다. 내 자궁엔 그리 크지 않지만 작은 용종이 3개 정도 있다고 했다.

생각해 보면 임신, 출산 과정에서 내 생에 다시없을 인내심을 발휘한 것 같다. 무식하게 많고, 더럽게 맛없는 관장약을 태어나서 처음으로 먹으면서도 그러려니 했으니까. 밤새 화장실을 들락거리고 병원 침대에 누워 수술을 기다리는 동안 내 걱정은 단 하나였다. 이러다 똥 싸는 거 아니야? 수술 직전까지 화장실을 계속 다녀왔지만, 다 비우지 못한 느낌이 들었다. 그렇게 영 뒤가 찜찜한 채로 수술대에 올랐다. 좀 전까지는 똥 걱정밖에 없었는데, 수술대 아래에 놓여있는 커다란 들통을 보고 기겁했다. 새파란 들통 안에 새빨간 자국이 보였다. 저건 피, 핏자국? 이곳에 다니면서 한 번도 불편하거나 불안한 적이 없었는데, 피 묻은 들통을 보자 모든 게 무너지는 느낌이었다. 나 무서운데, 나 하기 싫은데, 나 집에 가고 싶은데? 선생님, 저 좀 빨리 기절(마취)시켜 주세요!

눈을 떠보니 회복실이었다. 간호사가 생긋 웃으며 수술이 잘 끝났다고 했다. 고맙다고 하면서도 신경은 오직 한곳에 쏠려 있었다. 혹시 제가 수술 중에, 양동이에 똥을 싸진 않았나요? 묻고 싶었지만 참았다. 그리고 간호사가 커튼을 닫고 나가자마자 재빨리 몸을 일으켜 누운 자리를 살폈다.

왜, 슬픈 예감은 틀린 적이 없나.

BTS로 키울까요?
블랙핑크로 키울까요?

"샵으로 키우세요."

드라마 〈슬기로운 의사생활〉의 한 장면. 태아의 성별이 궁금해 BTS와 블랙핑크로 유도신문을 하는 환자에게 X세대인 담당의사는 90년대 혼성그룹으로 답한다. 여자인지 남자인지 묻는데 여자일 수도 있고 남자일 수도 있다니, 물어본 사람은 황당하다 못해 약이 오른다. 하지만 눈치 없는 게 콘셉트인 이 의사는 친절하게 또 다른 90년대 혼성그룹 이름을 댄다. "잼으로 키우세요." 숨 막히는 대치. 보다 못한 간호사가 상황을 정리한다. "악뮤로 키우세요!"

내 안에 악뮤 있다

현행 의료법상 태아의 성 감별을 목적으로 하는 의료행위와 임신 32주 이전에 태아나 임부를 진찰하거나 검사하면서 알게 된 태아의 성을 고지하는 행위는 금지돼 있다. 법대로라면 이를 위반할 시 의료인은 2년 이하의 징역이나 2천만 원 이하의 벌금(《의료법》제88조의 2)에 처하지만, 알다시피 현실은 그렇지 않다.

안정기에 들어선 임산부와 그의 남편은 병원에서 슬쩍 흘리는 암호를 캐치해 아이의 옷과 장난감은 물론이고 아이 방의 벽 색깔도 정한다. 정말 신기한 일이지 않나? 초음파 검사관은 흑백 화면에서도 색깔을 볼 수 있는 초능력자다. 눈에 보이는 건 분명 흑백 영상인데, 분홍과 파랑을 구별해서 알려주니 말이다.

사실 임신 초기에는 성별은 생각할 새가 없었다. 자궁 속의 '점'들이 무사하기만을 바랐다. 그런데 안정기라 말하는 임신 16주가 지나고, 주변 사람들의 질문을 받으면서 나와 남편도 슬슬 궁금해졌다. 딸일까? 아들일까?

결혼 전부터 나는 딸을 갖고 싶다고 노래를 불렀고, 남편은 딸도 좋고 아들도 좋다고 했다(늘 그런 식이다). 딸 쌍둥이를 키우는 친구를 보면 딸 둘도 좋겠다는 생각이 들었다. 둘이서 노는 게 얼마나 예쁜지 인형이 따로 없었다. 아들 쌍둥이를 낳은 친구는 주변에 없었는데, 아들 둘은 어쩐지 좀 (많이) 무서웠다. 언젠가 육아 선배인 친구가 무심코 했던 말이 무의식 깊숙한 곳에 자리 잡아서일지도 모른다. "난 딸 하나 키우면서 웬 성대결절인가 몰라. 보통 성대결절은 아들 둘 키우는 엄마들한테 생기거든."

안정기에 들어서기 전까지 2주에 한 번씩 초음파 검사를 했다. 그 사이 점들은 젤리곰이 되는가 싶더니 어느 순간 손가락, 발가락도 셀 수 있는 인간의 모습을 갖추었지만, 성별은 알 길이 없었다. 난임 클리닉에서 시술에 성공해 안정기에 출산병원으로 옮기는 걸 '졸업'이라고 부르는데, 우리는 졸업하는 날까지 아이들의 성별을 알지 못했다. 내가 다니던 병원은 현행 의료법을 성실히 준수하고 있었다.

임신 20주. 출산병원에서 처음으로 아이들의 성기를 확인했다. 1번은 성기 부분이 매끈했고, 2번은 돌출된 것이 보였다. 분홍 하나 파랑 하나. 우리 아이들은 BTS와 블랙핑크가 아닌 샵, 아니, 잼, 아니, 악뮤였다. 기뻤다. 딸과 아들 둘 다 얻은 기쁨도 컸지만, 아들 둘을 피했다는 안도감이 더 컸다.

아들을 낳고 싶은 여자들

내겐 6명의 조카가 있는데 전부 여자다. 두 오빠는 짜기라도 한 듯 딸을 셋씩 낳았다. 둘째 오빠는 늘 딸이 좋다고 했는데, 새언니는 입장이 달랐다. 언젠가 함께 시내를 걷다 남자 애 둘을 데리고 가는 또래 여성을 보며 (당시 두 딸의 엄마였던) 언니는 부러운 듯 말했다. "저 사람은 재주도 좋아. 아들만 둘이네." 21세기 초에, 20대 초반이었던 나는 기함했다. "언니 대체 어느 시대 사람이야?"

언니는 딸도 좋지만 아들이 있으면 든든할 것 같다고 했다. 어째서? 아들로 노후대비하고 싶어? 제사 지내줄 자식이 필요한 거야? 집에 남자가 둘 이상 있으면 도둑 걱정은 없대서? 혹시 아들만 둘 낳은 시어머니(나의 고모다)가 구박해? 고모가 본 아들 덕은 언니가 유일할 텐데?

몇 년 뒤 언니는 셋째를 낳았고, 세 딸의 엄마가 되었다. 아들 이야기는 쏙 들어갔다. 오빠는 더는 아이를 낳지 않겠다고 선언했다. "점쟁이가 그러는데 내 사주에 딸만 다섯이래. 이 참에 '묶을까' 싶지만, 그럴 일도 없어서 그냥 두기로 했다." 어쩐지 배신감이 들었다. "나 같은 아들은 필요 없다"더니, 사주에 아들이 있으면 더 낳을 생각이었어? 세상 둘도 없는 딸바보처럼 굴더니 순 뻥쟁이였다.

내가 아는 누군가는 여러 번의 난임 시술 끝에 예쁜 딸을 낳았는데, 얼마 지나지 않아 돌아가신 시아버지가 다음과 같은 유언을 남기셨다고 한다. "꼭 아들을 낳거라." 듣기로 그분의 아들은 산욕기의 아내를 홀로 두고 병원에서 먹고 자며 아버지를 간호했다. 부모 세대가 왜 그렇게 아들을 낳고 싶어 하는지, 그 집 부자를 보니 조금 알 것 같았다.

악동 며느리의 태동

────────

　내 안에 악뮤가 있다는 걸 확인하고, 시부모님께 전화를 드렸다. 오늘 병원에서 성별을 알려줬는데, "남매라네요" 하고. 어머니가 들뜬 목소리로 소식을 전하자 시아버지는 박수를 치셨다. 경사 났네, 경사 났어! 수화기 너머는 잔치였다.

　그때부터였던 것 같다. 내 안에 묘한 반항심이 일기 시작한 게.

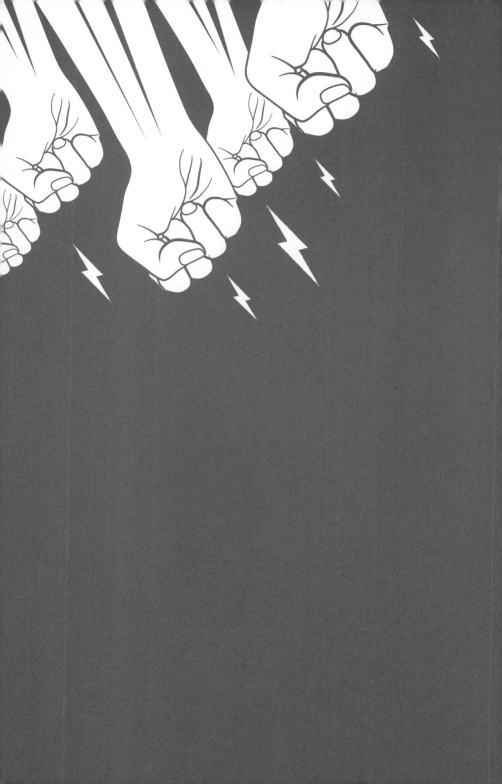

3장

슈퍼맨은
돌아오지
않는다

임신한 아내가
소고기가 먹고 싶다는데

"1위는 바로 소고기였다고 합니다." 아침 라디오 방송에서는 긴급재난지원금을 받은 시민들이 어디에 돈을 썼는지 조사한 결과에 대해 이야기하고 있었다. 1위는 소고기. 아이들 밥을 먹이다 피식 웃음이 났다. 우리 집도 소고기 사먹었는데. 국민행복카드에 '꽂힌' 재난지원금으로 우리는 동네 정육점에서 자그마치 20만 원어치 소고기를 끊어다 남편의 친구 가족과 함께 먹었다. 소고기 파티라니, 그것도 미국산도 호주산도 아닌 한우로. 보너스를 두둑하게 받은 달이 아니면 실행하기 어려운 이벤트였다.

애 키우는 집에서 한우는 응당 아이 입으로 들어가야 한다. 김치찌개와 카레에 넣을 돼지고기를 주로 샀던 동네 정육점에서, 한우를 사기 시작한 건 이유식 때문이었다. 인터넷으로 이유식 레시피를 찾는 동안 가장 많이 본 문장 중 하나는 "저는 못 먹어도 우리 애는 한우 먹여야죠"였다. 좋은 쌀에, 좋은 고기, 무농약 채소. 그게 엄마들의 마음이었다. 20세기 말, GOD는 '어머님은 자장면이 싫다고 하셨어'라고 노래했는데, 우리 아이들 세대는 식탁에서 먹고 싶은 대로 못 먹는 엄마에 대해 어떻게 묘사할지 궁금했다. 어머님은 한우가 싫다고 하셨어?

남편을 씀씀이에 인색한 사람이라고 생각한 적이 없었다. 절약이 몸에 배었지만, 내가 먹고 싶다고 하면 다 사주는 사람이었다. 월급에서 월세와 교통비, 식비를 제외하면 얼마 남지 않던 비정규직 생활을 수년간 할 수 있었던 것도 현재의 남편 덕분이었다. 그는 학생 때도 늘 용돈을 모아 비상금을 만들어두는 계획적인 사람이었다. 주말을 같이 보내고 난 월요일. 놀란 그가 문자를 보냈다. "혹시 지갑에 있던 돈 가져갔어?" 점심을 먹으려고 지갑을 열었는데, 텅 텅 비었다고 했다. "미안, 곤히 자기에 못 말하고 나왔네?" 그렇게 비정규직 여자를 등에 업고도 몇 년간 싫은 소리 한 번 없던 남자였다. 그랬던 그가 임신 후 변해버렸다. 식구 둘이 늘어날 거란 말을 듣고는, 전에 없던 긴축정책에 들어갔다.

소고기에 '다음'은 없단다

임신 후 처음으로 먹은 소고기는 남편 친구가 '카톡 선물하기'로 보낸 한우였다. 박스를 뜯자 로즈메리를 얹은 꽃등심이 보였다. 선물은 친구가 하고, 요리는 내가 한 스테이크를 먹으며 남편은 멋쩍은 듯 웃었다. "맛있네, 소고기!" 그때까지만 해도 몰랐다. 소고기가 우리 사이에 어떤 균열을 낼지. 임신 전까지 나는 돼지고기파였다. 직장생활을 할 때는 가끔씩 대도식당에 가서 마감에 지친 내 몸에 남이 구워 준 소고기를 먹이는 게 적잖은 위로가 됐지만, 사실 깍두기 볶음밥을 맛있게 먹기 위해 소고기를 먹은 것이었다.

삼겹살에 소주, 치킨에 맥주, 홍어에 막걸리와 같은 고기와 술의 조합을 사랑했다. 그런데 소주든 맥주든 와인이든 어느 정도 다 잘 어울리지만 어느 하나와 떼려야 뗄 수 없는 사이는 되지 않는 소고기는 죽기 전에 생각날 음식 후보에 끼지 못했다. 강렬함이 없다고 해야 하나? 지금 와서 생각해보면 고기도 먹어본 놈이 잘 먹는다고, 소고기도 그랬던 것 같다.

감사할 줄 모르고 소고기를 배불리 먹던 때도 있었다. 고등학교 2학년. 학교 앞에서 하숙을 했던 나는 주말마다 집에 가서 오빠와 새언니와 소고기를 구웠다. 타지에서 고생하는 동생을 위해 그런 건 절대 아니고, 임신한 언니를 위해서였다. 부자인 줄 알고 결혼했으나 망하기 직전의 식당만 넘겨받은 언니에게, 오빠가 해줄 수 있는 일은 드시고 싶다는 음식을 사다 나르는 것뿐이었다.

그 고기가 얼마인 줄도 모르면서, 나는 배부른 소리를 했다. "소고기가 맛있어? 너무 퍽퍽하지 않아? 나는 삼겹살이 훨씬 맛있더

라. 특히 냉동 삼겹살." 언니와 오빠는 '쟤가 뭘 모르네' 하는 표정을 지으면서 먹기나 하라고 했다. 소고기를 다 먹고 나면 후식으로 언니가 좋아하는 '이경규의 압구정김밥' 쫄면을 먹는 게 코스였다. 임신한 언니 덕에 주말마다 맛있는 음식을 잔뜩 먹었다. 술 못 먹는 임부를 대신해 맥주를 홀짝거리면서(이건 우리 셋만의 비밀이었다).

시간이 흘러 오빠네 부부의 첫째가 입시 준비를 시작했을 때, 나는 임신을 했다. 임신하면 입맛이 바뀐다더니 정말이었다. 바뀐 입맛이 당황스러운 건 내가 아니라 같이 사는 남자였다. 이전엔 내가 배가 고프든, 우울하든, 술이 당기든, 그는 무조건 "순대 사갈까?"라고 물었다. 가끔 "순대면 그저 좋을 줄 알아?"라고 역정을 냈지만, 대부분 좋아했다. 그런데 입맛이 서민적이라 좋았던 이 여자가, 순대 봉지를 밀치면서 다른 메뉴를 찾기 시작한 것이다.

나는 속이 비면 메슥거리는 '먹덧'을 했다. 사람들은 계속해서 무언가를 먹는 모습을 보면서 입덧이 없어 다행이라고 했지만, 그건 정말 모르고 하는 소리다. 위가 좀 빈다 싶으면 구역질이 났고, 그 상태로 30분을 넘기면 쓰러질 것 같았다. 당시 나는 돼지 냄새에 유난히 예민해졌고, 그 좋아하던 돼지곱창과 족발과 순댓국에 등을 돌려야만 했다. 하지만 고기가 먹고 싶었다. 거뜬히 한 마리도 먹던 치킨은 안주가 아닌 이상 느글느글한 튀김일 뿐이었다. 해결방법은 소고기밖에 없었다. 쿰쿰한 육향 없이, 겉바속촉의 식감으로, 술 없

3장. 슈퍼맨은 돌아오지 않는다

이 먹어도 충분히 즐거운 고기. 그래, 소고기를 먹어야겠어! 불문율 같던 금요일 치맥 타임이 더 이상 즐겁지 않던 나는 '아닌 밤중에 소고기'를 찾았다. 옆에서 맥주를 마시며 한창 주말 예능에 즐거워하던 남편은 3초 정도 생각하는 것 같더니 (더 생각하라고, 제발!) 세상 다정한 목소리로 말했다. "그래? 알겠어, 다음에 먹자."

임신한 와이프가 허기져서 찾은 음식을, 다음에 먹자고? 대체 그 '다음'은 언제란 말인가? 나는 남편이 한 말의 의미를 몇 가지로 해석해봤다.

1. 지금 한창 재미있게 보고 있는 예능 프로그램이 끝나고 난 다음. 옷을 갈아입고 뛰쳐나가 동네 고깃집에서 따끈따끈하게 구운 소고기를 호일 도시락에 한 번 싸고, 신문지로 두 번 싸서 식지 않게 가슴에 품은 채 달려올 계획이다.
2. 밤에 고기를 먹는 건 임부에게 부담이 될 수도 있으니 이 밤이 지나고 난 다음. 내일 아침, 내가 소고기를 굽는 냄새에 눈뜨게 할 계획이다.
3. "다음에"란 말은 페이크였다. 아까부터 내가 소고기가 먹고 싶다고 말하는 순간만을 기다렸다. 부엌 전자레인지엔 2분 30초간 데우기만 하면 되는 유명 패밀리 레스토랑의 스테이크가 들어 있다.

갖가지 공상을 해봤지만, 남편의 말은 말 그대로였다. 기약 없이, 그저 다음. 나와 비슷한 시기에 둘째를 임신한 친구는 '다음에' 이야기를 듣더니 깔깔대고 웃었다. 친구의 남편은 아내의 첫 임신, 출산을 지켜보며 나름의 노하우가 쌓인 듯했다. 이 시기에 아내를 서운하게 하거나 자극하는 게 훗날 어떤 비극을 야기하는지 체득했던 것. 그 남편은 '다음에' 이야기를 듣고는 이렇게 물었다. "그 분 아직 살아계시니?" 네, 아직 살아계세요. 인간은 정말 망각의 동물인지 같은 실수를 반복하고 있고요.

먹고 싶으면 사서 먹으라고요?

———

오랜만에 친정에 갔다. 새언니는 냉장고를 열어 아이들 반찬으로 준비한 음식들을 알려주었다. 이건 곰국, 이건 멸치볶음, 이건 소고기… 마블링이 고운 한우 꽃등심을 보고 나는 감탄했다. "역시 언니밖에 없네! 고마워." 그리고 얼마 전 재난지원금 덕분에 소고기를 사 먹었다고 말하며, 홈그라운드인 만큼 편하게 남편 험담을 곁들였다. "나 임신했을 때 소고기 먹고 싶다 그러면 자꾸 나중에 사준다는 거야. 내가 진짜 열 받아서…."

그런데 예상 밖의 적군이 등장했다. 옆에 있던 오빠가 버럭 소리를 지른 것이다. "야, 너는 돈이 없냐? 소고기를 사주네, 안 사주네

3장. 슈퍼맨은 돌아오지 않는다

하게? 니 돈으로 사 먹어!" 순간 할 말을 잃었다. 저런 걸 오빠라고, 핏줄인 게 창피했다. 나는 막 먹을 참이던 음식을 뺏긴 어린 애마냥 눈이 그렁그렁해져서 말했다.

"나 돈 없는데? 없어서 사달랬는데?"

임신 기간에 남이 구워주는 소고기는 딱 두 번 먹었다. 몇 번의 "다음에 사줄게" 소리에 악이 받친 나는 어느 주말, 아침 댓바람부터 남편을 깨워 소고기집에 갔다. 그리고 식탁 위에 새언니가 준 용돈 봉투를 탁, 소리 나게 내려놓았다. "나 이 돈으로 먹을 거니까 말리지 마!" 마음 같아선 소고기 6인분 정도를 거뜬히 해치우고 볶음밥에 냉면까지 먹고 싶었지만, 임신 중의 식욕과 소화는 내 맘대로 되지 않았다. 배 속 아이들까지 못해도 4인분은 먹어야 했건만 겨우 소고기 3인분에 볶음밥을 먹고 숟가락을 놓은 것이다. 나는 냉면도 먹지 못하고 터덜터덜 계산대로 가 현금으로 계산했다. 말리는 남편에게 정색하면서. "나 돈 있다고!"

두 번째 소고기는 시부모님이 사주셨다. 두 분 다 돼지고기를 좋아하시지만 임신한 며느리 먹이겠다고 집에서 꽤 먼 한우전문식당까지 차를 타고 갔다. 부모님은 없는 땅도 팔아서 먹고 싶은 걸 다 사주실 듯했지만, 내 입만 쳐다보시는 두 분의 모습에 또 양껏 먹지 못했다. 저는 알아서 많이 먹을 테니까, 두 분도 좀 드시면 안 될까요? 하지만 평소 돼지고기파인 (입맛인지 습관인지는 알 수 없다) 두 분은 먹는 둥 마는 둥 하시더니 결국 된장찌개에 밥을 드셨다. 자식 먹는 것만 봐도 배가 부른 부모. 뭐든 어른부터, 남자부터 먹이는 집에서 자란 나는 그 분위기가 영 어색해 주문한 고기를 남기고 말았다.

그날 두 분이 나 때문에 맘고생을 하신 건 시간이 지난 뒤 알았다. 내가 식당에서 내어준 싱싱한 간을 먹었기 때문이다. 본인 아들이었으면 당장 접시를 빼앗았을 부모님은 아직 어려운 며늘아기가 임신 중임을 망각한 채 신나게 생간을 먹는 걸 차마 말리지 못하고 한동안 가슴앓이를 하셨다(고 시동생에게 전해 들었다).

건강과 음식에 결벽이 있는 남편의 가족들은 아무도 생간을 먹지 않았다. 그런데 쌍둥이를 임신한 며느리가 생간을 먹는 걸 보셨으니 얼마나 놀라셨을까. 아마 아이들이 태어나기 전까지 걱정하셨을 거다. 임신한 애가 생간을 먹던데, 잘못 먹으면 큰일 나는데, 하셨겠지. 어쩐지 식당에서 어느 순간 적막해지더라니. 어머님, 아버님, 심려 끼쳐드려 죄송합니다. 임신 중 생간은 그때 딱 한 번 먹었어요. 제가 식당 집 딸이라 식당에서 서비스라고 주시면 일단 감사히 먹고 보거든요. 두 분 걱정하셨단 이야기 듣고 저도 몇 주간 마음이 좋지 않았답니다. 근데요, 앞으로는 걱정되는 부분 있으면 그 자리에서 말씀해주세요. 저도 가족이라면서요?

소고기를 사주는데 왜 먹지를 못하니

출산 후 말이 좋아 프리랜서지 백수에 가까운 경제활동을 하고 있다. 남들이 직업을 물으면 '반백수'라고 대답한다. 끊임없이 뭔가 하고 있지만, 그건 아이 없는 듯 일하고, 직장이 없는 듯 아이를 보는 워킹맘이나, 열심히 자기계발도 하면서 살림과 육아도 게을리하지 않는 전업주부들이 보면 그리 치열하지 않은 삶이다. 이것도 저것도 아닌, 소속 없는 생활이 길어지다 보니 직장생활을 할 땐 고마운 줄 몰랐던 것들이 새삼 그립다. 회사 화장실에 있던 뜨듯한 비데, 점심 약속이 있는지 물어보는 옆자리 동료, 그리고 정말 그리워하게 될 줄 몰랐던 회식.

회식을 정말 싫어했다. 잡지계는 여초 집단이라 남성 위주의 조직에 비해 회식 문화가 강하지 않은 편이지만, 일 년에 몇 번 없는 회식 자리도 그렇게 귀찮았다. 퇴근 후 억지로 한 식당에 모아놓고, 윗사람들이 평소 하고 싶었던 말을 들으며 불편하게 고기를 구워 먹는 일. 내 시간을 보상받기 위한 유일한 방법은 비싼 고기나 실컷 먹는 것이었다. 윗사람을 미워할수록 더 많이 시켰다. "이모, 여기 (이 식당에서 제일 비싼) 고기 추가요!" 누가 차돌박이를 먹자고 하면 뜯어말렸다. "그건 느끼하니까 맨 마지막에 먹어! 차돌박이는 디저트야, 디저트!" 회식이 끝난 후 사조직끼리 헤쳐모여 한잔 더 할 때면 내 돈으로 사먹고 말지, 이렇게 추접스럽게 얻어먹고 싶지 않다고 신세한탄들을 했다. 그렇게 욕했던 회식인데, 요즘엔 법인카드로 하는 고깃집 회식이 그립다.

얼마 전 일이다. 생각보다 오래 가는 냉전기를 끝내고 싶었던지, 남편이 맛있는 걸 사주겠다고 했다. 뭘 먹고 싶은지 묻는 문자에 바로 "소고기!"라고 답했는데 남편이 웬일로 좋다고 했다. 그리고 찾아간 동네 정육식당. 어린아이 둘을 동반한 어른 둘이 방에 올라가 앉자 아주머니가 뭘 먹을지 물으셨다. 딸린 식구가 많으니 돼지고기를 예상하셨겠죠? 하지만 틀렸습니다. 저희는 오늘 소고기 먹을 거라고요! 씩씩하게 소고기를 먹겠다고 하자 아주머니는 안창살을 추천하셨다. 메뉴판을 보니 안창살 150그램 3만 5천 원. 그 아래로 토시살, 제비추리, 등심, 생갈비, 치마살 등이 가격 순으로 적혀 있었다. 남편은 매직아이 하듯 메뉴판을 한참 들여다보더니 안창살 하나와 차돌박이 하나를 시켜도 좋을지 내게 물었다. 차돌박이가 있다는 건 그때서야 알았다. 가격순대로 적힌 메뉴의 최하단에, 150g에 1만 8천 원. 혼자 먹는 점심을 생각하면 두 번 먹고도 남는 큰 돈. 하지만 오늘 '회식'하러 나온 내게는 남편의 메뉴 선정이 박하디 박하게 느껴졌다.

친애하는 남편. 지금 둘이 합쳐 성인 하나만큼 먹는 유아 둘을 데려와서, 오늘의 추천 부위인 안창살을 겨우 1인분 시키고, 구워봤자 입가심이나 할 차돌박이 1인분을 더한 건가? 나는 화를 간신히 누르며 옆에서 기다리던 아주머니에게 웃으며 주문했다. "저희 안창살 두 개 주세요. '일단' 그렇게 먹고, 추가할게요!"

남편은 조금만 더 생각했어야 했다. 그가 한참을 쳐다본 메뉴판 오른쪽 하단에는 안창살과 토시살과 제비추리가 들어간 소고기 모둠 450g이 10만 원이었으니까. 처음에 대범하게 그걸 주문했다면, 우리는 얼굴을 붉히지 않고 행복하게 식사를 마칠 수 있었을 것이다. 나는 새끼 제비처럼 입을 벌리고 있는 아이들 입에 안창살을 넣어주며 복화술로 구시렁거렸다. "소고기 사준다면서, 이럴 거면 사준단 소리나 말지!" 아이들이 어찌나 빠른 속도로 잘 먹는지 안창살은 처음 한 조각, 정말 맛만 봤다. 차돌박이도 상황은 다르지 않았다. 남편은 눈치를 살피며 안창살을 추가할지 물었지만, 나는 단호하게 고개를 저었다, 이미 늦었다고. "아주머니, 여기 돼지 목살 하나랑 항정살 하나요."

집에 돌아와 배달앱으로 만회의 2차 메뉴를 주문하려는 남편에게, 나는 서늘한 목소리로 말했다. "언젠가 그대가 소고기를 사서 집에 들어오는 날, 나는 그 고기를 먹지 못할 거야. 너는 울며 말하겠지. 소고기를 사 왔는데 왜 먹지를 못하니…."

그렇게 며느리가 된다

"대체 나한테 왜 이러는 거야? 나한테 대체 왜 이러는 거냐고!"

2018년 3월. S병원 산부인과 병동을 지나다 저 말만 반복하면서 울부짖는 여자의 소리를 들은 사람이 있을까? 창피하지만 그건 나였다. 그땐 정말 제정신이 아니었다. 그날 아침, 제왕절개로 쌍둥이를 낳았다.

수술은 한 시간도 안 돼 끝났지만 오후가 다 되어 1인실로 옮겨졌다(병원의 원칙인지 권장사항인지 수술 첫날은 무조건 1인실에 입원해야 한다고 했다. 처음엔 이게 무슨 바가지인가 싶었지만 맘껏 신음하거나 남편을 나무랄 수 없는 다인실로 옮긴 뒤 첫날이 호사였음을 깨달았다. 참고로 자연분만의 경우 입원 기간은 2박 3일, 제왕절개는 3박 4일이다). 마취가 풀리자마자 온몸의 감각이 통증으로 살아났다. 몸을 아주 조금만 움직여도 배 속에 불이 나는 것 같았다. 손가락 말고는 내 의지대로 움직일 수 있는 게 없었다. 그런 산모를, 남편은 세 시간 가까이 혼자 두었다.

어머니를 모셔다 드리기 위해서였다.

고부 갈등도 잠복기가 있다

———

남자 친구 J는 결혼을 거의 포기했다. 주변에서 물으면 "한 사람만을 평생 사랑하는 게 말이 된다고 생각해?"라고 되묻기도 하고, "일부일처제는 자본주의에서 살아남기 위한 강제 결혼이지" 같은 소리도 했다. 그렇다고 현대의 결혼 제도에 무조건 회의적이냐 하면 그렇지만은 않다. 종종 술에 취해 전화하면 늘 하는 소리. "넌 좋겠다! 남편도 있고, 자식도 있고!" 그뿐인가. 남편 닮은 딸과 날 닮은 아들을 볼 때마다 그만 좀 투덜거리고 행복한 줄 알라고 잔소리를 퍼붓는다. 친정 엄마가 따로 없다.

1인 가장으로서 재테크에 열성적인 J가 주식 폭락보다 더 두려워하는 것이 있었으니, 바로 고부 갈등이다. 상상만 해도 숨이 막힌다나. 한때는 최측근 여성이 시어머니를 친정 식구보다 더 좋아하는 걸 보며 고부 갈등이 없는 결혼도 가능하지 않을까 생각했지만, 그 며느리가 경로를 이탈하는 바람에 희망을 버렸다. 아, 그 경로이탈한 며느리도 나다.

나는 시어머니를 정말 좋아했다. 돌봄의 손길을 별로 느끼지 못

하고 성장한 내게 '헌신적인 삶' 자체인 어머니는 내 결핍을 채워 줄 구원자 같았다. 어린 시절, 언니 있는 친구를 무척 부러워했던 내가 오빠의 결혼으로 (새)언니를 얻은 것처럼, 할머니와 고모로는 채워지지 않았던 엄마의 자리를 '시엄마'로 채운 것 같았다.

결혼식 날, 어머니는 어깨를 들썩거리며 우는 고모를 달래며 약속하셨다. 나를 딸처럼 아껴주겠다고. 실제로도 그렇게 하셨다. 내 생일에 용돈을 보내셨고(본가에선 없던 일이다), 좋아하는 반찬을 만들어 보내셨으며, 명절에 내게 가장 많이 하는 말씀은 "내가 할게, 넌 쉬어"였다. 남편과 아들은 죽었다 깨어나도 모를 감정을 공유하며, 서로에게 힘을 실어주는 관계. 나는 어머니와 그런 사이라고 믿었다. 추억의 드라마 〈한지붕 세가족〉에서 시어머니를 "엄마!"라고 부르던 신세대 며느리 혜숙(김혜수)처럼, 아주 쿨하게!

무탈했던 시댁과의 관계엔 시누이의 역할이 컸다. 시아버지의 잦은 전화에 스트레스를 받았던 시누이는 부모님께 누누이 말했다고 한다. "무소식이 희소식이야. 애들이 전화하기 전에 먼저 전화하지 마." 시부모님은 반찬을 보낼 때 말고는 정말 먼저 전화하시는 일이 없었다. 우리가 전화를 걸면 늘 "너네 잘 있으면 됐어"라고 하셨다.

하지만 아이들을 낳은 뒤, 이상적이던 고부 관계는 새로운 국면을 맞이했다. '엄마 같은 시어머니, 딸 같은 며느리'는 영원한 사랑과 다를 바 없는 판타지였다. 내 부모는 내가 선택할 수 없지만, 시부모는 내가 선택할 수 있다고 생각한 것도 착각이었다. 출산 전을 결혼의 1막, 출산 후를 결혼의 2막으로 나눈다고 했을 때, 2막에는 1막과는 상당히 다른 캐릭터의 시부모가 등장한다.

나는? 아들과 결혼한 '남의 집 딸'에서 이 집안의 대를 이은 '우리 며느리'가 되었다. 얼핏 좋게 들릴지도 모르겠다. 친정 식구들과 몇몇 친구들은 "아들도 낳았으니 이제 큰소리 내고 살겠다" 했다. 하지만 실상은 그렇지 않았다. 출산 전까지만 해도 시댁에서 내 나름의 삶을 존중받고 있다고 느꼈지만 남편의 성을 쓰는 아이들을 낳은 뒤엔 모든 것이 바뀌었다. 요즘 나는 내 이름 석 자를 간신히 지키는 기분이다.

어머니, 전 정말 괜찮습니다

입원 첫 날. 어머니를 우리 집에 모셔다 드리기 위해 나를 혼자 둔 건, 악다구니를 쓸 만큼 서럽긴 했어도 이해할 수 있는 일이었다. 우리에겐 택시비 5천 원 미만의 거리가 가까워도, 어머니에겐 서울 지리도, 우리가 사는 아파트 구조도 낯설 테니까. 어머니는 수술 전 날 비행기를 타고 서울에 오셨다. 문제는, 그 일을 결정하는 과정에 나의 의견은 반영되지 않았다는 점이다.

나는 어머니가 오시는 게 부담스러웠다. 대학병원에서 진행되는 수술은 보호자를 한 명으로 제한했다. 남편밖에 내 옆을 지킬 수가 없는데, 다른 가족이 온다고 해서 달라질 건 없었다. 수술 시간은 길어야 한 시간. 그 동안 밖에서 날 위해 기도하시는 게 의미가 있을까? 병원에서 퇴원하면 곧장 조리원으로 가는데, 그곳 역시 남편 외의 관계자는 들어올 수 없었다. 우리는 여러 번 사양했다. 조리원에서 나오면 그 이후에 와주시라고. 하지만 어머니는 엄마의 마음으로 고집을 꺾지 않으셨다. 내 곁에 있어주고 싶다고. 나도 남편도 어머니를 챙길 상황이 아니라 마음이 불편하다고 말하고 싶었지만, 그러지 못했다.

그렇게 오신 어머니의 얼굴이 좋지 않았다. 몸살이 심하게 나서 링거도 맞으셨다고 했다. 한쪽 눈엔 핏줄이 터져 있었다. 병원 침대에 누워 있어야 할 사람은 내가 아니라 어머니 같았다. "너 보러 오고 싶어서. 아이들도 보고 싶고. 나는 괜찮아." 그게 어머니였다. 늘 자식이 먼저라 자신은 돌보지 않는 사람. 그 모습이 처음으로 맘에 들지 않았다. 그건 숭고한 헌신이 아니라 불편한 희생이었다.

2시간 45분. 남편이 주변 교통이 혼잡한 병원 앞을 빠져나가 어머니를 집에 모셔다 드리고 이것저것 필요하실 만한 것들을 안내하고 다시 내 곁으로 돌아오기까지의 시간이다. 1인실에서 혼자 누워 신음하던 나는 병실 문을 열고 들어오는 남편의 얼굴을 보자마자 터져버렸다. 진통제 효과로 쓰러지듯 잠이 들 때까지 계속 울부

짖었다. 이건 절대 날 위한 게 아니라고, 어머니도, 남편도 나한테 이래서는 안 된다고. 그럼에도 여기까지는 훗날 출산 무용담처럼 떠들 만한 일이었다. 이해하려면 이해할 수 있었다.

이튿날. 다인실로 옮기고 고시원 방처럼 좁아진 침대와 주변의 소음에 신음하고 있는데, 남편이 나를 옆에 둔 채, 보호자 간이침대에 나란히 앉아 있던 어머니께 매우 '송구한 말씀'을 드렸다. 나를 혼자 두면 안 될 것 같아서 오늘은 못 모셔다 드린다고, 택시를 타고 들어가시라고. '어머님 용서하세요' 말투로. 순간 어머니의 표정이 싸늘하게 변하는 걸 보았다. 어머니에게 그런 표정도 있다는 걸 그날 처음 알았다. "가혜가 많이 서운했구나…."

야, 이 눈치를 엄마 몸속에 놔두고 태어난 남자야! 그게 지금 할 소리니? 이 남자가 외교를 했다면 그 나라는 전쟁이 끊이지 않았을 것이다. 매일 불바다였겠지. 나는 재빨리 상황을 정리했다. "아니에요, 어머니. 저 집에서 가져올 책도 있고, 모셔다 드릴 거예요."

지금도 생생하다. 순식간에 굳어버린 어머니의 얼굴, 많이 서운했구나 하고 말을 잇지 못하실 때 싸늘해진 주변 공기. 하지만 역시 이해하려면 이해할 수 있었다. 출산할 때 써먹지 못한 라마즈 호흡법으로 다스릴 수 있을 만한 불편함과 찝찝함이었다. 수술실에서 나온 내 다리를 연신 주무르며 괜찮은지 물어보셨던 어머니였다. 의료진이 올 때마다 혹시 내가 어디가 잘못된 건 아닌지 묻느라 의료진의 눈총을 받은 어머니 말이다(그래서 또 분위기가 불편했지만). 사랑해마지않았던 어머니에게 거리감을 느낀 건 한마디 때문이었다.

고부, 강을 건너다

퇴원하던 날. 남편이 차를 빼는 동안 어머니와 나는 아이를 한 명씩 안은 채 주차장으로 갔다. 나는 아직 걷는 게 힘들 때라 아이를 안고 서 있는 건 생각보다 더 버거웠다. 엘리베이터에서 내려 옆에 보이는 벤치에 잠깐 앉았는데, 어머니가 발을 동동 구르셨다. 주차장 먼지가 아이들한테 해로울 텐데, 얼른 차가 와야 하는데…. 그리고 남편의 차가 보이자마자 첩보원을 방불케 하는 날쌘 몸짓으로 움직이시며 나를 부르셨다. "가혜야, 빨리 와!"

나는 흐느끼며 말했다. "어떻게 빨리 가요…." 물론 못 들으셨다. 들으실 만한 성량이 되지 않았다. 들으셨다고 해도 그저 몸을 일으키며 으으으 하는 소리로 들으셨을 거다.

조리원으로 가는 길. 어머니는 카시트에서 자고 있는 희희를 보며 내내 안타까워 하셨다. 낙낙이는 당신이 안고 있어서 편하게 자는데(개는 원래 잘 자요, 어머니), 희희는 벨트 때문에 불편하게 자는 것 같다고(개는 원래 좀 인상파랍니다). 친정 고모가 그렇게 말씀하셨다면

127

아마 빽 하고 소리를 질렀을 것이다. 모르는 말씀 마시라고, 아이들 안전을 위해 설치하는 게 카시트인데 무슨 말씀이냐고, 카시트가 없으면 퇴원도 안 시키는 나라도 있다고. 원래 계획은 두 아이 모두 카시트에 태워 조리원까지 가는 것이었는데, 어머니와 함께 가기 위해 카시트 하나를 뗀 거라고.

그때 우리가 무슨 다리를 건넜더라? 양화대교였나? 나는 가슴이 답답해 창밖만 바라봤다. 하필 미세먼지가 심해 도시가 뿌연 날이었다. 그렇게 나와 어머니는 강을 건넜다.

아내분이 정말로
요리를 못하세요?

    얼마 전 본가에 간 남자 친구 J는 언제나처럼 결혼 압박을 받았다. 주기적으로 부모님을 모시고 여행을 가고, 명절과 생신이 아닌 날에도 용돈을 챙겼지만, 아버지는 성에 안 차 하셨다. 진짜 효도는 이게 아니라고, 이런 거 안 해도 되니 결혼해서 '친손주' 좀 안게 해달라고. 딸의 자식들은 기껏 키워놨더니 언젠가부터 '외할아버지'라고 부른다며 섭섭하다는 말씀도 하셨다. 그러니 너는 일단 애부터 낳으라고, 그럼 말 다 할 때까지 키워서 서울로 보내겠노라고.

    J는 지지 않았다. 아버지가 너보다 못난 놈들도 장가 잘만 가서 손주 척척 안겨주는데, 하고 면박을 주면 이혼 위기의 사촌 이야기를 꺼냈다. "작은엄마 봐. 아들 결혼해서 손주도 셋이나 낳았는데 안 행복하잖아? 이혼한다고 난리라며?" 이 대화 속 '작은엄마'로 말할 것 같으면 며느리 눈치 보는 신세를 한탄하며 (악의 없이 진심으로) "형님, 이럴 땐 며느리 없는 게 나아요"라고 하신 분이다. J는 아들의 이혼 이슈로 골치 아픈 작은엄마 이야기가 나올 때마다 아버

지를 불렀다. "아빠, 잘 들었지?"

며느리에게 "아버님~" 소리 듣는 날만 기다리는 아버지에게는 한파에 찬물 끼얹는 소리였다. 결혼한 부부 두 쌍 중 한 쌍은 이혼하는 시대는 외면한 채, 그런 일은 당신 집에 없을 거라 확신하셨다. "그거는, 일부 못~된 가시나 이야기고."

팔은 안으로 굽고, 부모는 자식네 가정불화의 원인을 혈육 밖에서 찾게 마련이다. 작은엄마 역시 자신이 얼마나 '며느리 복이 없는지' 줄줄이 이야기했다. 며느리한테 밥상 한 번 못 받아봤다, 아들 집에 갈 때마다 늘 외식을 했다….

상황을 전해들은 J의 아버지는 '일부 못된 며느리' 이야기에 과몰입한 듯 심각해지셨다. "우리도 며느리가 '아버님, 짜장? 짬뽕?' 이카면 우야노?" 아들은 기회를 놓치지 않고 물었다. "아빠, 어떻게 해야겠어?" 아버지는 적잖이 당황한 듯 했으나 일단 며느리를 본다는 게 중요하므로, 침착하게 대답을 골랐다.

"그카면 내는 마! 삼선짬뽕!"

부엌에 서면 화가 났다

부엌 살림이 익숙해질수록 이상하게 밥때가 되면 남편 눈치가 보인다. 가장 먼저 젓가락이 가는 음식을 눈여겨보고, 음식을 씹는 횟수와 삼킬 때의 표정과 입 밖으로 나오는 자연스러운 소리에 신경이 곤두선다. 첫술을 뜨고 나서 별 소리가 없으면 못 참고 묻는다. "간은 어때? 입에 맞아?" 남편은 늘 맛있다고 했지만, 어쩌다 마지못해 대답하는 것처럼 보일 때면 반찬투정하는 아들 대하듯 역정을 냈다. "됐어, 먹지 마!"

결혼하(려)는 사람들이 쉽게 하는 착각 중 하나는, 내가 앞치마만 매면 배우자가 행복해마지않을 거란 생각이다. 난 그게 좀 중증이었다. 신혼 시절. 나는 내가 밥만 해주면, 그러니까 한 달의 반은 수면시간이 하루 평균 4시간 안팎인 아내가, 간만의 쉬는 날임에도 불구하고 힘겹게 몸을 일으켜 부엌에 서서 재료를 다듬고 씻고 썰고 끓인 끝에 완성한 밥상을 들이밀면, 남편은 몸 둘 바를 몰라 하며 행복해할 줄 알았다. 인생 영화 〈조제, 호랑이, 그리고 물고기들〉의 '츠네오'처럼, 달걀말이를 한입 베어 물고는 눈이 동그랗게 커지면서 입꼬리가 씨익 올라가는 남자라면, 내 기꺼이 밥을 차려 드리지!

하지만 현실은 많이 달랐다. 마감독이 빠지지 않은 몸을 겨우 일으켜 된장찌개를 끓이고 달걀말이도 부쳤건만, 부엌에 온 남편이 가장 먼저 한 일은 예상 밖이었다. 뒤에서 끌어안으며 달콤한 아침 인사를 건네지 않았고, 보글보글 끓는 찌개 냄새를 꽃 향기처럼 들

3장. 슈퍼맨은 돌아오지 않는다

이마시고 곱게 말은 달걀말이를 사랑스럽게 들여다보며 세상 다 가진 얼굴로 행복해하지도 않았다. 그는 밥상을 한 번 스윽 훑어보더니 냉장고를 열었고, 진미채 볶음을 꺼내 반찬통째 밥상에 올렸다.

하마터면 들고 있던 뒤집개를 던질 뻔했다. 이건 내가 차린 밥상에 대한 예의가 아니었다. 식당에서 기껏 주문한 요리가 나왔는데, 도시락을 꺼내 먹는 행위나 다름 없지 않나? 밥상에서 다른 음식을 찾으면 숟가락을 뺏기거나 욕 한 사발을 먹는 집에서 자란 나는 도무지 이해가 되지 않았다. 결국 그날 아침은 파국을 맞았다. 밥을 먹다 말고 (상도 치우지 않은 채) 일어나 한 방씩 차지하고 부족한 잠을 보충했다. 이것이 '1차 진미채 전쟁'. 같은 상황에서 '망각의 동물' 남편이 김을 찾으며 터진 게 '2차 조미김 전쟁'이다.

두 번의 밥상 전쟁에 질린 남편은 이럴 거면 앞으로 다신 밥을 차리지 말라고 소리쳤다. 나는 얼마든지 그러겠다고 했다. 양가에서 보내온 음식을 데우는 것 이상으로는 밥을 하지 않았고, 마감을 끝낸 뒤의 여유는 외식과 배달 음식으로 즐겼다. 남편은? 내가 퇴사하기 전까지만 해도 '안사람' 역할을 톡톡히 했던 남편은 나보다는 더 자주 부엌에 서 있었다. 주로 라면을 끓였지만.

요리에 재미를 붙인 건 회사를 그만두고부터였다. 백종원의 '참 쉽쥬' 요리법이 전 국민을 요리하게 만들었고, 그 즈음 줌파 라히리의 소설 《축복받은 집》에서 읽은 구절이 나를 자극했다.

"그는 이제 요리를 즐기게 되었다. 요리는 스스로가 생산적이
라고 느끼게 하는 일이었다. 자기가 없다면 쇼바가 시리얼 한
그릇으로 저녁을 때우리라는 것을 그는 알고 있었다."[1]

남편과 먹을 음식을 준비하며 나 자신이 생산적이라고 느꼈다.
양에 비해 가격은 비싸면서 소화는 잘 되지 않는 바깥 음식 말고,
재료부터 직접 골라 푸짐하고 건강한 음식을 만들어 사랑하는 사
람과 함께 먹는 즐거움을 알게 되었다. 마트에서 간 돼지고기와 두
부를 사서 '5천 원의 행복' 마파두부를 뚝딱뚝딱 만들었고, 매장에
서는 양껏 먹지 못한 봉추찜닭을 넓은 당면까지 듬뿍 넣어 '특대
자'로 만들었으며, 시댁에서 보낸 처치 곤란했던 커다란 바다 생선
을 태국 스타일로 튀겼다. 요리가 끝나면 우리는 맥주를 콸콸콸 마
셨다. 한동안은 그렇게 즐거웠다.

임신 후 몸이 무거워지면서 부엌에 서 있는 게 점점 힘들어졌다.
처음으로 부엌 싱크대 아래에 매트를 깔았다. 엄마들이 부엌에 매
트를 까는 이유를 만삭이 되어서야 알게 되었다. 이전까지 욕실 앞
에 놓는 매트와 달리 부엌에 놓는 매트는 기능보다 장식 효과가 크

---

1   《축복받은 집》, 줌파 라히리, 마음산책, 2013

다고 생각했으니, 부엌 노동을 몰라도 너무 몰랐던 것이다. 출산 후 한동안은 수면양말에 슬리퍼까지 신고 매트 위에 섰다.

나의 부엌 노동사에서 수난기를 꼽으라면 단연 이유식을 만들던 때다. 많은 엄마들이 생전 안 쓰던 저울에 계량컵까지 동원해 비율 계산을 하고(이건 애초에 포기했다), 매일 내가 만든 음식으로 내 아이의 알러지 반응을 체크해야 하는 살얼음판. 하지만 다들 책임감이 얼마나 큰지 입 밖으로 욕하지 않는 게 이유식이다.

아이들이 태어난 지 5개월이 지나고부터 돌봄선생님이 계시는 시간의 대부분을 이유식 만드는 데 썼다. 당연히 국내산으로, 이왕이면 유기농 식재료를 사서 깨끗이 씻고 다듬고 잘게 다져 소분해 냉동실에 넣는 것까지, 일주일에 두어 번은 몇 시간씩 재료 준비만 했다. 언뜻 소꿉장난처럼 보이지만 하는 사람은 일말의 재미도 느끼지 못한다. 불맛을 내겠다고 웍을 휙휙 돌리며 어른의 음식을 만드는 것과는 달리, 건강하고 안전한 영아의 음식을 만드는 과정은 더럽게 재미가 없었다. 자타공인 (영화 〈82년생 김지영〉 속 남편 '대현' 역) '공유보다 나은' 친구의 남편도 이유식 준비를 한 번 돕더니 진지하게 말했다고 한다. "우리 그냥 이유식 시키자. 이건 정말 할 일이 못 되는 것 같아."

아이들이 어린이집에 다니기 시작했을 때 우리는 이유식을 배달 시키기로 했다. 일주일이 넘는 인터넷 서치 끝에, 참 쉽게 요리하는 요식업 사업가 남편을 둔 연예인이 광고하는 제품을 주문했다. 매일 새벽마다 배송되고, 바로 데워서 줄 수 있는 개별 포장과 다양한 식단이 마음에 들었다. 업계 1위 제품답게 절대 싸지 않았다. 아이들이 먹다 남기면 속이 쓰릴 만한 지출이었다. 하지만 무항생제 한우를 비롯한 친환경 식재료를 사는 비용과 부엌에서 고군분투하며 또 하루 멀어져 가는 나의 마감을 생각하면 써야 할 돈이었다. 아이가 잘 먹는 모습을 보면 모든 피로가 씻은 듯이 풀리는 마법 같은 건 절대 일어나지 않았다. 나는 부엌에 서서 화내는 대신 내 일을 하기로 했다. 이유식은 전문가에게 맡기기로 했다.

그게 바로 '아는 남자'의 길

'카레왕'으로 불리는 개그맨 김재우를 인터뷰했을 때, 팩트체크하듯 그에게 물었다. 칫솔이 노랗게 변할 정도로 몇 년간 카레만 먹은 게 사실이냐, 아내가 아무리 요리 솜씨가 없기로서니 카레가 맛없다는 게 말이 되냐, 웃기려 하지 말고 진실을 말해 달라.

김재우는 난처한 듯 웃더니 차근차근 상황을 설명했다. 결혼 전좋아하는 음식을 카레라고 말한 뒤 몇 년간 '주식'으로 카레를 먹은 건 사실이다, SNS에 재미있게 올린다는 게 아내의 요리 솜씨를 놀린 것처럼 보이는 게 미안하다, 그리고 무엇보다 직장생활을 하는 아내가 자신을 위해 밥을 해준다는 것만으로도 너무 고맙다.

나는 잠시 할 말을 잃었다. 좀 전에 한 질문이 어찌나 '쪼다' 같은지, 너무 쪽팔렸다. "아내분이 정말로 요리를 못하시냐"라니. 나는 은연중에 이 세상의 웬만한 '아내'는 일정 수준 이상의 요리를 할 거라 생각했던 걸까? '아내는 여자보다 아름답다'며 여성의 가사노동을 그럴싸하게 포장하던 시절도 아니고, 왜 당연하게 '아내는 여자보다 요리를 잘한다'고 생각했을까? 82년생 김지영들은 남자 형제와 달리 부엌에서 엄마를 도우며 컸으니까? 결혼할 여자는 그저 밥 잘하고 밤일 잘하는 게 최고라는 말을 불과 몇 년 전까지 들었으니까?

그를 SNS 대통령으로 만든 인스타그램 해시태그 '그게 바로 남자의 길'은 얼핏 테스토스테론 넘치는 남자의 일상을 보여줄 것 같지만 실상은 반대다. 계속되는 카레 식단 속에서 현타인지 해탈인지 모를 묘한 표정을 짓고, 시작은 소박했으나 끝은 산더미가 된 설거지를 마치고 뿌듯해하는가 하면, 경제권을 쥔 아내 몰래 모아둔 비상금을 털리고 낙담한다.

실제로 만난 김재우는 매일 출근하는 아내가 퇴근 후 저녁 밥상을 차리는 것이 얼마나 고된 일인지 '아는 남자'였다. 결혼 전 가장 좋아하는 음식을 묻는 질문에 카레라고 대답한 대가를 4년 가까이 치른 걸 개그 소재로 삼았을 뿐, 아내가 준비하는 밥상을 당연하게 생각하거나 결혼한 여성이 요리를 못하는 게 웃기거나 우습다는 생각은 애초에 하지 않았던 것이다. 그는 사랑하는 한 여성을 통해 여성의 불합리하고 불안전한 생활을 알게 되었다고 했다. 당연하게 생각했던 자신의 일상이 실은 일반 남성이기 때문에 누릴 수 있는 삶이란 것도. 그렇게 '아는 남자'는 하루하루 공감능력을 키워가고 있었다.

밥상 한 번 안 차리는 착한 사위

며느리가 집에 온 시부모님의 밥상을 한 번도 차리지 않은 게 비난받아 마땅한 일일까? 고부 사이에 있었던 수많은 일들은 알 수 없지만, 나는 아들 집에 갈 때마다 외식을 했다는 게 며느리 복이 없다는 증거가 될 수 있는지 의문이 들었다. 하지만 나의 남편은 '일부 못된 며느리' 이야기에 적잖은 반감을 나타냈다. "그건 예의가 없는 거지."

나는 그 말을 놓치지 않고 물었다. "그대는 나의 친정 식구들한테 밥 한 번 차려드린 적 있고?" 대한민국 상위 20% 남편은 억울해했다. 밥만 안 지었을 뿐, 자신이 처가 식구들한테 얼마나 잘하는지 너도 잘 알지 않냐고.

글쎄, 나는 동의하지 않았다. 그건 각자 맡은 일이 다르다거나 서로 잘하는 일을 하자는 합리적인 역할 구분이 아니었다. 결혼 전엔 본인과 동생을 먹이기 위해 자취생 음식을 꽤 잘 만들었고, 결혼 후 아이들이 태어나기 전만 해도 부엌 살림을 곧잘 하던 나의 남편은, 이제 자신의 집 부엌에서 소금이 어디 있는지도 모르는 남자가 되었다(고기 구워주겠다며 생색은 다 내더니, 소금을 찾으며 부엌으로 부르는 기술은 어디서 배우는 건지 모르겠다).

고맙게도 나의 시부모님은 쌍둥이를 키우는 며느리에게 밥상 받기를 기대하지 않으신다. 하지만 결혼 후 내가 명절마다 차리고 치운 밥상을 부디 남편이 잊지 않았으면 좋겠다. 내가 시댁 식구를 위해 밥을 차릴 때마다 남편이 처가에 가서 못질을 했다면, 못해도 창고 하나는 지었을 테니까.

애 낳고도
섹스가 하고 싶냐고?

그렇다. 나는 애 낳고도 섹스가 하고 싶다. 상당수 유자녀 기혼 여성 친구들은 의아해했다. 하룻밤에 몇 번이나 관계를 했는지 떠든 것도 아닌데 "스태미나가 대단하다"라거나, 한 침대 쓰는 남자와 잠자리까지 하고 싶다니 "아직도 뜨겁네"라는 식이었다.

나는 의아했다. 연애할 때는 기승전섹스로 꼬시더니 결혼 후엔 "가족끼리 그러는 거 아냐"라고 말하는 남성들을 볼 때와는 또 다르게, 어딘가 불편했다. 그들이 배우자와 섹스하는 이유는 다음과 같았다. 그래도 남편인데 자꾸 거절만 하는 게 미안해서, 친정 식구들을 잘 챙기는 게 고마워서, 정관수술을 하고 와서….

먹고, 자고, 섹스하는 건 자연스러운 욕구 아니었어? 너희들은 섹스가 즐겁지 않은 거야? 물으면 짐짓 어른의 말투로 "연애 때나 설레고 좋지", "여자는 남자처럼 성욕이 많지 않잖아"라고 했다. 잘 먹고, 잘 자면 됐지 뭘 또 섹스까지 하려고 그러냐고. 말도 안 돼! 우리가 무슨 새야? 생식을 위해서만 자웅이 가깝게?

잘 먹고 잘 자면서 섹스도 잘 하는 부부들

나와 A는 엄마들 사이에서 '누가 더 힘든가?'란 주제로 토론 대상이 되는 쌍둥이 엄마 대 연년생 엄마다. 나는 연애 10년 만에 결혼해 5년 만에 쌍둥이 엄마가 됐고, A는 연애 반 년 만에 결혼해 3년 만에 연년생 엄마가 되었다. 나는 애 둘을 낳고도 여전히 신혼 같은 이 부부가 신기했는데, A는 연애와 신혼 기간이 짧기 때문이라고 했다. 흠, 정말 그런가? 우리 부부도 연애와 신혼이 짧았으면 쌍둥이를 키우면서도 여전히 신혼 같을까?

나와 나이 차이라고 해봐야 서너 살밖에 나지 않는데, 두 사람은 부부 관계가 왕성했다. 남의 집 부부 관계 현황을 알게 된 건 A의 질문 때문이었다. "언니는 애 낳고 얼마나 지나서 생리했어요?" 글쎄, 나는 수유 끊자마자 바로 한 것 같은데, 라고 말하다 질문의 진짜 이유를 알아버렸다. "지금 둘째 낳은 지 얼마나 지났다고 생리를 걱정하지? 걱정할 만한 이유가 있나본데?" 그로부터 일주일 뒤. A가 환해진 얼굴로 말했다. "생리 시작했어요! 임신인 줄 알고 엄청 쫄았네."

둘이 좋아 죽겠고, 아이도 예뻐 죽겠어 하는 건 잘 알겠지만, 연년생으로 삼남매는 좀 아니지 않아? 피임에 신경 쓰지 그래? 그때만 해도 이들은 아이를 한 명 더 낳을지 고민했는데, A가 복직을 결심하면서 열려 있던 가족계획은 정리됐다. 아이는 더 이상 갖지 않기로 했고, 그의 남편은 바로 정관수술에 들어갔다. 그 또한 놀라웠다. 많은 남편들이 '카더라'로 들은 수술 통증과 만에 하나 있을 부작용을 걱정하며 주저하는 정관수술 아니던가.

들기로 남편이 정관수술을 하고 나면 부부 관계를 하는 게 숙제라고 했다. 수술이 잘 됐는지 확인하기 위해 적게는 12번에서 많게는 20번이 넘는 섹스를 한 뒤 다시 검사를 받아야만 '안전성'이 확인된다고. 그건 마치 출근 도장을 찍어가며 평소엔 절대 안 먹을 메뉴까지 섭렵하는 스타벅스 프리퀀시 모으기보다 수십 배 더 귀찮은 일 같았는데, A는 그렇지 않았다. "남편 공장 문 닫고 서비스업으로 전환했어요"라던 때가 불과 몇 달 전이었는데, 안전 테스트는 끝냈는지 묻자 오래 전에 다 끝냈다고 했다. 하, 이 정열적인 커플.

묘한 부러움이 확실한 패배감으로 이어진 건 영화 〈82년생 김지영〉 때문이었다. 부부가 같이 보면 싸우기 딱 좋은 영화를 보고 나서 이 부부가 나눈 대화는 안 들은 귀를 사고 싶을 정도로 닭살이었다. 남편이 "내가 공유보다 낫지 않아?"라고 묻자 A는 "당연하지"라고 했다나. A의 남편이 '자뻑'인 건 아니었다. 그는 실제로 육아와 살림을 성실히 분담했다. 야근 후 새벽 2시에 들어와도 어린이집 도시락통을 씻었고, 아내가 둘째와 자는 동안 출근길에 첫째를 등원시켰으며, 사람 만나는 걸 좋아하는 아내를 위해 금요일을 육아로 불태웠다. 아빠가 부엌에 있는 모습이 익숙한 첫째는 또래 남자아이들보다 부엌놀이를 훨씬 좋아했다. 자타공인 공유보다 괜찮은 남편이 간절하게 바란 한 가지는 아이들을 딴 방에서 재우는 것. 아내와 오붓한 시간을 보내고 싶어서였다. 하지만 아이들을 따로 재우면 A도 아이들 방에서 자는 일이 많아질 거란 말에 그는 결국 울며 겨자 먹기로 가족 침대를 샀다.

누군가는 본인들 말마따나 아직 신혼이며, 이 집 남편이 양성평등 의식은 물론이고 체력도 인간계가 아니니 열외로 두자고 말하는 사람이 있을지도 모르겠다. 그럼 이 경우는 어떤가?

쌍둥이 육아 선배이자 워킹맘인 B는 비글처럼 온 집안을 휘젓고 다니는 아이들을 키우면서도 부부 관계를 게을리하지 않는다. 우리처럼 연애와 신혼 모두 길었음에도 불구하고 여전히 부부 사이가 뜨거운 비결을 물었더니 속 모르는 소리라고 했다. 자신은 분위기를 갖춰서 부부의 시간을 보내고 싶은데, 남편은 시도 때도 없는 게 불만이라고. 그러면서 어느 주말 낮에 남편이 불쑥 안방에 들어와 분위기 잡은 이야길 들려줬다. 거실의 아이들은 어쩌고 들어왔냐고 물었더니 500원짜리 '콩순이' VOD 결제를 해줬다면서 어깨를 으쓱하더라나.

B는 남편의 스킨십 공세가 부담스럽다면서 자신에게 필요한 건 정신적 교감이라고 했다. 그런 면에서 우리 부부가 부럽다고도 했다. 나는 실소했다. 공감을 하려야 할 수가 없었다. 지금 약 올리는

거지? 차라리 부모님이 집을 사준 바람에 취득세 폭탄을 맞았다고 우는 소리를 하렴.

시작부터 섹스, 섹스 했지만, 이건 단순히 섹스만의 문제는 아니었다. 우리 부부는 언젠가부터 서로의 손을 잡지 않았다. 아이들이 태어나기 전 나의 수면 의식은 남편의 손을 안대 삼아 눈 위에 올리는 것이었지만, 지금은 어쩌다 손이라도 부딪히면 "왜 이래?" 소리가 절로 나온다. 쌍둥이 육아는 아이 한 명을 키우는 것의 두 배가 아닌 제곱의 에너지가 필요하다고들 하지만, 이건 정말 개미 손도 아쉬울 만큼 늘 손이 부족하다.

아이들이 잠들고 나면 우리는 그로기 상태였다. 직전까지 어린 인간들의 온기에 치인 덕에 서로의 온기는 갈급한 것이 아니었다. 금요일 밤이면 남편은 컴퓨터방에서 맥주를 마시며 미드를 봤고, 나는 침대에서 넷플릭스 드라마를 정주행했다. 남편의 손이 필요했던 수면 의식은 온열 안대가 대신했다.

스킨십을 충전합시다

방송의 주류인 남성들은 비혼이라도 자신의 번아웃 상태를 고백하며 "성욕조차 없다"는 말을 아무렇지 않게 한다. 하지만 그들 사이에서 자신은 요즘 성욕이 있네 없네 말할 수 있는 비혼 여성은 거의 없으며, 성욕이 없다는 여성을 걱정스러워 하는 분위기는 아예 없다. 정말 다들 여성은 남성보다 성욕이 없다고 생각하는 걸까? 남성은 해소해야 하지만, 여성은 없는 대로 잘 사는 게 성욕이라고? 그래서 본인은 생각도 없고 즐거움도 모르겠지만, 시민이 납세의 의무를 다하듯 배우자로서 섹스의 의무를 다하는 것일까? 계속 내빼다가 남편이 바람이라도 나면 안 되니까? 아내가 임신했을 때 바람피우는 남자들이 많다거나 출산 과정을 지켜본 남편은 더 이상 아내를 여자로 보지 않는다는 이야기는 또 어떤가. 임신하면 배 속의 아이만으로도 걱정할 게 태산인데, 여성은 왜 남편의 바람까지 자신에게서 원인을 찾으며 걱정해야 할까?

나보다 다섯 살 많은 C는 그보다 다섯 살 많은 남자와 12년간 연애하고, 다섯 살 된 아이를 키우고 있지만, 여전히 부부 관계를 즐거워한다. 애 낳고도 여전히 섹스하고 싶다고 말했다가 밝히는 여자 겸 남편바보가 됐다고 투덜대자 C가 말했다. "노력하지 않는 건 아닐까? 사정과 동시에 절정을 느끼는 남자 패턴에 맞추다보면 여자는 진짜 오르가슴을 느끼기 힘들잖아. 그게 얼마나 좋은 건지 안다면 그렇게 포기하고 살진 않을 거야." 그는 20년 가까이 섹스한 남자와 요즘도 미지의 기쁨을 찾기 위해 노력하고 있다. 나의 기쁨, 너의 기쁨, 우리의 기쁨을 찾기 위해.

C의 말을 듣고 나는 포기하지 않기로 했다. 섹스의 기쁨은 20대 연애 초반에나 느끼는 지나간 청춘의 한 조각이 아니니까. 식장에서 백년가약을 맺은 남자와 백 살까지 함께 살지는 알 수 없지만, 아직까지는 그의 체취가 좋고, 그의 온기가 좋으니까. 물론 육아의 기쁨에 섹스의 환희까지 더하는 데는 많은 노력이 필요할 것이다. 없는 시간을 쪼개고, 바닥난 체력을 끌어올리고, 한때는 핵심기억이었으나 지금은 폐기 위기인 뜨거웠던 감정을 다시 찾아와야 하니까.

언젠가 만난 정신과 전문의는 사랑 호르몬 옥시토신을 설명하며 섹스리스 커플의 관계가 좋기 어려운 이유를 설명했다. 알려진 것처럼 옥시토신은 만난 지 2년이면 자연적인 분비가 멈추는데, 그때부터 옥시토신이 억제하던 스트레스 호르몬 코티솔의 분비가 늘어난다고 말이다. 그럼 옥시토신이 떨어진 커플들은 어떻게 해야 할까? 비타민D가 부족할 때처럼 주사라도 맞아야 할까? 다행히 방법은 있다. 바로 스킨십. 옥시토신은 스킨십을 통해 분비된다. 오래된 커플일수록 스킨십이 중요한 과학적 이유다.

그래, 지금 우리에게 필요한 건 옥시토신이야! 우리 사이의 옥시토신 분비를 위해 준비한 건 다름 아닌 공포영화였다. 금요일 밤. 남편은 평소처럼 컴퓨터 방에서 맥주를 마시고 있었고, 나는 침대에서 요즘 무섭다고 소문난 공포영화를 보기 시작했다. 그러다 혼자서는 도저히 보기 힘든 한계점이 찾아왔을 때, 침대를 벗어나 남편이 있는 방으로 슬그머니 들어갔다. 여보, 나 너무 무서워. 손 좀 잡아줄래?

난 남편이 있는데,
자꾸 이러면 안 되는데

외도란 무엇일까? 표준국어대사전에는 다음과 같이 나온다.

1. 바르지 아니한 길이나 노릇.
2. 아내나 남편이 아닌 상대와 성관계를 가지는 일.
3. 본업을 떠나 다른 일에 손을 댐.

한창 남의 연애에 참견하던 시절, 나는 '바람'을 '나와 함께 있으면서 다른 사람을 생각하는 것'이라고 정의했다. 다른 사람이 생겼다고 하면 "잤어?"라고 물어보는 남자들의 반응을 맹비난하면서, 중요한 건 마음이라고. 그렇다고 다른 사람과 자고 와서는 "한순간의 실수였어", "내가 죽일 놈이야"라고 말하는 누군가를 "실수할 수 있지. 사랑하는 건 아니잖아?"라면서 용서한 적은 없다. 마음이 중요하다고 했지, 몸이 중요하지 않다고 한 건 아니다(궤변이래도 뭐, 어쩔 수 없다).

3장. 슈퍼맨은 돌아오지 않는다

MBC에서 〈애인〉을 방영한 1996년. 국내 최초 불륜 미화 드라마에 전국이 들썩였다. 그러나 한창 중2병이 심했던 나는 유동근 아저씨와 황신혜 아줌마의 '몰래 한 사랑'에 심드렁했다. 드라마는 보지 않았지만, 기억나는 게 있다면 OST 'I.O.U' 정도? 당시 노래 좀 한다는 애들은 너나 할 것 없이 이 노래를 불렀다.

사회초년생이던 2007년에는 김수현 작가의 〈내 남자의 여자〉가 화제였지만, 드라마 볼 시간이 없던 편집부 신참은 하유미의 극중 대사만 기억할 뿐이다. "기름에 튀겨 죽일 년!"

'어린 애인'이 여자가 아닌 남자란 설정으로 신드롬을 일으킨 2014년의 〈밀회〉 역시 여배우의 물광 피부와 "특급 칭찬이야" 대사만 머리에 남았다.

늘 그런 식이었다. 나는 주변 사람들이 침 튀겨가며 이야기하는 한국형 불륜 드라마에 몰입하지 못했다. 가정은 첫 사회란 믿음으로 바람, 외도, 불륜을 심판하려 했던 건 아니다. 배우자가 머저리 아니면 파렴치라 다른 사람과 사랑에 빠질 수밖에 없는 설정에 공감하지 못했을 뿐이다. 왜들 이렇게 불륜 이야기에 열광하는지 이해할 수가 없었다. 다들 사는 게 너무 팍팍한 걸까? 그래서 금기된 사랑에 빠진 남녀를 보며 대리만족을 하고? 특히 기혼자들이? 거참 딱한 사람들일세.

그래놓고, 한동안 〈부부의 세계〉에 빠져 지냈다. 남편은 드라마

배경 음악만 들어도 무섭다며 동반 시청을 거부했다. 드라마가 끝나고 고개를 돌리면 아이들을 혼자 재우고 옆에서 맥주를 마시는 남편이 보였다. 가만, 그러고 보니 당신. 머리가 '사랑에 빠진 게 죄는 아니잖아(이하 '사빠죄아')' 스타일이잖아? 이런 괘씸한!

내가 어디선가 개똥철학처럼 떠들었던, 몸은 옆에 있어도 마음은 다른 곳에 있는 상태를 외도라고 한다면, 요즘 나는 외도 중인 걸까? 남편과 한 집에 있으면서 다른 남자를 생각하는 건?

자기도 애인 있지?

중소도시에 사는 친구가 어린이집 엄마들과 회동을 하고 왔다. 이듬해 다른 어린이집으로 옮길 의향이 있는 엄마들이 모인 자리. 장소는 아이들 놀이방이 있는 고깃집이었다. 어색하지 않을까 걱정했는데 의외로 분위기가 편했단다. 없겠지 생각했던 애연가들이 여럿 있던 게 컸다. 친구는 엎어지면 코 닿는 거리에 시댁 식구들이 살고 있어서 개방된 장소에서 담배를 피우지 못했다. 그런데 이 날은 아이에게 "엄마 화장실 좀" 하고 일어나면 애연가 중 한 명이 자연스럽게 따라 일어나고, 남은 엄마들이 눈치껏 아이를 봐주었다. 적지인 줄만 알았던 육아 세계에서 잠복 중인 아군을 만난 심경이었다. 친구는 그들과 금방 언니, 동생이 되었다.

하지만 안타깝게도 그 연대는 오래가지 못했다. "갑자기 애인 있는지 묻더라고." 모임 전부터 친분이 있었는지 이미 이야기를 마친 듯 보이는 언니 둘이 기대에 찬 눈빛으로 물었다. "막내는 애인 있다네?" 그들이 막내라고 부르는 동생은 싱글맘이었다. 그가 애인이 있다는 건 동네 사람들이 다 알아도 이상할 게 없었다. 그런데 언니들은 그렇지 않았다. 질문의 의중은 파악했지만, 다시 물었다. "그냥 남자인 친구를 말하는 거예요? 아니면 섹스하는 상대를 말하는 거예요?" 언니들은 얘가 보기와 달리 내숭이라면서 웃었다. "잠도 안 자는데 애인이라고 하겠니?"

당혹감을 감출 수 없었다. 그들은 남편 말고 섹스하는 남성이 있는 게 너무나 당연해서, 혼인한 남성하고만 섹스하는 친구를 이해하지 못하는 눈치였다. "요즘에 애인 없는 사람이 어디 있니?" 정말 그런 걸까? 남편은 출근하고 아이는 등교 혹은 등원하고 나면, 그때부터 엄마들은 미국 드라마처럼 위기의 주부로 변신한다고? 나만 빼고?

부부 관계는 두 사람만의 문제니 제삼자가 왈가왈부할 문제가 아니었다. 하지만 한두 다리만 건너면 다 아는 지역사회에서, 오늘 처음 만난 사람에게 어떻게 이토록 사적인 이야기를 서슴없이 할 수 있는지 놀라울 따름이었다. 담배 몇 대 같이 피웠을 뿐, 우리가 친자매는 아니잖아요? 이야기를 듣고 나도 많이 놀랐다. 그 언니들은 내 친구가 너무 미더웠던 걸까? 담배도 같이 핀 사이니, 오늘부터

위기의 주부 동지라고 여기면서? 당연히 애인도 있을 거라 생각하고? 모임 후 친구는 어린이집을 옮기지 않았다. 그런 분위기의 연대는 필요 없다고 했다.

너도 나도 내로남불

여기도 불륜 드라마, 저기도 불륜 드라마다. 같은 빌딩에 사는 부부들이 서로 얽히고설키고, 제목부터 대놓고 바람이 들어간다. 한동안 〈부부의 세계〉 중독 증세를 보였던 나는 이제 불륜 드라마를 비난하지 못한다. 그게 얼마나 재미있는지 알아버렸으니까. 내로남불(내가 하면 로맨스, 남이 하면 불륜)도 아니고, 내가 보면 웰메이드, 남이 보면 막장 드라마라고 우길 순 없다.

기혼인 친구 하나는 드라마로는 부족했는지 여러 단계의 인증이 필요한 상간녀 카페에 가입했다. 맘카페에 올라오는 배우자 고발 사연과는 180도 다른, 상간녀의 입장에서 말하는 불륜을 읽는 재미가 대단하다나? "막장 드라마보다 더 막장이라니까! 내 이년들을 그냥!" 나는 누굴 보면서 욕하는 게 싫어 SNS도 안 하는데, 사람들은 남들을 보면서 욕하는 일에 쾌감을 느끼는 것 같았다. 하, 이 에너지 넘치는 사람들….

워킹맘인 또 다른 친구는 '카더라'가 아닌 당사자에게 직접 들은 유부남, 유부녀의 사내연애 이야기를 꾸준히 들려줬다. 기혼인 남성이 비혼인 여성에게 치근대거나 그런 조합의 둘이 연애한다는 이야기는 지긋지긋했으나, 직급이 꽤 높은 기혼 여성이 신입인 남성을 대놓고 유혹하는 이야기를 들을 땐 귀가 빨개지도록 집중하게 됐다. 그렇게 남의 불륜에 대해 한참을 흥분해놓고, 이론만 빠삭한 유부녀들의 결론은 언제나 싱겁다. "내 남편 바람피우면 죽일 거야!" 소리나 하는 거다.

　불륜 남녀가 등장하는 화제의 드라마는 '사빠죄아'를 비롯한 천하의 죽일 놈들을 계속해서 배출하고 있다. 나도 그런 드라마를 보며 싫어하게 된 남편들이 있는데, 국민 역적으로 등극한 바람난 남편 캐릭터는 아니다. 외도의 피해자로 등장하는 남편 둘인데, 공교롭게도 둘 다 배우 이선균이 연기했다. 나는 그가 〈이번 주 아내가 바람을 핍니다〉와 〈나의 아저씨〉에서 맡은 남편 역할이, 너무너무 싫었다. 아내를 헌신짝 취급하며 이 여자, 저 여자 만나며 돈을 펑펑 써대는 천하의 상놈 남편? 그런 인간한테는 화내는 시간도 아깝다. 그런 남편을 참고 사는 아내를 보는 게 더 화나지.

　이선균이 연기한 저 남편들에겐 바람피운 아내에게 '100% 과실을 무는' 이상한 힘이 있었다. 남편이 저 정도면 됐지, 바람을 펴? 아주 배가 불렀구먼! 하고 아내만 욕하게 만드는 힘. 자신은 가정과 회사생활에 충실했을 뿐인데, 남들 하듯이 그저 바쁘게 살다보니 워킹맘인 아내가 어떤 감정의 파도를 맞는지 헤아리지 못했을 뿐인데. 그렇다고 이렇게 성실한 남편을 두고 바람을 피다니, 세상이 끝난 것만 같구나.

믿었던 아내의 외도를 알고 괴로워하며 혼자 부엌에서 소주를 마시는 그의 등짝을 보고 있으면 TV 속으로 들어가 한 대 후려치고 싶었다. 모르겠니, 네가 뭘 잘못했는지? 누구 덕분에 집이 그렇게 평안했는지도 모르고, 자기한텐 전혀 문제없다고 생각한 거야? 이런 멍청한!

〈나의 아저씨〉에서 이지안(이지은)은 박동훈(이선균)이 퇴근길에 아내 강윤희(이지아)에게 전화해 "뭐 사갈까?"라고 묻는 말이 정말 따뜻했다고 말한다. 나는 콧방귀를 뀌었다. 나는 강윤희 편이었다. 만날 뭐 사갈지 묻기만 할 뿐, 정작 뭐가 필요한지 아무것도 모르는 남자에게 질릴 대로 질린 여자 말이다. 그의 남편은 함께 있어도 무슨 생각을 하는지 알 수 없는, 묵묵히 자기 할 일을 다 하지만 행복해 보이지 않는, 같이 있으면 외로워지는 사람이었다. 남편에게 생긴 일은 시어머니 아니면 시숙에게 전해 듣는 게 일상이 된 아내에게, 왜 하필 그 놈이랑 바람을 폈냐고 소리칠 자격이 박동훈에게 있을까? 걱정시키고 싶지 않아서 그랬다고? 개똥 같은 변명이십니다.

그의 커피가 내 가슴에 들어왔다

토요일에는 아이들과 놀이터에서 놀다가 카페에 들르는 게 코스다. 동네엔 괜찮은 카페가 많지만, 토요일에 가는 곳은 정해져 있다. 노키즈존이라고 써 붙여 놓진 않았지만, 계단이나 턱 때문에 유아차가 들어갈 수 없는 카페가 많은 게 힙한 동네의 현실. 출산 전엔 사랑해마지않던 대안공간 카페들은 애연가들이 많이 찾는 곳이라 자연스럽게 발길을 끊었다(흡연 구역은 따로 있지만 흡연자도, 아이를 동반한 우리도 서로의 눈치를 살필 수밖에 없다). 그런데 골목에 있는 이 작은 카페는 앞에다 벤치를 두어 아이들과 함께 앉아 잠시 커피 한 잔의 여유를 누릴 수 있었다. 남편은 카페에 갈 때마다 입을 삐죽거렸다. "또 보러 가니?"

또 보러 가는 대상은 카페 주인이었다. 나는 지지 않았다. "못 보면 아쉽지, 애들도 얼마나 좋아하는데?" 아닌 게 아니라 우리 아이들은 그 카페 주인을 정말 좋아했고, '카페 삼촌'이라 불렀다(오해는 말길. 단골 가게인 이탈리안 비스트로 사장님도 '파스타 삼촌'이라 부른다). 같이 사는 남자는 남편이 두 눈 시퍼렇게 뜨고 있는데, 애들까지 데리고 '외간남자'를 보러 다닌다며 비난했다.

몇 달 전. 코로나 확진자가 나오며 동네가 썰렁해진 적이 있다. 아무도 집 밖으로 나오지 않았다. 남편은 재택근무 중이었고, 아이들은 자가격리가 뭔지도 모르고 마냥 즐겁게 뛰어놀았다. 의지할 건 카페인뿐인데, 마침 캡슐 커피까지 떨어진 상태. 하는 수없이 배달 앱으로 커피를 주문했다. 아침에 아이들이 등원하고 나면 동네 친구와 함께 들르던 카페에서. 얼마 지나지 않아 똑 똑 소리가 들렸다. 별 생각 없이 현관문을 열었는데, 영화 〈러브레터〉의 한 장면처럼 문틈 사이로 그의 얼굴이 보였다. 가운데 가르마가 잘 어울리는 찰랑찰랑한 머리에 하얀 피부를 가진, 앞치마를 단정하게 맨 청년이 내게 커피를 내밀었다. "어…?" 하고 말을 잇지 못하자 "오늘 배달 주문이 많은지 픽업 기사 연결이 안 돼서요"라고 상황 설명을 하는데, 목소리는 또 왜 이렇게 새벽 방송 DJ 같은지… 커피를 받고 돌아서는데 나도 모르게 웃음이 났다. 이게 무슨 일이지? 갑작스러운 방문, 신기루를 본 것만 같았다. 카페에 여러 번 갔는데 왜 그 동안 못 봤지(알고 보니 그는 카페의 오후 당번이었다). 아이들 때문에 문을 걸어 잠그고 일하는 남편에게 '사식'처럼 커피를 넣어주면서도 나는 멍한 상태였다. 무슨 일 있냐고 묻는 남편에게 좀 전의 상황을 알려주자 한심하단 표정을 지었다. "으이그, 그저 잘생긴 남자라면 좋아가지고." 그렇게 남자 얼굴만 보면 안 된다면서, 자기처럼 잘생기고 인성도 좋은 남자는 드물다는 너스레를 떨었다. 대꾸도 하지 않았다.

3장. 슈퍼맨은 돌아오지 않는다

그래도 우리, 좋지 아니한가

───────

토요일 오후, 남편과 아이들을 데리고 카페로 간다. 남편이 있고 아이도 둘이나 있지만, 해사한 미소를 띤 바리스타가 있는 카페에 가는 시간이 즐겁다. 커피 수업도 하던데 한번 배워볼까? 테이크아웃한 커피를 한 모금 마시며 "충전 완료!"라고 말하자 남편이 혀를 찬다. "아줌마, 정신 차리세요!"

영화 〈좋지 아니한가〉의 엄마 오희경(문희경)이 생각난다. 잘생기고 친절한 노래방 직원이자 커피 다단계 판매사원인 '진성(이기우)'에 빠져 한동안 헛물켜고 헛돈만 쓰고는 지긋지긋한 가족의 품으로 돌아온 그. 오희경의 삶이 이전과 달라진 점이라면 우아하게 쌀조리개에 내린(!) 드립커피 한 잔의 여유를 즐기게 된 것이다.

정신 못 차리는 아줌마 소리를 들어가면서도 카페 가는 길은 즐겁다. 신경 쓰이는 척 비아냥거리는 남편의 모습을 보면 더 신난다. 그러고 보면 우리, 아직은 좋지 아니한가?

가족은
화장실에서 태어난다

내가 한 남자와 가족이 됐다는 걸, 얼마 전 아웃렛 가족 화장실에서 실감했다. 출산은 많은 것을 변화시킨다. 결혼식과 혼인신고와 몇 번의 명절과 주고받는 이혼 협박을 견뎌가며 나름대로 결혼생활을 안다고 생각했지만, 다 착각이었다. 출산은 모든 것을 뒤엎었다. 내가 알던 남자, 남자의 가족, 나를 키워준 가족, 속속들이 안다고 생각했던 오래된 친구들이 다시 보였다. 누구냐 넌? 내가 알던 사람 맞아?

나? 물론 내가 아니었다. 나는 성격 망치기 딱 좋은 잡지판에서 10년 넘게 일하면서도 통로에서 느닷없이 소리를 지르거나 가방으로 바닥을 꽝꽝 내려치거나 어린애처럼 발을 동동 구르지는 않았다. '살다 살다 이런 인간은 처음 본다'류의 망할 족속을 상대하며 뒷목을 잡을 때에도 이성의 마지막 끈 하나는 잡고 있었단 말이다.

그런데 애 낳고는? 앞서 예로 든 보기 흉한 행동을 다 했다. 이것

뿐이랴. 아이를 낳고 나의 일상은 하루하루 미쳐 돌아갔다. 어쨌거나 아웃렛 화장실에서, 10년 넘게 연애해 같이 산 지 8년이 다 돼가는 남자와 새삼스레 정말 가족이 됐다고 느꼈다. 그가 다정하게 아이들을 챙기는 모습을 흐뭇하게 바라보며 그런 생각을 했다면 정말 좋았겠지만, 육아는 절대 말랑말랑한 장르가 아니다.

나와 남편은 두 아이를 돌아가면서 변기에 앉히고 소변을 보게 하고 손을 씻기는 환상의 복식조 작업을 마친 뒤, 우리도 역시 그곳에서 돌아가면서 변기에 앉아 소변을 봤다. 젠장. 그게 뭐 별거냐고? 18년간 볼 꼴 안 볼 꼴 다 본 사이 아니냐고? 물론 그렇다. 그는 그러지 않았지만 나는 그가 굳이 보고 싶어 하지 않는 무수한 꼴들을 다 보여줬다. 하지만 놀라지 마시라. 우리는 여태 방귀도 트지 않은 사이다(!). 수면 중 방귀와 출산 후 본의 아니게 새어 나온 방귀들을 제외해야 하지만(이건 정말 대자연의 습격이다!), 그와 한 공간에 있을 때 내 의식이 있는 상태라면 언제나 최선을 다해 방귀를 참았다.

우리는 섹스를 수백 번 한 사이라고 해서 서로의 생리현상까지 알 필요는 없다고 생각했다. 그렇지 않은가. 나의 마지막 신비주의는 방귀 지키기였다. 변기에 앉기가 무섭게 문을 열어젖히는 두 괴물딱지 덕분에 이제 엉덩이 노출은 일상이 되었지만, 그래도 방귀만은 들키고 싶지 않았다. 남편은 나보다 이 부분에서 훨씬 예민한 사람이었다. 화장실에 들어가면 무조건 문을 걸어 잠갔고, 아이들이 아무리 문을 부술듯이 두드리고 불러도 문을 열어주지 않았다.

그랬던 남자가, 그날은 마치 항복하듯 바지를 내렸다. 아이들에게 "아빠도 잠깐 쉬 좀 할게"라는 말이 마치 "아빠는 이제 문명인이길 포기했어. 하지만 사랑한다. 내 인생을 망치러 온 나의 구원자들"이라고 말하는 것처럼 들렸다. 쯧쯧. 낯가림이 매력이던 남자여, 안녕.

가족 화장실은 기저귀 교환대는 물론이고 유아 변기와 성인 변기, 세면대까지 갖추고 있다. 가족 구성원 모두가, 모든 일을 해결할 수 있는 장소인 것이다. 그런데 생각해보자. 이 모든 것이 손 뻗으면 닿을 거리에 있는 이유를. 한 공간에 다 갖춰두지 않으면 벌어질 사태에 대해 말이다. 어린아이가 있는 가족이라면 다들 알 것이다. 급하게 찾아 들어간 화장실에서 누군가 한 명은 무언가에 옷을 버린 채로 나올 때의 그 찝찝함과 허탈함, 휴일 내내 집에나 콕 처박혀 있을 걸 아이들과 외출이란 걸 해서 느끼게 되는 분노를 말이다.

출산 전, 나는 엄마들이 아웃렛과 쇼핑몰에 가는 이유를 스트레스 해소 차원으로만 바라봤다. 스트레스엔 쇼핑이 최고니까, 엄마들의 '시발 비용'을 얄팍하게나마 응원했다. 하지만 아이를 낳고 보니 쇼핑몰과 아웃렛은 최고의 수유실과 화장실을 갖춘 곳이었다.

3장. 슈퍼맨은 돌아오지 않는다

생전 백화점엔 가지 않던 친구들조차 아이와 동행하면 약속 장소로 백화점을 선택하는 이유도 같았다.

기저귀 교환대 하나 없는 공중화장실에서 바닥의 침과 벽면의 코딱지와 갖가지 흔적이 넘쳐나는 휴지통을 못 본 척하며 아이를 이리 들고 저리 돌리며 기저귀를 갈던 때가 정말 엊그제 같다. 기저귀 교환대를 어렵게 찾아도 그건 언제나 여자 화장실이라 남편은 화장실 앞에서 대기해야 했다. 덕분에 현관 앞에서 택배를 주고받듯한 아이의 용변을 해결한 뒤 화장실 앞에 있는 남편에게 아이를 건네고 다른 한 아이를 데리고 들어간 적도 많았다.

그런데 가족 화장실에서는 두 손 자유롭게 내 옷을 내리고 추키는 것이 가능했다. 우리도 이젠 현대 도시에 사는 문명인 부부 같은 생활을 할 수 있는 걸까? 하지만 나와 남편은 이제 더는 돌아가며 화장실에 다녀오지 않는다. 그래야 시간도 아끼고, 아이들도 불안해하지 않으니까. 우리는 진정한 가족이 된 것이다. 화장실 들어갈 때 마음 다르고 나올 때 마음 다르다 했던가. 정말 그렇다.

섬집 며늘아기의 명절 생존기 1
– 모계사회에서 만난 가모장적 여성들

여: "넌 좀 가만히 있어!"

남: "넌 남편한테 제일 많이 하는 말이 '넌 좀 가만히 있어'냐?"

오해는 없길 바란다. 이건 나와 남편이 나눈 대화가 아니다.

모계사회에 오신 걸 환영합니다

결혼한 지 얼마 지나지 않아 시할머니가 돌아가셨다. 결혼식을 3
일간 마을잔치로 진행하는 시댁의 지역문화를 반영해 우리는 서울
에서 예식을 올리기 전 남편의 마을에서 잔치를 열었다. 그때 시할
머니께 드린 첫 인사는 안타깝게도 마지막 인사가 되었다.

사돈의 팔촌은 물론이고 마을의 신발 있는 사람은 다 찾은 듯한
장례식은 북적거렸다. 나는 상주의 며느리로 정신없는 3일을 보냈

다. 장지로 느릿느릿 올라가던 작은 버스 안. 남편도 여섯인지 일곱인지 헷갈려 하던 일곱 고모님 완전체와 그들의 남편만 이미 14명, 시부모님과 시누이 부부와 우리 부부와 시동생까지 탄 버스 안의 인구밀도는 매우 높았다. 지하철처럼 옆으로 나란히 놓인 좌석에, 마주보는 자리와는 얼마나 가까운지 맘만 먹으면 시댁 어른들과 허벅지 씨름도 할 수 있을 것 같았다.

일곱 고모의 서열 정리도 안 된 신참은 딴청 피우는 인상은 풍기지 않으면서 어른들이 하는 대화는 못 듣는 척 연기를 하느라 어색한 시간을 통과하고 있었다. 그런데 침울한 분위기 가운데 자신의 남편이 너무 수다스럽다고 생각했는지, 친족이 알아서 할 일에 인척이 간섭이 많다 느꼈는지, 막내 고모가 막내 고모부를 보며 싸한 말투로 말씀하셨다. "넌 좀 가만히 있어."

어딘가 익숙했지만, 익숙한 성별이 뒤집힌 대화. TK에서 유년기를 보내고 충청도 중소도시에서 청소년기를 보낸 내게는 '컬처 쇼크'에 가까운 순간이었다. 초등학교 시절, "여편네가 잔소리가 많다"고 상을 뒤엎던 옆집 친척 '아재(경상도식 호칭이다)'를 말리던 순간이 아직도 생생하니까. 그건 어느 순간 고리가 툭 하고 끊어져서 사라지는 과거의 장면이 아니었다. 불과 얼마 전에도 친구의 친구인 남자 동창이 아내에게 "네가 뭘 안다고 그래?"라는 걸 들었으니까.

시고모부의 반응은 더 놀라웠다. 잘 알지도 못하는 육지 조카며느리도 보는 앞에서 체면이 말이 아니다 생각하셨는지, 고모부는 운구 차량에 있다는 사실을 망각한 채 버럭 소리를 질렀다. 그런데 고모부의 그 버럭은, 내가 어린 시절 보고 들은 '상을 뒤엎는 아버지들'과는 맥락이 다른 화였다. "야! 넌 남편한테 제일 많이 하는 말이 '넌 좀 가만히 있어'냐?"라니, 이 얼마나 지난 세월을 함축적으로 잘 보여주는 문장인가?

우리의 결혼식 주례를 맡아주신 대학교 은사님이 떠올랐다. 섬 출신 남편을 처음 만난 자리에서 선생님은 섬 문화의 가모장적 분위기에 대해 말씀하셨다. "우리 형수가 거기 분이거든. 양가의 중요한 일을 논의할 때 우리 집은 아버지가, 사돈댁은 어머니가 전화를 하셔. 이게 '정상회담'인 거지." 그러면서 덕담처럼 내가 그런 모계사회에 잘 어울린다고도 하셨다. 어쩐지 애정표현이라곤 모르는 숫기 없는 남자가 그리 좋더니만 이유가 이거였나? 모계사회가 익숙한 이 남자에게, 나는 전통적 관념의 남성성이 '부재'한 듯한 '존재감'에 편안함을 느꼈다.

섬 며느리의 시댁 관찰기

결혼 후 '섬 며느리' 타이틀을 얻었다. 주변 사람들은 미디어에서 접하거나 주변에서 들은 이야기가 사실인지 물었다. 거긴 이사하는 날이 정말 따로 있어?("신구간이라고, 집안 신들이 집을 비운 기간에 많이들 이사하지"), 정말 외출할 때 대문을 안 잠가?("민속촌에 있는 것처럼 '정 낭'을 쓰진 않지만, 시골 동네에선 대부분 대문을 잠그지 않고 외출하더라"), 정 말 수박을 된장에 찍어 먹어?("나도 방송에서 보고 신기해서 남편한테 말 했다가 '우리 엄마도 그렇게 먹는데?'라고 해서 미안했던 기억이 있어") 섣불리 대답하기 어려운 질문도 있다. "거기 남자들은 정말 일을 안 해?"

  방송인 김신영은 평생 돈 번 적이 없는 자신의 고모부를 '천생 율로족'이라고 재미있게 소개한 바 있는데, 이 섬의 부모세대에서 '돈 안 버는 남편'은 흔한 편이다. 척박한 자연 환경과 고립된 역사 속에서 이 섬의 많은 여성들은 필연적으로 가장이 되었다. 뱃일을 나간 남편이 바다에서 돌아오지 못하면 생계를 위해 바다에 뛰어 들었고, 산소 장비 하나 없이 깊은 바다에 들어가 해산물을 채취하 는 유일무이한 여성 공동체를 이루었다. 비극의 역사 이후 살아남 은 여성들이 가족을 이끌어나간 건 말할 것도 없고 말이다.
  언젠가 이 섬을 여행하던 한 친구는 택시 기사님께 육지 사람들 의 오해를 풀고 싶다는 이야기를 들었다. "여기 남자들 게으르다, 일 안 한다, 그러는데 완전히 틀린 말이에요. 나만 해도 그래. 일주 일에 3일이나 일한다고." 친구는 그 말이 농담인지 진심인지 잘 분 간이 가지 않는다고 했다. 나는 진실은 알 수 없으나 아마도 진심으로 하신 말씀 같다고 했다.

근거는 이렇다. 시아버지는 종종 시어머니와 동료 해녀들을 물질
하는 곳까지 바래다주시는데, 그럴 때면 김은숙 드라마의 주인공이
따로 없다. 다른 어머니들이 남편이 저렇게 운전도 해주니 얼마나
좋으냐며 어머니를 부러워하기 때문이다. 나는 좀 의아했다. 차가
운 바다에 둥둥 떠서 우유와 빵 하나로 끼니를 때우며 짧게는 4시
간, 길게는 6시간씩 고되고도 위험한 노동을 하는 사람은 어머니인
데, 한 시간 남짓 운전을 하셨다고 이렇게 스포트라이트를 받을 일
인가.

어머니는 내가 본 그 어떤 여성보다 용감하고 부지런한 분이다.
장녀였던 그는 열여덟 살부터 물질을 시작해 50년 넘게 물질을 하
며 자신의 오빠와 여동생들을 뒷바라지했고, 결혼해서는 남편과 그
가족들을 먹여살렸다. 앞서 말했던 막내 고모도 어머니의 뒷바라지
로 대학을 마치고 결혼했다. 어느 집안에나 다 있다는 '돈 먹는 하
마' 형제의 빚도 20년간 갚으셨다. 아버지가 어머니 몰래 작은아버
지의 보증을 섰기 때문이다. 시할머니 장례식 때도 못 뵀으니 앞으
로는 볼 기회가 더욱 없을 것 같은데, 작은아버지에 대한 원망은 명
절 단골 레퍼토리라 왠지 친숙하다. "그때 빚 갚는다고 있던 땅 다
팔지만 않았어도, 너네 집도 사줬을 텐데…."

서울에 집이 없는 아들과 며느리에게 미안해서 하시는 말씀인데,

그 대화가 제일 불편한 건 역시나 시아버지다. "거 쓸데없는 소리! 다 지난 일을 가지고." 그럴 때면 속으로 말대꾸를 한다. '물론 아버님은 매우 불편하실 거예요. 하지만 어머님 설움이 조금이라도 풀린다면 전 20년도 더 들을 자신이 있답니다.'

TV는 스트레스를 싣고

시아버지는 청년 시절의 사고로 경제활동을 하실 수 없게 되었다. 택시 기사가 깨고 싶어 하는 육지의 편견처럼, 이 섬 남자들이 게으르거나 한량이어서 같은 이유는 아니었다. 결혼 전에도 그랬지만 어머니는 결혼 후 더 본격적인 가장이 되셨다. 자신이 이룬 가정은 물론이고 남편의 부모와 형제자매까지 뒷바라지해야 하는 가장. 돈을 번다고 해서 다른 일을 줄일 수 있는 건 아니었다. 아버지는 바깥일이 아닌 일엔 관심이 없으셨다. 자식을 키우는 일도 마찬가지였다. 훈육은 하셨지만 돌봄은 하지 않으셨다.

남편이 기억하는 어린 시절의 아버지는 몹시 무서웠다는데, 지금은 며느리와 손주들에게 한없이 다정하신 분이다. "둘째 며느리가 들어왔는데 저랑 갈등이 생겨요. 그럼 누구 편을 드실래요?" 같은 가정법 질문이 절대 통하지 않는 시어머니("에이, 싸우면 안 되지"),

시누이("뭐 때문에 싸우게? 이유가 있어?")와 달리 유머감각도 좋으신 편이다("당연히 큰 며느리 편이지! 먼저 시집 온 어드밴티지가 있어야지, 안 그러냐?").

하지만 가끔 포옹도 하는 시어머니와는 달리, 시아버지와의 거리는 좀처럼 좁혀지지 않았다. 따지고 보면 이게 다 어머니 때문이다. 잠잘 때 빼고는 누워 있는 일이 없는 어머니와 달리, 아버지는 집안에서의 대부분의 시간을 누워 지내셨다. 이런 상황이 새삼스러울 게 없는 삼남매와 다르게 나는 많은 시간 불편했고, 종종 화가 났다.

며느리가 된 후 명절이 고통스러운 건 온몸에 기름 냄새가 배도록 전을 부치고, 무릎에 멍이 들도록 앉았다 일어나기를 반복해서가 아니었다. 어머니와 내가 명절 음식을 준비하는 부엌과 나란히 붙어 있지만, 전혀 다른 차원에 존재하는 안방을 보는 것이 괴로웠다. 시댁에 가서 가장 많이 보는 시아버지의 모습은 텔레비전 앞 안마의자에 누워 계신 것이었다. 노동요로 라디오로라도 듣고 싶었지만, 안방에서 들려오는 소리는 앵커가 고함치듯 귀를 때리는 뉴스 채널 방송이었다.

자원이 귀하다 보니 섬사람들은 절약 정신(이곳에선 '조냥' 정신이라 부른다)이 몸에 배어 있는 편인데, 산적에 쓰는 나무꼬치도 씻어서 몇 년씩 쓰는 시댁에서 돈 생각하지 않고 펑펑 쓰는 단 한 가지가 있었으니 바로 텔레비전이다. 놀랍게도 이 집안의 텔레비전은 24시간 켜져 있었다. 가족들은 그 이유로 아버지가 텔레비전을 끄면 깨시는 분이기 때문이라고 했다. 텔레비전 소리가 나야 편히 주무실 수 있다고.

모든 가족이 잠든 새벽에도 안방의 텔레비전은 북극 오로라처럼 갖가지 색의 파장을 우리가 자고 있는 건넛방까지 뿜어냈다. 아이들이 태어난 후 가뜩이나 잠자리가 불편해진 상황에서, 밤새 어른거리는 텔레비전 불빛 때문에 나는 제대로 된 잠을 청할 수가 없었다. 낯선 장소에 가면 새벽에 깨서 몇 시간씩 우는 쌍둥이를 달래다 지쳐 그만 뻗어 자고 싶은 순간에도, 그 빛은 자꾸만 나를 깨웠다. 어쩌다 겨우 잠들었다 싶으면 바로 악몽을 꾸었다.

텔레비전 전원을 끄면 되는 거 아니냐고? 그게 진짜 문제다. 이 집에서 그 텔레비전을 끌 수 있는 사람은 아무도 없기 때문이다. 한 번은 어머니께 텔레비전을 켜놓고 주무시면 불편하지 않으신지 여쭤봤다. 수십 년간 같은 조건으로 자다 보니 적응이 됐다고, 이젠 그 소리와 불빛이 없으면 잠이 잘 오지 않는다고 하신다면 참고 넘기려고 했다. 그런데 어머니의 답변은 예상 밖이었다. 여전히 불편하다고, TV 소리에 꿈자리도 사납다고 하셨다. "그럼 끄면 안 되나요?" 묻고 싶었지만 그러면 안 될 것 같았다. 수십 년간 매일 불편함을 참고 사시는 분에게, 일 년에 며칠 와서 지낼 뿐인 내가 당신을 대단하게 생각하는 척, 왜 그렇게 참고 사시냐고, 이제 더 이상

참지 마시라고 하는 것도 한편으론 폭력 같았다.

하는 수 없이 남편을 공략했다. 어머니의 '편안하게 주무실 권리'를 강조하며 부탁했지만 "그건 못하겠다. 미안"이라고 했다. 아니 어째서? "아빠는 평생 그렇게 살았잖아. 엄마도 참는 상황에서 자식인 내가 뭘 할 수 있겠어." 그럼 나는? 평생 명절마다 짝퉁 오로라에 고통받아야 돼? 어째서?

B급 며느리 비긴즈

일 년 전 명절부터 작은 반항을 시작했다. '작은'이라고 소심하게 쓴 말만 봐도 알겠지만 나의 반항을 눈치채려면 어벤져스 기지에 있을 법한 초특급 레이더망을 갖춰야 한다. 하지만 제자리에서 꿈틀대기보다는 0.0001밀리미터씩이라도 나아가는 게 낫기에, 나는 전처럼 속만 끓이지 않고 해결책을 찾기로 했다.

그래서 섬집 며느리는 대체 무엇으로 반항을 하였는가, 하면 바로 리모컨이다. 그렇다. 조상님께 절 드리는 시간을 제외하고, 이 집에서 1년 365일 불철주야 켜져 있는 신성불가침 영역의 안방 텔레비전에 손을 대기 시작한 것이다. 처음엔 아이들이 좋은 핑계가 되었다. 텔레비전이 벗이자 스승인 시아버지는 식사 시간에도 벗과 스승의 이야기를 놓치지 않고 경청하셨다. 백색소음보다는 적색경

3장. 슈퍼맨은 돌아오지 않는다

보에 가까운 큰 소리로 말이다. 하지만 그런 중에도 손주들이 예쁘기는 너무 예쁘셨는지 아이들이 좋아할 만한 어린이 방송을 찾아 채널을 돌리는 헌신적인 모습을 보이셨다. 그리고 시작된 건 '뽀로로'도 '타요'도 '엄마 까투리'도 아닌, 로봇으로 변신하는 차량들이 대거 등장하는 7세 이상 권장 만화. 이야아아압 고오옹겨억!

　나는 아이들에게 "맘마 먹을 땐 TV 끄는 거지?"라고 말하며 리모컨 전원 버튼을 꾸욱 눌렀다. 전에 없이 집안이 조용해졌다. 산사에 비교해도 될 만한 고요였다. 숟가락과 젓가락이 그릇에 부딪히는 소리만 경쾌하게 들렸다. 왜 여태 이걸 못 해 그렇게 스트레스 받았을까? TV를 끄고 한껏 어깨가 올라간 채 즐거워하는 내 모습이 웃겼는지 맞은편에서 밥을 먹던 남편이 복화술로 말했다. "좋아?" 좋지, 그럼. 내 손으로 이 집의 평화를 찾은 기분이라고! 물론 시아버지는 어딘가 불편해 보이셨다. 식사를 빠르게 마치신 후 방을 뱅뱅 도시는가 싶더니 얼마 지나지 않아 동네 경로당에 다녀오겠다고 하셨다. 나는 방긋 웃는 얼굴로 배웅했다. 잘 다녀오세요, 아버님!

섬집 며늘아기의 명절 생존기 2
– 부엌을 떠나지 못하는 며느리들

"넌 '거기' 명절 괜찮니?" 언젠가 명절을 앞두고 직장 상사가 물었다. 상사의 남편은 내 남편과 동향이었고, 우리는 명절이면 같은 섬으로 향했다. "난 첫 명절 때 진짜 충격 받았거든. 여자들만 일하고 남자들은 다 노는 거야."

서울 토박이이자 핵가족 안에서 성장한 X세대에게 명절이란 온 가족이 다 함께 둘러앉아 기름진 음식을 만들어 먹는 날이었다. 그런데 결혼 후 비행기를 타고 도착한 시댁의 명절 풍경은 시간을 거슬러 올라간 듯한 착각을 일으켰다. 집안 여성들이 부엌에서 지지고 볶는 사이, 남성들은 여성들이 만든 음식에 술이나 마시며 정치, 사회, 집안 이야기를 나누었다.

"난 '라운딩'도 안 따라가. 어른들이 가자고 하시면 딸 핑계를 대지. 그 시간엔 딸이랑 산책해." 여기서 말하는 '라운딩'이란, 명절 아침에 근방에 사는 친척들이 모여 한 집씩 '돌며' 차례를 지내는 것을 말한다. 씨족사회 문화가 강하게 남아 있는 섬의 흔한 명절 풍경이다. 나의 시댁 역시 라운딩을 하는데, 다섯 집 가운데 네 번째 순서로 차례를 지낸 후 점심 식사를 제공(?)하는 게 큰 임무다. 며느리들도 라운딩을 하는데, (오랜만에 만나 안부를 묻고 덕담을 나누는 명절 분위기도 내지만) 주요 임무는 남성들이 차례를 올리는 동안 음식을 나르고 치우는 것이다.

서울에서 자란 X세대 상사와 달리, 나이만 N세대지 경상도 시골에서 밥상을 뒤엎는 '아재'들을 여럿 보며 자란 나는 오촌 이상의 친척들까지 한데 모여 차례를 지내는 '라운딩'이 새로웠을 뿐, 명절에 가만히 앉아 밥상을 받는 남성들의 모습은 그리 놀랍지 않았다. 아마도 상사는 내가 가서 보니 시대착오적이라거나 남존여비의 인습이 가득하다는 말로 시댁을 비판하길 바랐을 것이다. 하지만 나는 그러지 않았다.

"전 명절 좋던데요?"

섬 며느리가 체질

시댁이 섬이라고 하면 기혼 여성들은 하나같이 부러워했다. 시어머니가 반찬을 갖다 준다며 현관 비밀번호를 누르고 들어오거나 시부모가 손주들을 본다고 일주일이 멀다 하고 찾아오는 일이 불가능하다는 게 첫 번째 이유. 어쨌거나 비행기로 오가는 과정이 여행 기분을 내주고, 바쁜 일정을 마치면 천혜의 자연을 누릴 수 있다는 게 두 번째 이유였다. 초반엔 무조건 그렇다고 했다. 시댁도 너무 좋고, 섬도 너무 좋다고. 나는 딱 섬 체질이라고.

결혼 전까진 명절을 정말 싫어했다. 연중무휴로 운영하는 식당집 딸이라면 혹시 이런 맘을 이해할지도 모르겠다. 내게 명절은 차례는 차례대로 지내면서, 가게는 가게대로 열어야 하는 노동 과잉 기간이었다.

어쩌면 정상가족 안에 있지 않았기 때문일 수도 있다. 고모가 재혼하며 데려온 조카딸. 고모 말고는 나와 성씨가 같은 사람이 한 명도 없는 명절은 어딘가 늘 불편했다. 그건 아버지와 성이 다른 (사촌)오빠도 마찬가지였을 것이다. 음식을 준비하라니 준비하고 절을 하라니 하는데, 대체 누구에게 차례를 올리는지도 몰랐다. 천재적 악필이었던 고모부가 쓰신 '지방'은 당최 알아볼 수 없는 흘림체 한자였다. 그저 '나를 여기 있게 한 분들이겠지' 생각했다.

오빠가 결혼하고 할머니는 돌아가신 후 나를 제외한 가족 구성원 모두가 부부 단위라는 사실을 깨달았을 땐 왠지 모를 소외감도 들었다. 그때마다 얼른 결혼 '이나' 해서 이 애매한 명절을 탈출하리라 다짐했다. 직장생활을 시작한 뒤로 이런 저런 핑계를 만들어 명절에 내려가지 않았다. 상사에게 했던 말은 진심이었다. 그땐 그랬다. 명절은 일 년에 두 번, 내가 시댁에 가는 최소한이자 최대한의 공식 일정이었다.

일 년에 두 번, 합치면 일주일 정도의 시간. 여성에게 한없이 불합리한 명절 노동을 이렇다 할 비판의식 없이, 기꺼이 할 수 있었던 건 그 일주일을 제외한 결혼생활에 만족했기 때문이다. 정확하게는 결혼 후 나의 가사노동에 대한 불만이 없었다. 남편은 자신보다 근무 시간이 1.5배 이상인 나의 일을 존중했고, 늘 수면이 부족한 내게 살림 분담을 강요하지 않았다. 연애 때 하던 대로, 남동생과 살며 '누나 역할'을 하던 때처럼 자연스럽게 살림을 전담했다. 손 하나 까딱하기 싫은 상태로 퇴근해 거실에 널브러져 있으면 그는 딱 두 가지만 부탁했다. "제발 신발은 정리하자. 그리고 손발만 좀 씻어!"

시댁에 가면 '당신의 아들이 밥은 굶지 않고 다닙니다'라는 믿음을 주기 위해 '착한 며느리 코스프레'를 했다. 시어머니는 언제나 우리가 도착하기 전 명절 음식의 반 이상을 마친 상태였고, 나는 옆에서 그저 '하라는 대로' 심부름이나 하면 되었다. 30분에 한 번씩 이제 할 거 없으니 방에 가서 쉬라고 하셨지만, 곧이곧대로 듣지 않고 졸졸 따라다녔다. 피곤할 때도 있었지만 시어머니의 끝없는 노동과 시아버지의 끝없는 TV 시청에 대한 반감이 원동력이 되었다. 시어머니가 친척이나 이웃들 앞에서 "뭐 하지 말라고 해도 얘가 내 뒤만 졸졸 따라다녀!"라고 자랑 아닌 자랑을 하시면 뿌듯한 기분도 들었다.

아들은 서울로 보내도, 며느리는 섬으로 보내야지?

섬 남자를 만나면서 들은 가장 인상적인 이야기는 "섬 남자는 아무리 오래 육지생활을 해도 결혼 상대는 섬 여자로 찾는다"는 것이었다. 남편이 한 말은 아니었다. 그를 통해 알게 된 섬사람 특징이라면 육지를 향한 갈망이 커서 교육열도 높다는 정도였다. 남편은 매해 서울대에 열 명 넘게 합격시키기로 유명한 고등학교를 나왔는데, 삼수 끝에 서울에 있는 대학에 진학했으니 모교의 자랑과는 거리가 멀었다. 말은 나면 이 섬으로 보내고, 사람은 나면 서울로 보낸다는 말을 이곳 사람들은 오래된 속담이 아니라 아주 보통의 목표처럼 생각했다. "섬은 지겹잖아. 내가 섬 밖을 못 나가도 자식은 육지로 나가길 바라지. 돌아오더라도 말이야."

이 섬 출신 남성이 동향 여성을 배우자로 선호한다는 말은, 서울에서 대학을 나와 직장생활을 하며 수도권에 자리를 잡은 남성도 언젠가 고향으로 돌아가 부모를 모시고 제사를 지낼 생각을 하면 섬의 사고방식이 익숙한 여성을 찾는다는 의미였다. 문득 외국에서 긴 유학생활을 한 남성과 결혼한 친구의 말이 생각났다. 해외에서 오래 생활한 한국 남성도 배우자는 한국 여성을 찾는다고 했던가. "외국에서 오래 생활하면 사고가 개방적일 것 같지? 아니야. 그 남자들이 생각하는 한국 여자는 유학 전에 집에서 본 엄마거든. 대화하다 보면 어느 시대 사람인지 깜짝 놀란다니까."

그 말대로 섬 남자가 섬 여자를 결혼 상대로 찾는다면, 가장 중요한 이유는 제사와 차례일 것이다. 나의 시댁을 포함해 이 섬의 대다수 가정은 명절에 조상은 물론이고 집안 신에게 차례를 지낸다. 형식은 간소화하고, 의미에 주력하는 명절 분위기가 육지에서 들어오고 있지만, 도심에서 한참 떨어진 바닷가 마을에선 여전히 조상을 모시는 형식이 너무나 중요하다.

작년 설이었나. 시어머니는 근심 가득한 얼굴로 마을의 한 이웃 이야기를 전하셨다. "글쎄 그 집은 앞으로 차례를 안 지내기로 했대. 아들 내외가 그러자고 했다네. 참 큰일이야, 쯧쯧⋯." 어머니는 확신하셨던 것 같다. 당신이 쓰는 앞치마를 단정히 매고 전을 뒤집고 있는 당신의 며느리는, 명절에 반감 같은 건 절대 없을 거라고.

며느리도 명절에 즐거울 수 있다는 헛소리

나는 백년손님도 아니면서 시댁에만 가면 고봉밥을 먹었다. 성게국에 한치숙회와 방어회와 돼지고기 산적을 먹으면서, 섬 며느리가 되길 정말 잘했다고 생각했다. 섬에서 가족의 생계를 책임지는 어머니들이 집에 있는 잠깐의 시간 동안 차리는 밥상은 육지의 것과는 생김새도 씹는 맛도 많이 다르다. 조리과정은 최소화하고 음식의 모양새는 덜 신경 쓰는 섬 음식은 좋게 말하면 재료 본연의 맛을 살린 것이고, 나쁘게 말하면 잡내를 잡지 못한 것이다. 하지만 나는 이 지역의 토종순대와 고기국수와 몸국을 사랑했다. 뭐 이렇게 관광객들 다 먹는 음식 가지고 생색이냐고? 그럼 이건 어떤가.

이곳에선 명절에 탕국 재료로 고기 대신 생선을 사용한다. 돔 같은 커다란 바닷고기 한 마리를 통째로 넣어서 푹 끓인 탕국은 비위가 약한 사람에겐 출산 후 먹는 붕어탕만큼이나 비린 음식이다(갈칫국보다 향과 맛이 강하다). 이 섬 남자와 결혼한 지 20년이 넘은 육지 출신 시숙모가 아직도 못 드시는 것만 봐도 그렇다. 나는? 처음부터 맛있었다고 하면 거짓말이고, 바다낚시를 해 그 자리에서 끓인 맑은탕이라 생각하며 나름대로 맛있게 먹는다. 뿔소라를 잘라 전복 내장과 성게로 양념해 삭힌 소라젓은 또 어떻고. 남편은 절대 사양하는 음식이지만 나는 미역귀 무침 다음으로 좋아하는 어머님표 반찬이다.

섬 밥상이 싫어진 건 몇 번의 명절을 경험하고 나서다. 안방에 둘러앉아 밥을 먹는 남성들과 부엌에 앉아 밥을 먹는 여성들. 이곳에서 여성들은 명절 내내 부엌을 떠나지 못했다. 모든 음식을 준비하지만 정작 차례를 지내는 순간엔 뒤로 빠져야 하고, 남성들이 먹을 음식을 먼저 내놓은 후 자신의 끼니는 대충 해결한 뒤 산더미 같은 설거지를 해치워야 한다.

출산 후 첫 명절. 낯가림이 한창이던 쌍둥이는 라운딩을 온 낯선 친척들을 보자 욕조 물에 빠지기 직전의 고양이들처럼 내게 매달려 울었다. 부엌 한편에서 옴짝달싹 못하는 걸 보다 못한 남편이 애하나를 안고 방으로 들어갔는데, 하필 남자인 낙낙이였다. 그날, 안방에서 식사를 하고 있는 사람은 두 살부터 아흔 살까지 모두 남성이었던 것이다.

입안이 까슬까슬했다. 아이들은 아직 성별 구별을 못했지만, 다음이나 다다음 명절이면 안방에 있는 사람과 부엌에 있는 사람이 성별로 나뉜다는 걸 눈치 챌 것이었다. 착한 며느리 코스프레가 후회되었다.

명절이 뭐길래, 날 이렇게 굴리나

일찍이 김수현 작가는 드라마 〈사랑이 뭐길래〉(1991년부터 1992년까지 방영. 여성 배우의 이름이 남성 배우보다 앞서는 놀라운 오프닝을 보여줬다)에서 아버지가 모닝커피를 내리는 현대 민주 가정에서 자란 '지은(하희라)'과 숨막히게 보수적인 집안의 남자 '대발이(최민수)'가 결혼하며 벌어지는 좌충우돌을 보여줬다. 정말 답이 없어 보이던 대발이 아버지(이순재)는 며느리를 통해 자신과 자신의 가정에 변화가 필요하다는 것을 깨달으며 드라마틱한 전환을 보여준다. 이 드라마의 유명한 엔딩은 세숫물도 본인 손으로 뜨지 않던 그가 부엌에 들어가 쌀을 씻다 들키는 장면이다.

무려 30년 전 드라마라는 사실을 확인하면 한숨부터 나온다. 나는 극중 '지은'처럼 시부모에게 차분하면서도 강단 있게 "저는 그게 옳다고 생각합니다"라고 말하며 이 집안에 변화를 요구할 자신이 없다. 그건 이 가족이란 회사의 오랜 정규직인 직계 자녀들이 해야지, 애 둘을 낳으며 파견직에서 정규직이 된 지 얼마 안 된 내가 할 이야기는 아니라고 생각했다.

혹시 남자 친구 J는 아빠에게 말할 수 있으려나? 며느리 보기 창피하니 뭐라도 좀 하라고? 누나가 결혼한 후 J는 명절이 더 바빠졌다. 누나는 딸기 꼭지를 잘라 예쁘게 빙빙 돌리거나 전의 끄트머리를 잘라 예쁘게 쌓는 플레이팅 기술이 일품이었다. "남자도 살림을 잘 해야 한다"고 교육받은 J는 수십 년의 경력을 바탕으로 명절 음식 보조로는 자부심이 높았으나, 담는 덴 영 자신이 없다며 누나의 빈자리가 크게 느껴진다고 했다. 큰집 며느리인 엄마를 열심히 돕다 보면 아무것도 하지 않는 아빠에게 화가 났고, 참다못해 잔소리를 할 때도 있었다. "아빠도 뭐 좀 해!" 아빠의 답은 한결 같았다. "아빠 바쁘대이. 지방 써야 된다." 지방 그거 쓰는 데 5분이면 족한 일을, 아빠는 차례 준비에서 가장 중요한 일이자 이 집에서 자신이 아니면 절대 할 수 없는 일처럼 포장했다.

3장. 슈퍼맨은 돌아오지 않는다

나는 J에게 아버지는 수십 년간 지겹게 쓰셨을 테니 이젠 어머니께 위임해도 되지 않을까, 물었다. 그렇다면 어머니도 자신이 준비한 음식을 드실 조상님들의 이름 정도는 알게 될 테니까. J는 그 와중에 아빠가 지방 하나는 끝내주게 잘 쓴다고 자랑 아닌 자랑을 했다. "우리 아빠가 글씨를 진짜 잘 쓰거든." 잠깐만, 나 소름끼쳤어. 우리 시아버지도 명필이야!

섬집 며늘아기의 명절 생존기 3
– 모녀도, 자매도 될 수 없는 여자들

"야이가 소나이, 야이는 지지빠이."

남매 쌍둥이를 소개하는 자리는 언제나 이름보다 성별이 앞섰다. 어른들은 두 아이를 놓고 누가 여자고 남자인지 맞추는 걸 꽤 (저조한 정답률에도 불구하고) 흥미로워 했다. 명절이 아니면 손주들을 자랑할 일 없는 시부모님에게는 더 없이 즐거운 시간이었다. 평소 지방 사투리 배우기를 좋아하는 나는 결혼 후 섬의 방언들도 들리는 대로 수집했는데, 여자 아이와 남자 아이를 가리키는 말은 출산 후 첫 명절에 알게 됐다. 계집아이는 지지빠이, 사내아이는 소나이. 지지빠이라, 경상도에선 '가시나'라 부르는 걸 이곳은 그리 부르는군.

어린 시절, 할머니는 나를 혼낼 때마다 "가시나가 말라꼬"라는 말로 시작했다. 가시나가 말라꼬 머슴아한테 덤비노, 가시나가 말라꼬 사방팔방 쏘다니노.

태어나길 작고 약하게 태어난 (사촌)오빠는 매일 밤마다 여섯 살 어린 여동생을 '셔틀'시켜 콜라에 감자칩을 먹어도 살이 찌지 않았는데, 할머니는 마치 내가 오빠 음식을 다 뺏어 먹어서 그런 것처럼 나무랐다. 가시나가 식탐이 많아 큰일이라면서, 나는 얼굴도 모르는 '전라도쟁이' 친모도 식탐이 많았다고 덧붙였다(그랬다. 나의 부모는 20세기만 해도 로미오와 줄리엣 급으로 양가 지역에서 반대하는 경상도 남자와 전라도 여자였다. 둘은 아빠의 고집대로 결혼에 성공했지만, 양가의 악담대로 얼마 안 돼 이혼했다).

또 뭐라고 했더라. 할머니와 고모들의 주장으로는 머리가 너무 좋은 나머지 예민해서 '엇나갔다'는 아빠와도 툭하면 비교했다. 너네 아빠는 매일 새벽 네 시에 일어나 방을 치우고 공부를 했다면서, 너는 대체 누굴 닮아 공부는커녕 방 청소도 안 하냐고 나무랐다. 가시나가 그렇게 더러워서 시집이나 가겠냐고. 그 다음은 뭐, 예상 가능하듯 친모 탓을 했다. 할머니는 사위집에서 손녀를 키우는 삶을 놓고 자신의 박복한 '팔자'를 탓하면 탓했지, 아들 탓은 하지 않았다.

어쨌거나 첫 명절엔 '지지빠이'보다 '아래 아' 발음이 남아 있는 '소나이' 소리를 많이 들었다. 조상에게 제를 올리는 것이 중요한 씨족 사회에서 아들의 존재는 절대적으로 중요했다. 우리 장손, 하는 뿌듯한 말투로 "얘가 소나이" 하는 것이다.

딸도 똑같이 귀하다는 거짓말

명절이 불편해진 건 성별에 대한 주입식 교육 때문이었다.

"희희는 여자라 확실히 새침하구나"
"낙낙이는 남자라 확실히 씩씩하다"
"여자애가 높은 데 올라가면 안 돼"
"남자는 아무 때나 울면 안 돼"

나를 키운 할머니가 했더라면 빽 소리지르고 돌아섰을 고리짝 말들로부터 달아나기 위해, 내게 할당된 일들에 더 집중했다. 머리를 비운 채 전을 부치고 생선을 뒤집고 나물을 무치는 행위에만 집중하려 했다.

아이들이 태어나고 조리원에 들어갔을 때. 남편은 부모님께 보내드릴 사진을 여러 장 찍었는데, 장손의 도리를 다하듯 낙낙이의 '꼬추' 사진도 찍었다. 입으론 남편에게 야유를 보내면서도 마음 한편으론 안도감이 들었다. 뭐랄까, 꽉 막힌 교육제도는 부정하지만 내 손에 들린 학업우수상이 싫지는 않은 기분. 스스로도 어이가 없었다.

양가 어른들이 내가 아들 '도' 낳길 바란다는 걸 몰랐다면 거짓말이다. 초음파 검진 후 쌍둥이가 '남매'라는 소식을 전했을 때 옆에서 박수를 치던 시아버지와, 한동안 딸 가진 죄인처럼 굴다 나의 출산 후 어깨를 편 고모는 한마음이었다. 부모세대의 구시대적인 바람은 너무나 싫었지만 내 자신을 가부장제도의 부역자로 여기며 나를 괴롭히고 싶지 않았다. 성별과 상관없이 아이들을 사랑하면 그만이라고 나를 다독였다. 그토록 바라던 딸이 생기고 아들도 생긴 거니 감사하자고, 난임 클리닉을 드나들며 아이만 주신다면 성별 같은 건 따지지 않겠다고 삼신할머니께 기도하던 때를 떠올렸다.

'라운딩' 온 친척 가운데 여성들만 모여 있던 부엌. 이제 막 성인이 된 여자 조카를 보고 시어머니는 칭찬을 아끼지 않으셨다. 언제 이렇게 다 커서 의젓하게 심부름을 잘 하느냐고. 그러면서 낙낙이가 안방으로 들어간 후 내게 더 찰싹 붙어 있는 희희를 보며 다정하게 말씀하셨다. "우리 희희도 나중에 커서 심부름 잘 할 거지?"

친척들이 썰물처럼 빠져나간 후, 시뻘건 대형 대야 두 개에 그득한 설거지더미를 해치우는 내내 고민했다. "어머니, 앞으로 희희한테 여자니까 심부름 잘 해야지 같은 말씀은 말아주세요"라고 말할까? 너무 단도직입적인가? 그럼 "어머니도 참, 요즘이 어떤 시대인데 여자라고 심부름을 시켜요. 호호" 하고 살갑게 농담처럼 말해볼까? 지나간 일은 지나간 일로 넘기고 "어머님, 저희는 애들을 여자, 남자 구별 않고 똑같이 키우고 싶습니다!"라고 할까? 너무 뜬금없는 선언이려나. 입 밖으로 내어봤자 상황은 변하지 않고 서로의 마음만 다칠 거란 생각에 속만 시끄러웠다. 결국 혼자 마음의 편지를 쓰기 시작했다.

어머니, 제가 설거지 하는 동안 평소보다 말이 없어 이상하다 생각하셨을까요? 말보다 표정을 못 감추는 제 성격을 잘 알기에 어머니께 굳은 얼굴을 보이지 않는다는 게, 대야에 얼굴을 파묻다시피 하고 설거지를 했네요.

제가 두 아이에게 바라는 건 하나입니다. 차별하지 않고 공감할 줄 아는 사람이 되는 것이요. 누군가를 쉽게 평가하거나 차별하지 않고, 다른 사람의 기쁨과 슬픔에 공감할 수 있는 사람이 되었으면 좋겠어요.

손주한테 나중에 심부름 잘 하란 말 좀 했다고, 평가니 차별이니 같은 소리를 하는 게 당황스러우시죠? 사실 어제 네 종류의 산적을 굽는 동안, 어머니는 모르셨겠지만 전 혼자서 작은 전쟁을 치렀답니다. 어머니는 제게 친밀한 마음으로, 평소 갖고 있던 지역감정을 드러내셨죠. 경험해보니 전라도 사람은 별로더라, 경상도 사람이 시원시원해서 좋다고 하셨습니다. 제 고향을 알고 해주신 칭찬이었어요.

하지만 제 반응이 어머니의 기대와는 좀 달랐을 거예요. "어머니, 그렇게 경상도 사람 좋게 평가하는 말은 다 경상도에서 나온 거예요. 저희 집만 봐도 그래요. 전라도는 뒤통수친다 하고 충청도는 앞뒤통수친다 하죠. 듣다 보면 세상에 경상도 사람만큼 진실한 사람들이 없다니까요? 그렇게 치면 섬사람을 '의뭉스럽다' 생각하는 육지 사람도 있답니다. 그리고 무엇보다 중요한 사실은요, 제 몸엔 전라도 사람의 피가 흐르고 있어요.

언니라 부르지만 자매는 될 수 없는 우리

설거지를 마치면 시누이 가족을 맞을 시간이다. 시누이가 들어서며 하는 말은 매번 같다. "고생 많다. 힘들지? 나도 여태 설거지 하다 왔어."

시누이는 육지에서 온 동생과 올케가 섬에서 무료하게 시간을 보내는 걸 허락하지 않았다. 맘 같아선 시어머니가 시키신 대로 방에서 잠이나 자고 싶지만, 시누이는 언제나 명절 노동에 지친 나를 구출하겠다는 일념으로 외출을 제안했다. 어디 풍경 좋은 데 가서 커피라도 마시고 오자고. 콧바람도 좋은 게 한두 번이라 어느 순간 사양하기 시작했다. 하지만 며느리의 "괜찮다"는 말은 "괜찮지 않다"로 해석하는 것에 예외가 없는 시누이는 내 말을 곧이곧대로 듣지 않고 기어이 나를 끌어냈다. 시어머니한테는 통보에 가까운 허가를 구한 뒤 우리를 차에 태워 늘 섬의 어딘가로 향했다. 이왕이면 얼굴을 때리는 바람이 많은 곳으로, 이왕이면 중간에 다시 돌아 나오기 뭐한 긴 산책 코스로.

한때는 그런 시누이가 좋았다. 결혼 전, 남편에게 재수하는 남동생이 사 온 힙합 바지를 가위로 잘라버린 누나란 설명을 듣고 얼마나 웃었는지 모른다. 결혼 후, 쌀쌀한 날씨에 반바지를 입고 내려온 남편을 보며 첫 마디로 "돌안(돌았니)?"이라고 했을 때도, 자신의 애정 어린 조언을 잔소리로 흘려듣는 동생에게 "야, 누나 봐! 누나 눈 봐!"라고 했을 때도 배를 잡고 웃었다. 완전 걸크러신데? 내 스타일이야! 무뚝뚝한 남편이 누나에게 속절없이 당하는 모습을 지켜보는 게 즐거웠다.

그런데 출산 후, 시누이의 잔소리가 나를 향하면서 우리의 관계는 삐걱대기 시작했다. 언제나처럼 공항으로 마중 나온 그는 동생들에게 하던 말투로 내게 말했다. "내 말 흘려듣지 말고", "내 눈 봐 봐". 돌이켜보면 잘못은 내게 있었다. 한번 문제를 느끼면 눈덩이처럼 걱정이 불어나는 시누이에게 근심의 씨앗을 제공했으니까.

임신도 하기 전 일이다. 자신은 절대 교육열이 높지 않은 부모라고 누누이 말하던 시누이가 당시 아이들을 보내고 있는 학원을 줄줄이 읊는 걸 듣고 나와 남편은 언행불일치이자 모순이라고 신나게 놀렸다. 그런데 매사 진지한 그는 조금의 웃음기도 없이 말했다.

"아이들 하고 싶은 대로 자유롭게 두는 거? 그건 자유가 아니고 방치야." 내 추론이 맞다면 그때 시누이의 염려증에 불이 들어온 것 같다. '맙소사! 저 자유로운 영혼이 내 미래의 조카들을 목장에 풀어놓고 키울 셈이군' 생각하게 만든 것이다.

시댁의 뉴스 채널 소리만큼이나 공백이 없는 시누이의 잔소리는 어머니도 혀를 내두를 만큼 가공할 힘을 가졌는데, 이제 막 말문이 트인 조카들이라고 예외는 아니었다. 아이들 입에서 이 집안 모든 사람의 호칭을 들을 때까지 묻고 또 묻는 건 애교였다. 걷기 시작한 아이들이 한 걸음 한 걸음 뗄 때마다 주변의 모든 위험해 보이는 것들에 대해 나를 비롯한 온 가족에게 경고하며 상황을 중계했고("애들 앞에 저거 치워!", "저러다 넘어진다!", "빨리 잡아줘!"), 아이들이 앉아 있을 땐 이유는 기억나지 않지만 계속해서 무릎을 곧게 펴주라고 말하는 식이었다.

나름의 유머로 맥을 툭툭 끊어봤지만 상대는 예상보다 더 강했다. 내가 딴청을 피울수록 잔소리의 강도는 점점 세졌다. 하룻밤만 더 자면 육지로 돌아갈 수 있다는 희망으로 버티던 마지막 저녁. 나는 끝없는 잔소리에 심장이 평소보다 빨리 뛰는 걸 느꼈고, 참다못해 말했다. "언니, 제발 5분만 멘트 쉬시면 안 될까요?"

그 말에 신난 건 소파에 누워 있던 시매부였다. "너네 시누이 잔소리 진짜 대단하지?" 네, 시누이 잔소리 진짜 대단하죠. 처가 온 뒤로 내내 누워있는 매부도 진짜 대단하고요. 그때 내 말에 시누이가 5분간 말을 쉬었는지는 잘 기억나지 않는다. 아마 안 그랬을 것이다.

어쩌면 그 잔소리는 자신의 가정은 물론이고 부모님과 육지 사는 동생들 걱정까지 떠안은 누나에겐 어쩔 수 없는, 자신도 모르게 새어 나오는 생리적 현상에 가까운 것일지도 모른다. 그렇게 생각하면 이해할 수 있다. 사실 내가 시누이에게 진짜 하고 싶은 말은 따로 있다. 또다시 마음의 편지를 쓰면 다음과 같다.

> 언니, 저랍니다. 언니는 제가 시댁에서 하고 싶은 말 다 하는 애라고 생각하실지도 몰라요. 시아버지랑 언니랑 싸우면 누가 이기냐고 묻는 애니까요. 그때 언니는 "나일 걸?"하셨죠. 저도 이 집의 서열 0순위는 언니라고 단언합니다. 어쨌거나 저는 진심으로 하고 싶은 말은 못 하는 소심한 인간이라 이렇게 쓰고도 못 부칠 편지를 씁니다. 두 가지 부탁이 있어서요. 첫 번째 부탁은 제게 유도신문은 말아 달라는 겁니다. 언니의 등장 레퍼토리인 "고생 많다. 힘들지? 나도 시댁에서 여태 설거지 하다 왔어"만 봐도 그래요. 저는 그러면 "오셨어요?" 정도로만 답하죠. 사실 무슨 이야길 더 하겠어요? 종종 제게 친한 동생처럼 "다음 생엔 결혼 같은 거 안 하고 혼자 살 거야"

라고 하시잖아요? 그럴 때면 저는 어머니가 "여자 팔자는 힘들어" 하실 때만큼이나 할 말을 못 찾겠어요. 그 말에 좋다고 "저도요!" 할 순 없잖아요?

두 번째 부탁은 좀 더 진지한 겁니다. 우리 제발, 명절 밥상에서 정치 이야기는 하지 않기로 해요. 언제나 지지당은 정해져 있는 아버지한테 대선 때 누구 찍지 말라고 하는 게 무슨 의미가 있습니까? 저야 그 대화가 불편해도 꾹 참고 밥 먹으면 그만이지만, 가끔 아버님이 역정 내시는 소리에 아이들이 울음을 터뜨리면 언니가 원망스러워져요. 지난 명절, 공항으로 가기 전 아침 식사를 기억하실까요? 마지막 밥상을 경건한 마음으로 비우던 제게 언니가 그랬죠. "네가 좋아하는 ×××의 현 상황에 대해 어떻게 생각하니?" 언니는 모르시잖아요. 지난 2박 3일간, 평소에는 단합이 잘 되지 않는 시부모님이 얼마나 한마음으로 제 앞에서 그 정치인을 가루가 되도록 욕했는지요. 언니 말을 듣고 아버지는 헛기침을 하셨죠. "가혜가 ××× 를 좋아해? 음…." 정말 육지로 순간이동 하고 싶은 순간이었습니다.

언니가 괴팍한 취미가 있어 올케 골려주는 재미로 명절을 나는 사람이 아니라는 건 잘 알고 있습니다. 그럴 리가요. 제가 명절을 제외한 시댁 행사를 바다 건너 불구경하듯 해도 이 집안이 평화로운 건 섬에서 장녀 역할을 톡톡히 하는 언니 덕분이란 사실을 잘 압니다. 하지만 생각하시는 것처럼 언니가 그렇게 쿨한, 요즘 시누이 스타일은 아니라는 건 인정해주셨으면 좋겠어요. 어차피 언니한테 답은 정해져 있잖아요. 우리 엄마, 아빠 시부모 같지 않잖아, 우리 동생은 착하잖아.

시누이는 호칭부터 '누이'인 사람이니 우리가 아무리 쿵짝이 잘 맞아도 자매가 되기는 힘들 거예요. 언니를 여전히 좋아하지만, 친정에 있는 새'언니'만큼 좋아하기는 어려울 것 같습니다. 죄송해요.

추신. 새언니도 저와 같은 맘인지는 확신할 수 없습니다. 새언니에게 저는 결혼 한번 잘못해서(?) 떠안은 처치 곤란 인척일 수도 있어요. 친정에 갈 때마다 남편이 좋아하는 진미채 무침을 만들어주는 사람이 저희 새언니거든요. 저를 '거지 같은 아가씨'라 여긴다 해도 어쩔 수 없습니다. 우리는 그런 사이인 겁니다. 진실을 말할 수 없는 사이, 섣불리 자매가 될 수 없는 사이.

상위 20%
남편과 산다는 것

"어쩜 그렇게 남편이 잘 도와줘?"

같은 질문을 수십 번 받다 보니 이젠 준비된 답안이 있다. "쌍둥이 육아는 이인삼각이야." 둘 중 하나가 헐크라면 하나를 번쩍 안고 뛸 수도 있겠지만, 평범하디평범한 노산 부부는 방심하면 구르기 십상인 이 경기에서 혼신의 힘을 다해 발맞추어 걸어야 한다고. 그리고 말이 나와서 말인데, 대체 누가 누굴 도와줘? 남편이 자원봉사 해?

놀이터에서 만난 어린이집 친구 엄마는 저녁에 약속이 있다는 말에 신기한 듯 물었다. "애들은, 남편이 봐?" 나무랄 의도는 전혀 없다는 걸 알았지만 어쩐지 심사가 꼬여 짐짓 가모장적 말투로 말했다. "봐야지, 어쩌겠어?" 그는 놀라워했다. "대단하다. 우리 남편은 못 해."

퇴근한 남편과 부랴부랴 아이들을 씻기고 셋이 먹을 저녁까지 차려주고 나섰건만, 오래된 친구들도 같은 질문을 했다. 남편이 애들을 본다고 대답하자 원치 않는 목적지로 비행기를 태웠다. "와우, 이 시대의 남편!" 전업주부인 친구는 혼자 애 둘을 보는 남편이 흔한 줄 아냐며 고마워하라 했고, 워킹맘인 친구는 직장 회식도 아니고 친구들과의 저녁 약속은 자신도 눈치 보인다고 거들었다. 애들 아빠가, 자기 애들 두어 시간 혼자 보다 재우는 게 이렇게나 찬양받을 일이야? 친구들은 나더러 배가 불렀다고 했다. 그러는 너희들은 배가 홀쭉하니? 오늘 이 모임이 가능하도록 일찍 퇴근한 남편들께 잠시 감사의 묵념이라도 할까?

집에 돌아와 그날의 찬양 릴레이를 전했더니 당사자는 어깨가 한껏 올라갔다. 그 참에 나는 평소 궁금하던 것을 물었다. 그대는 남편으로서 몇 퍼센트 안에 든다고 생각하는가?
"글쎄, 한 상위 20%?"

가나다라마바사, 너와 나의 암호야

아이들이 한동안 좋아하던 책은 가나다순으로 한글을 알려주는 그림책이었다. 가가가가가가 가방, 나나나나나나 나비, 다다다다 다다 다람쥐, 식으로 한 음절을 반복해서 읽으며 완성한 단어를 그림 속 상황으로 인지하게 했는데, '마'와 '아'의 대비가 매우 인상적이다.

'마마마마마마 엄마' 장에는 젖병을 흔들며 아기를 부르는 엄마가 등장하는 반면, '아아아아아아 아빠' 장에는 낮잠을 자는 아이 옆에서 하품하는 아빠가 등장하는 것이다. 처음 이 책을 읽었을 때 나는 폭소했다. 이것은 아름다운 우리말 교육인가, 불평등한 육아 분담에 대한 풍자인가?

쓴 사람의 마음을 헤아려봤다. 그도 아이들 옆에서 하품하는 남편을 보며 주먹을 쥐었을까? 연애 시절엔 하품하는 입속으로 손가락을 쑥 넣어 캑캑대는 모습을 보는 게 나름의 애정 행각이었지만, 요즘엔 그 입에 주걱을 넣은 다음 턱을 올려치고 싶은 심정이다. "애들 좀 봐"라고 하면 정말 눈으로만 보는 남편에 대한 분노를 이렇게 승화시키다니. 존경합니다, 작가님.

연애 시절부터 남편은 집돌이였다. 그에게 주말의 행복은, 정오에 시작하는 영화 소개 프로그램을 이불 속에서 보는 것이었다. 한 아파트 광고에서 소파에 누워 있는 남편의 바지를 있는 힘껏 끌어당기며 나가자던 아내, 그건 딱 내 모습이었다. 그래도 연애할 때는 그러려니 했다. 같이 할 수 있는 건 함께 하되, 그의 취향이 아니거나 에너지가 딸리는 일들은 친구들과 하면 그만이었다. '마블' 시리즈는 그와, 순전히 내 취향인 작은 영화들은 시네필 친구들과 봤고, 금요일 밤의 치맥은 그와, 부속구이와 해산물 안주를 기반으로 한 장시간의 술자리는 주정뱅이 친구들과 함께했다.

그런데 육아는 그럴 수 없었다. 남편 대신 나와 코드와 바이오리듬이 같은 친구를 불러 할 수 있는 게 아니었다. 어떻게든 둘이서 해야 하는 일인데, 무엇을 상상하든 남편은 기대 이하의 파트너였다. 육아에 무지한 건 둘 다 마찬가지였으나 내가 임신과 출산 후 느끼는 신체적, 감정적 변화를 주변인처럼 느끼는 남편에게 매일매일 화가 났다.

한 연예인 관찰 예능에서 우리의 토니 어머니는 남편이 아이를 낳고 키우는 과정에서 한 일에 대해 "기분만 냈지 뭐"라는 명언을 남기셨다. 내가 그 말에 무릎을 탁 치자 남편은 몹시 서운한 기색을 보였다. "기분만 냈다니, 얼마나 많은 일을 했는데…."

그래, 맞아. 우리가 시험관 시술 준비할 때, 그대는 매일 아침 내 배에 호르몬 주사를 놔주고는 한동안 나를 안쓰럽게 바라보고 출근했었어. 임신 초기, 새벽에 배가 아프다고 하니까 천장에 닿을 것처럼 벌떡 일어나더니 뛰어가서 운전대를 잡았고. 아이들이 태어나던 날, 수술실에 들어가는 날 보며 금방이라도 울음을 터뜨릴 것 같던 얼굴도 선명하게 기억해. 그런데 요즘엔 왜 그러는 거야?

아마도 이 분노의 시작은 임신 막달, 제왕절개 수술과 조리원 입소 준비를 할 때일 거야. 내가 육아 선배들에게 받은 아이들 용품을 받아 정리하는 동안 그대는 가계 지출계획을 세우느라 신경이 곤두선 상태였어. 내가 빨래를 개키며 이것 좀 봐 너무 귀엽지, 이것 좀 봐 이런 용도의 물건도 있어, 하는 말들을 귓등으로 듣던 당신. 그때부터 이 집안의 물건들은 나만 찾을 수 있고, 나만 용도를 아는 것들이 되었어.

　아이들 방을 따로 만들 수 없는 상황이라 안방에 있던 소파를 치우고 애들 침대 들일 공간을 만들자 했지만, 당신은 차일피일 지냈어. 텔레비전을 보며 맥주 한 잔의 여유를 즐기던 자리. 소파는 당신이 가장 사랑하는 공간이었으니까 치우기 싫었겠지. 결국 그대는 내가 조리원에 들어가서야 소파를 치워야 한다며 집에 가서 자더라. 얼마 전 그때 일기를 읽었는데 당신에 대한 분노가 휘갈겨져 있었어. 그래도 빨간색으로 쓰진 않았어, 긴장 풀어.

　어느 모임에서 그러더라. 남성은 여성보다 아기의 울음소리에 둔감하다는 걸 오래전에 〈호기심 천국〉에서 실험으로 증명한 바 있다고. 나는 남성이 아기 울음소리보다 모깃소리에 예민하게 반응한다는 그 실험 결과를 전적으로 믿고 싶었어. 그래야 내가 밤새 돌아가며 깨서 우는 아이들을 달랜 것도 모르고, 아침에 세상 다정한 목소리로 "어젠 좀 잤어?"라고 묻는 그대를 계속 사랑할 수 있지.

　아이들이 태어난 후엔 주말 아침마다 싸웠던 것 같아 내가 부엌에서 쌍둥이 밥과 우리 밥을 따로 만드는 동안 침대에서 평온한 얼굴로 수면을 이어가는 그대를 보면, 함께 봤던 '마블' 시리즈의 히어로들을 소환하고 싶었어. 그루트처럼 콧구멍을 찔러 바닥에 내칠까? 스파이더맨처럼 거미줄로 묶어 아파트 꼭대기에 매달까? 아니다, 이럴 땐 닥터 스트레인지가 최고지. 도르마무, 남편을 바꾸러 왔다!

너란 남자, 라떼파파는 모르는 남자

───────

나와 달리 낯가림이 심하고 나서지 않는 성격의 남편을 보고 사람들은 그가 '잘 들어주는 남자'라 생각하지만 천만에. 그도 나와 둘만 있을 땐 한 '맨스플레인' 한다. 아는 척하고 싶을 때 운을 떼는 말은 "그거 알아?"인데, 현재는 집안에서 금지된 표현이다. 남편은 나를 자주 가르치려 들면서도 내가 알려주려 하면 덮어두고 "아닌데?"라고 반응했다. 나는 남편을 아는 척 중독자로, 남편은 나를 상식 결핍으로 진단했다. 서로의 지식을 인정하지 않는 부부는 TV나 라디오에서 퀴즈가 나오면 곧잘 자존심 대결을 벌였는데, 최근 승자는 나였다.

아침 라디오 방송에서 "스웨덴에서 유래한 말인데요. 커피를 손에 들고 유아차를 끌고 다니는 육아에 적극적인 아빠를 의미하는 말입니다"란 문제가 나왔고, 아이들 밥을 먹이던 나는 "라떼파파!"

라고 소리쳤다. 정답이었다. 나는 우쭐했지만, 남편은 생전 처음 듣는 말이라며 일말의 아쉬움도 보이지 않았다. 약이 올랐다. 테슬라 신형 모델도 아니고, 손흥민 100호 골도 아니고, 북유럽 아빠들의 육아 따위 궁금하지 않다?

자칭 상위 20% 남편은 억울해했다. 라떼파파란 말은 몰랐지만, 자신이야말로 한 손엔 커피를 들고 한 손으론 유아차를 모는 아빠 아니냐고. 스웨덴처럼 남성의 육아휴직이 너무나 당연해서 안 쓰는 게 눈치 보이는 분위기였다면, 이미 오래전에 육아휴직을 내고 '마님'의 바깥 활동을 도왔을 거라고. 자신은 언제나 부인에게 용돈 받으며 살림할 준비가 되어 있는 조신한 남자라고 말이다.

거.짓.말.

나는 언젠가 남편이 했던 말이 진심이라고 생각한다. 셋째를 임신한 선배 집에 갔다 와서 여섯 시 땡 하니까 마트에서 저녁거리를 사와 밥을 차리는 선배의 남편 모습에 감동해 여러 번 말했더니, 우리가 핏대 세워 싸우던 날 남편이 소리쳤다. "퇴근길에 장 봐서 저녁 차리는 남편? 그런 남자 세상에 없어!"

없긴 왜 없어. 내 두 눈으로 똑똑히 보고 왔다니까. 그때 남편의 삼백안이 얼마나 돋보이던지, 금방이라도 레이저를 쏠 것 같아 뒷걸음질 쳤다. 어쨌거나 남의 남편과 비교한 건 잘못한 일이다. 남편이 내게 그랬다면 난 아마 헐크를 소환했을 테니까. 그날 이후 상위

0.5%의 남의 남편 이야기는 더는 하지 않기로 했다.

친애하는 나의 적, 친정 오빠

말은 북유럽인데, 행동은 한국인 남편에 대한 애정을 충전하는 가장 손쉬운 방법은 친정에 가는 것이다. 그곳엔 한땐 죽고 못 사는 혈육이었으나 출산 후 지긋지긋해진 오빠가 있다. 투머치토커이긴 해도 유머감각 하나는 끝내줬던 나의 오빠는 빚더미 가게를 물려받아 20년 넘게 고생하더니만 (아버지 세대가 그러했듯) '자신이 가족들을 위해 얼마나 희생했는지' 재미없는 이야기로 밤을 새우는 가장이 되었다. 가장 신화에 매몰된 오빠와 모성 신화에 고립된 동생. 우리의 대화는 십중팔구 파국으로 치달았다.

지난 주말엔 가족들이 식탁에 모두 앉기 전에 혼자 밥을 먹고 있는 막내 조카를 나무랐다가 "꼰대냐?" 공격을 받았다. 오빠는 내가 아직 열 살밖에 되지 않은 조카에게 '어른이 먼저 숟가락 들어야지'를 가르친다고 생각했다. 틀렸다. 나는 식탁에서 '어른이 먼저 먹어야 한다'가 아니라 '식탁을 차린 사람과 함께 먹어야 한다'를 가르치고 싶었다.

밥 차리기의 지겨움을 알아버린 나는 부엌에서 계속 이것만 하고, 이것만 하고, 말하며 앉지 못하는 새언니를 보는 게 화났다. "오빠가 바라는 건 딱 하나야. 너희 언니 행복한 거"가 레퍼토리인 오빠는 나더러 괜히 내려와서 사랑하는 아내만 고생시킨다고 나무랐다. 이것 보세요, 권위주의 타파 가장님. 그렇게 동생한테 일장 연설할 시간에 부엌일 좀 하는 게 어때?

친정 식구들의 전반적인 반응이긴 했지만, 특히 오빠는 내 남편을 딱하게 여겼다. 본인이 집안 대소사는 물론이고 세계 동향까지 훑으며 한자리에서 끊임없이 이야기하는 동안, 남편은 아이들을 먹이고 씻기고 놀아주고 재우느라 엉덩이를 붙일 새가 없었기 때문이다. 끊임없이 움직이는 남편의 모습을 보며 오빠는 내게 "이 서방 좀 그만 부려먹어!"라고 했다. 이것 보세요, 매부 사랑꾼. 내가 시댁에서 무릎에 멍들도록 앉았다 일어났다 하는 거 보면 피눈물 흘리겠어?

다음날 아침. 부엌을 정리하며 아침 식사를 챙기는 새언니와 식탁 한끝에서 귀 때리는 볼륨으로 뉴스 동영상을 보는 오빠를 지켜보자니 또 속이 부글부글 끓었다. 맘 같아선 스마트폰을 지구 밖으로 던져버리고 싶었지만(오빠의 휴대전화 케이스는 우주에서 떨어뜨려도 깨지지 않기로 유명한 제품이다), 입술을 꽉 깨물고 "밥 먹는데 너무 시끄러워"라고 했다. 오빠는 인상을 한 번 팍 구기더니 일어나서 열 걸음 정도 걸어 소파에 누웠다. 그러고는 넷플릭스를 키더니 총소리가 고막을 때리는 범죄 드라마를 보기 시작했다.

영국의 철학자 버트런드 러셀은 "현대 중산층 가정에서 아버지가 설 자리는 아주 좁다. 아버지가 골프를 친다면 더 좁다"라고 말했는데, 나는 오빠를 보며 그 문장을 이렇게 바꿔봤다. "현대의 빚부자 가정에서 아버지가 설 자리는 아주 좁다. 아버지가 출장이 많다면 더 좁다."

아무리 열심히 벌어도 수입보다 빚이 많은 식당 운영에 한계를 느낀 오빠는 30대 후반에 자동화 로봇 기술자가 되었다. 전형적인 문과 머리라 이과 머리들이 이해해서 하는 일을 죽기 살기로 외워서 하는 모습이 얼마나 딱했는지 모른다. 일당이 높은 해외 출장을 자처한 덕에 셋째가 태어난 뒤로는 집에 있는 날보다 해외에 있는 날이 더 많았다. 몇 달 만에 집에 돌아오면 아이는 비 온 뒤 대나무 싹처럼 쑥쑥 커 있었다. 세 딸 중 아빠와의 애착이 남다른 둘째는 첫 해외출장 때만 해도 보고 싶다며 우는 초등학생이었는데, 지금은 어쩌다 집에 있는 아빠와 마주치면 어색하게 인사하(고 쓱 지나가)는 중학생이 되었다.

첫째가 엄마, 아빠의 결혼기념일을 축하하며 준 《대디 북》의 60번째 질문은 '아빠는 제 기저귀를 갈아보신 적이 있나요?'였다. 오빠는 선물을 받은 소감을 "맥이는 것 같다"라고 밝혔다. 첫째의 기저귀는 딱 한 번, 둘째의 기저귀는 두 번 간 게 전부였으니까. 대화를 옆에서 듣고 있던 막내가 눈을 반짝이며 "나는? 나는?" 하고 물었다. 대화의 진행으로 봤을 때 적어도 세 번 이상일 거라 기대한 것이다. 오빠는 눈을 피했고, 나는 신나서 대변인을 자처했다. "한 번도 안 갔대."

서울로 돌아오는 길. 나는 운전대를 잡고 있는 남편의 머리를 쓰다듬었다. "그래, 이 정도면 준수해. 앞으로 사이좋게 지내자?"

4장

엄마를 위한 나라?
엿이나 먹으라지!

이 자리가 핑크석이다!
왜 말을 못 해?

"자리를 굳이, 비워놓을 필요까지 있어?"

지하철 임산부 배려석에 앉는 비임산부들에 대한 불만을 토로하는데, 한 친구가 물었다. "임산부가 보이면 자리를 비켜줘야 한다는 생각은 다들 하잖아? 그런데 언제 탈지 모르는 임산부를 위해 자리를 비워두라는 건 너무 융통성 없는 운영 같은데?" 기혼에 자녀계획도 있는 동성 친구의 말에 나는 적잖은 배신감을 느꼈다.

설득하고 싶었다. 말한 대로 대부분의 다정한 시민들은 '배 나온' 임산부를 발견하면 임산부 배려석이 아니어도 자리를 양보할 것이다. 하지만 신체 변화와 유산 위험이 큰 초기 임산부는 겉으로 티가 나지 않는다. 임산부에게 배려를 부탁한다는 의미로 핑크색 배지도 달아보지만, 혼잡한 지하철 안에서는 귀에 걸고 다니지 않는 이상 눈에 띄지 않는다. 경험한 바로는 다정한 시민들조차 스마트폰을 보면 자신 앞의 만삭 임부를 못 볼 때가 있다.

얼마나 흥분해서 말했던지 얼굴이 벌겋게 달아올랐다. 친구는 공감하는 것처럼 고개를 끄덕거렸는데, 이어지는 말을 들어보니 전혀 그렇지 않았다. "요즘 많이 서러웠나 보다?"

핑크석을 향한 불편한 시선들
———

"이봐요, 그 자리는 교통약자석(Priority Seat)이에요."

싱가포르에 사는 친구가 지하철에서 들은 말이다. 고개를 들자 한눈에 임산부라는 걸 알 수 있는 여성과 그 옆에서 자신을 내려다보는 남성이 보였다(두 사람 모두 싱가포르인이었는데 서로 일행은 아니었다고 한다).

그의 눈빛은 말하고 있었다. '이봐요, 얌체 외국인. 모르는 척 교통약자석에 앉아 있지 말고 얼른 일어나지 그래요? 혹시 관광객이라 몰랐다 해도 이젠 알았을 테니 이 여성에게 자리를 비켜줘요.' 친구는 낯가림이 심하고 목소리도 작았지만, 할 말은 해야 했다. "이봐요, 나도 임산부예요."

친구는 임신 3주 차였다. 대자연의 공격 같은 입덧에 휘청대면서도 배 속의 점만 한 태아에게 무슨 일이 생기는 건 아닐까 노심초사하던 시기. 몰상식한 외국인에게 일침을 놓으려던 남성은 크게 당황했고, 재빨리 사과했다. 배가 나오지 않은 내 친구를 보며 비슷한 생각을 했을 임산부는 어색하게 웃었다.

언젠가 핑크석에 앉아 있는 절대 절대 임신했을 리 없는 남성들에 대해 거품을 물며 말했을 때, 남편은 의아한 듯 말했다. "이상하다. 내가 본 사람들은 늘 젊은 여자였거든?" 나는 남자라서 잘 몰라보는 건 아닐까 물었다. 친구처럼 임신 초기라 겉으로 티가 나지 않을 수도 있으니까. "그럴 수도 있지. 근데 옷차림만 보면 임부라고 생각하기 어려운 스타일 있잖아. 추운데 옷을 정말 얇게 입었다거나 엄청 높은 구두를 신었다거나." 남편의 말도 일리가 있었다.

서울 지하철에 임산부 배려석이 등장한 지 벌써 7년이 지났다고 한다. 처음엔 자리 위에 임산부 배려석임을 나타내는 엠블럼을 부착했는데, 스티커만 붙여놓은 자리가 무용지물이라는 비판이 이어지자 2015년엔 등받이부터 좌석까지 핑크색으로 덮는 '핑크카펫'을 깔았다. 눈에 확 띄는 핫핑크색 디자인은 임산부 배려석에 대한 인식을 전보다 확실히 끌어올렸는데, 이번엔 문구가 문제였다.

'내일의 주인공을 맞이하는 핑크카펫'
'핑크카펫, 내일의 주인공을 위한 자리입니다'

저출생 시대에 미래의 인적 자원이 중요하다는 건 모두가 아는 사실이지만, 임산부를 아기캐리어 그 이상도 이하도 아닌 존재로 보는 문구는 볼 때마다 한숨이 나온다.

우연한 계기로 SNS에 지하철 핑크석 인증샷을 올리는 남성을 본 적이 있다. 그는 마치 도장 깨기를 하듯 사진을 올리고 있었는데, 비워두기를 권장하며 인형을 놓아둔 노선에서는 '이런다고 내가 못 앉을 줄 알고?'식의 허세까지 부렸다.

핑크석을 향한 일부의 혐오는 알고 있었다. 핑크석에 표시된 임부와 아이를 동반한 여성 그림에 X자를 친 사진과 임산부 배려석에 앉은 여성에게 정말 임신한 거 맞냐며 위협하는 남성의 영상을 보았다. 하지만 남들에게 보여주고 싶은 일상을 올리는 SNS에서, 게임 레벨 인증샷처럼 올린 핑크석 인증샷을 보게 될 거라곤 상상도 하지 못했다.

계정의 주인은 자칭 우파였다. 보수의 가치를 중요하게 생각하는 애국 청년은 핑크석 도장 깨기를 하는 것이 신념을 지키기 위한 실천인 것처럼 굴었다. 더 소름 끼치는 건 여성 팔로워가 단 댓글이었다. "핑크석 앉았다고 시비 거는 X 있으면 조져버리시길."

I PINK U!

부산의 지하철에는 임산부가 소지한 비콘(무선 송·수신기)을 누르면 차량 내 수신기에 핑크빛 불이 켜지면서 자리 양보 안내가 나오는 '핑크 라이트'가 설치돼 있다. 좌석의 효용성은 높이되, 임산부가 눈치 보지 않고 배려석에 앉게 돕는 서비스로 임산부와 일반 승객 모두 만족도가 높아 전 노선으로 확대됐다. 하지만 서울교통공사는 막대한 예산과 함께 일반 승객과의 갈등을 이유로 도입을 주저하고 있다. 시스템을 도입해도 배려하는 문화가 전제되지 않으면 갈등만 더 키울 수도 있다고 말이다.

갈수록 심해지는 계급 갈등과 약자를 향한 혐오가 그러하듯, 핑크석을 둘러싼 대립 또한 파이 싸움이다. 노동은 넘치고 고용은 불안한 사회에서, 지칠 대로 지친 현대인은 지하철 좌석에 생각보다 많은 의미를 부여한다. 누구나 자신이 낸 세금에 엉덩이를 올리고 싶다. 자리는 권리고, 양보는 곧 손해니까. 그런데 대부분의 사람이 언젠가 자신도 노약자석에 앉을 거라 생각하는 것과 달리, 흔히 가임기라고 말하는 특정 연령층의 여성에게 일어나는 한시적 변화를 자신과 연결해 생각하는 건 생각보다 노력이 필요한 일이다.

나 역시 그랬을 것이다. 임신하면 비로소 보이는 첫 번째가 핑크석이었으니까. 임신 후 핑크석에 앉은 비임산부(이자 비교통약자)들이 만삭의 배를 보고도 못 본 척 스마트폰에 얼굴을 파묻거나 잠을 청할 때면 설움이 복받쳤다. 이봐요, 이 배 안 보여요? 그 핫핑크색 의자는 나처럼 임신했거나 어린아이를 안고 있는 여성을 위한 배려석이라고요! 핑크카펫을 깔면 뭐해, 임신 후 세상은 잿빛인 걸!

하지만 희망은 있다. 만삭의 배를 붙잡고 혼잡한 지하철을 탔을 때의 일이다. 임산부 배려석까지 가지 못하고 사람들 틈바구니에 끼어 가고 있는데, 앉아 있던 젊은 여성이 문득 고개를 들었다가 내 배를 발견하더니 정말 놀란 얼굴로 벌떡 일어났다. 그러고는 이제야 봐서 너무 미안하다는 얼굴로 내게 자리를 양보했다. 순간 어찌나 뭉클하던지 하마터면 그 배론 불가능한 포옹을 할 뻔했다(이건 미운 사람을 날려버리고 싶을 때나 해야 한다).

앉고 보니 그의 에코백이 눈에 띄었다. 일본군 위안부 피해 할머니들에게 기부하는 기업에서 만든 가방이었다. 남다른 씀씀이의 친절한 자매님을 만나고 나니 핑크빛 세상이 영 불가능한 미래만은 아닌 것 같았다. 물론 그 세상에 핑크빛 카펫은 없을 것이다.

조리원의 민낯 1
– 산후조리원이라는 거대한 장사

"너무 달랐죠, 생각한 거랑? 임신, 출산이라는 게 그래요. 사람
들은 다 아름답고 즐거운 과정이라고 떠들어대지만 겪어내
는 여자한텐 꼭 그렇지만은 않은 과정이잖아요? 임신은 고달
프고, 출산은 잔인하고, 회복의 과정은 구차하죠. 하지만 이
제부턴 달라요. 여기 우리가 있어요. 산모님은 우릴 믿고 따
라오면서 예전 모습으로 돌아가기만 하면 되는 거예요."

_드라마 〈산후조리원〉 중에서

육아 선배들은 하나같이 입을 모아 말했다. 조리원은 천국이야,
그때를 즐겨! 해외에서 아이를 낳고 키우는 친구들도 조리원에 들
어간다니까 다들 부러워했다. "한국은 조리원이 정말 꿀이라더라."
R조리원은 딸 낳고 아들 낳아 200점 금메달을 목에 건 선배가 추
천한 곳이었다. 서울에만 지점이 열 개 정도 있는 브랜드 조리원.
지점마다 후기가 다를 수 있어 우리는 집과 가까운 지점을 두고 선

배가 지냈던 곳으로 갔다. 원장실 한편에는 당시 관찰 예능 덕을 톡톡히 본 연예인 부부의 사진이 보였다. 유명인들이 찾는다는 병원에 가면 꼭 있는 원장과의 기념사진. 그래, 협찬이니 뭐니 해도 연예인도 여기서 몸조리했다는데 나쁠 건 없지.

선배가 이곳을 추천한 이유는 무려 네 가지. 첫째, 남편 외에는 외부인의 방문이 불가능하다. "오는 사람이야 한 번이지만 맞이하는 사람은 피곤해. 시댁 식구면 더 피곤하고." 둘째, 객실이 호텔식으로 쾌적하다. "조리원 들어가면 남편 새우잠 자는 게 안쓰러워서 집에 보낸다잖아. 여긴 침대도 크고 방도 넓어서 같이 지내기 좋아. 까다로운 우리 남편도 만족했지." 셋째, 방에서 수유를 한다. "모르는 사람과 한 공간에서 수유하는 게 불편할 수 있어. 여긴 아이를 방에 데려다줘서 다른 산모들과 마주칠 일이 없어." 넷째, 밥이 맛있다. "설명이 더 필요해?"

"이미 듣고 오셨겠지만, 우리 조리원은 산모와 아이의 건강을 위해 체계적인 관리를 하고 있어요. 외부인 방문은 금하고, 신생아실 소독과 산모케어를 철저히 하죠. 만족도가 높은 만큼 다시 찾으시는 산모님도 많고요." 출산도, 조리원도 처음인 우리는 박찬욱 영화에서 본 듯한 원장의 묘한 포스에 위축돼 잠자코 듣기만 했다. 객실은 듣던 대로 호텔식이었다(객실 면적은 약 10평. 우리가 여태 묵었던 호텔 방보다 넓었다).

통유리창 너머 신생아실에는 세상에서 가장 온화한 미소를 가진 신생아 관리 전문가들이 꼬물거리는 아기들을 돌보고 있었다. 산전, 산후 마사지를 받는 산모 케어실을 둘러보고 나오는 길. 원장은 커다란 전신마사지 의자와 토스터기만 한 파라핀 마사지기를 가리키며 조리원에 있는 동안 언제든 사용할 수 있다고 했다. 파라핀이면 양초? 처음 본 파라핀 마사지기가 신기해 뚜껑을 열었다 뒷걸음쳤다. 푸른색 파라핀이 벗어 던진 장갑 형체로 둥둥 떠다니고 있었다. 뜨거운 촛농에 스스로 손목을 지지다니, 얼마나 아프면 그렇게까지 하는 거야? 클래식이 잔잔하게 흐르는 연분홍 미로를 이리 갔다 저리 갔다 하면서, 어쩐지 나는 이곳과 어울리지 않는다는 생각이 들었다. 그래도 출산한 여자에겐 다시 없을 호사라는 조리원 아닌가. 누릴 수 있다면 누려야 했다.

취향을 떠나 진짜 문제는 금액이었다. 산후조리원에서 2주간 지내는 비용은 적게 들면 200, 많이 들면 400만 원을 훌쩍 넘겼다. '최고급 산후조리원'을 자랑하는 이곳에 들어가려면 유럽행 신혼여행 때 썼던 돈을 써야 했다. 고작 14일에 그 돈을 쓰는 게 맞을까? 하지만 누가 그랬다. 교통사고 후유증보다 더 지독하게 평생 내 몸을 괴롭히는 게 출산 후유증이라고. 그래, 14일에 내 여생의 질이 달렸는데, 당장 몇 푼 아끼려다 평생 후회하지 말자. 내게는 호박즙이나 붕어탕을 끓여가며 옆에서 나와 아이들을 돌봐줄 친정 엄마가 없지 않은가?

친정 고모는 보수적인 TK 어르신의 전형이면서, 조카딸이 임신, 출산, 육아에 도움의 손길을 바랄 때는 왕년에 페미니스트였던 여성처럼 반응했다. "얘, 고모는 세상 제일 바쁜 사람이잖아. 네 자식은 네가 돌봐야지." 고모는 세상에서 살림과 육아를 제일 기피했다. 돌봄노동 포비아랄까. 고모의 강한 육아 신념은 '아이는 알아서 큰다'였다.

시어머니는 도와주고 싶어 하셨지만, 우리가 거절했다. 어머니는 시누이의 두 아들을 키워주셨는데, 첫 조카가 태어났을 때만 해도 60대였지만 현재는 70대였다. 평생 가장 역할을 하면서 살림과 육아를 놓지 않은 시어머니가, 자식의 자식까지 키우느라 인생을 갈아 넣는 모습은 보고 싶지 않았다. 어머니, 말씀은 정말 감사한데요. 저희 애는 저희가 돌볼게요. 물론 뭘 모르고 한 소리였다(애 낳기 전이라니까). 어쨌거나 친정에 기대하지 않는 도움을 시댁에서 받는 건 황송한 나머지 불편한 것이었다.

원장은 지인 추천을 받고 오셨으니 정상금액보다 할인된 금액으로 해준다고 말했다(당연히 그러시겠죠). 원래는 2주에 500만 원인데, 할인한 금액은 400만 원이다, 그런데 이건 산모와 아이 한 명의 경우다, 쌍둥이는 원래 2주에 600만 원이 넘지만 특별히 480만 원까지 해주겠다. 조리원 계약을 마치고 보니 출산까지 다섯 달이 남아 있었다. 아파트 이사도 아니고 이렇게나 빨리 움직일 필요가 있나 싶었지만, 인기 있는 조리원은 다들 그렇게 한다고 했다.

장사의 시작, 산전 서비스

장사의 규모가 커지면 다 그러하듯 조리원도 끼워파는 게 많다. 무료 '서비스'라고 하지만, 자본주의 세상에 공짜라니 말도 안 되지. 서비스는 자연스럽게 판촉으로 이어진다. 선배는 경고했다. "하라는 게 많은데, 다 안 한다고 하면 돼." 하지만 나는 거절에 젬병이었다. 공짜 서비스의 시작은 임산부 전문 운동재활센터 체험 수업. 홈페이지에 들어가 보니 출산할 때 쓰이는 근육의 기능을 활성화하는 운동과 임신 중 생긴 통증이나 출산 후 생길 수 있는 통증 부위를 예활, 재활할 수 있는 운동을 하는 곳이었다. 홍보 영상에는 '노산임에도 불구하고 순산'한 셀럽들이 등장했다.

체험은 만족스러웠다. 강남 유명 산부인과들과 협력한 곳답게 시설부터 프로그램, 강사진 모두 잘 갖춰져 있었다. 임신 주 수, 체중 증가 등 기본정보를 확인한 후 폐활량, 유연성, 근지구력, 트레드밀 평가로 건강 체력을 확인했다. 그리고 본격적인 운동에 들어갔는데, 생각보다 강도가 셌다. 선생님, 숨이 찬데 괜찮은 걸까요? "최근 발표된 논문 대부분에서 임산부들의 운동 강도는 중간 이상을 권

장하고 있어요. 적정 강도로 운동을 했을 때 임신중독증, 임신성 당
뇨를 줄일 수 있다고요."

예상대로 무료체험을 했다는 사인을 마치자, 판촉이 시작되었다.
이렇게 일주일에 2~3회씩 운동을 하면 언덕길을 올라가는 게 더
수월해지고, 숙면을 할 수 있고, 통증이 완화되고, 자연분만에 자신
감을 가질 수 있다고 했다. "체력이 떨어지면 감정도 더 쉽게 우울
해져요. 임산부에게 필요한 운동을 하는 게 중요하죠."

다 맞는 말이었다. 문제는 언제나 돈이다. 개인 교습이 거의 그렇
지만 1회 단가 10만 원이었고, 10회 단위로 끊어서 할인을 받는다
고 해도 출산 전까지 몇백만 원을 써야 했다. 나는 집이 멀다는 핑
계를 댔다. "다니던 직장이 이 근처라 한번 와본 건데, 집에서 다니
기는 좀 머네요." 거짓말은 하나도 하지 않았지만 어쩐지 구차했다.

다음 공짜 체험은 산전 마사지였다. 조리원에 입실한 산모들을 위
한 '감동 서비스'에 포함된 것으로 산전 관리 3회, 산후 관리 3회가
무료라고 했다. 조리원을 추천한 선배는 마사지 패키지를 소개할 테
지만 안 하겠다고 하면 그만이라고 했다. 그 돈으로 필라테스든 뭐든
출산 후 운동을 다니라고. 쌍둥이를 낳은 친구는 의견이 달랐다. "애
보면서 운동 다니는 게 얼마나 힘든데? 운동 다니는 것도 의지와 시
간이 있는 엄마들 이야기지. 조리원 나오면 그때부턴 정말 지옥이야.
산후 마사지는 추가로 내는 돈이라고 생각하면 안 돼, 기본이지!"

4장. 엄마를 위한 나라? 엿이나 먹으라지!

첫 산전 마사지를 앞두고, 며칠간 고민했다. 분명 또 100만 원이 훌쩍 넘을 텐데, 이 돈을 써도 될까? 다른 친구는 산후 관리 마사지를 받지 않은 걸 후회한다고 했다. "나 애 어린이집 보내자마자 한 게 요가 연회원권 끊은 거잖아. 산후 관리 좀 제때 잘 받을 걸 너무 후회돼. 한 번 축난 몸은 원상복귀 하기 힘들어." 마침 통장엔 시어머니가 맛있는 거 사 먹으라고 보내주신 돈이 있었다. 나는 소고기를 비롯한 비싼 음식들을 포기하고 마사지를 택했다. 덕분에 서비스 마사지를 받는 동안 한결 맘이 편했다.

마사지가 끝난 후 예상대로 패키지 안내가 이어졌다. 원래는 얼마인데 입실 전에 예약하면 얼마를 할인해서 어쩌고 저쩌고 이 가격입니다. 나는 여유 있게 웃으며 카드를 내밀었다. "네, 할게요!"

마지막 공짜 체험은 만삭 사진이었다. 산전엔 만삭 사진, 조리원 입실 기간엔 신생아 사진, 퇴실 후엔 50일 사진이 다 무료라고 했다. 어쩐지 애 낳은 친구들은 다 만삭 사진을 찍더라니, 이게 다 조리원 패키지라는 걸 그때야 알았다. 만삭 사진을 찍기로 한 날. 하필 남편이 아팠다. 하지만 인생에 다시 없을 만삭 사진인데, 그것도 공짜인데, 안 찍으면 손해지 않겠냐며 남편이 운전대를 잡았다. 친절한 스태프들의 안내를 받아 헤어, 메이크업을 받고 촬영을 할 때까지만 해도 오길 잘했다고 생각했다. 베이비 스튜디오는 프로 중의 프로들이 모인 곳이었다. 시간 낭비랄 게 없이 자동차 공장처럼 척척 진행됐다. 남편이 백허그를 하고 나는 배를 쓰다듬으며 포즈를 취하는 게 좀 부끄럽긴 해도, 벌써 끝인가 싶게 후딱 끝나니 그런대로 참을만했다.

촬영을 마치고, 스튜디오에서 선물로 만든 영상이 있다면서 우리를 어두운 방으로 안내했다. 정신없이 헤어, 메이크업을 받는 동안 아이들의 초음파 영상을 달라더니 그걸로 만든 것 같았다. 가만, 그러고 보니 아까 한 스태프가 와서 세이베베(초음파 영상을 볼 수 있는 앱) 아이디랑 패스워드를 적으라고 했었지? 비번도 적느냐고 놀라 물었는데, 너무 당연하게 그렇다고 했다. 방에는 만삭 사진을 찍으러 온 사람들이 나 말고도 두 명 더 있었는데, 다들 개의치 않아 하는 눈치였다. 찝찝했지만 모나 보이고 싶진 않아 쓰라는 대로 썼다.

자리에 앉자 커다란 화면에 영상이 시작됐다. 아이들의 심장 소리 초음파 영상부터 가슴이 뛰기 시작하더니 얼마 지나지 않아 눈물이 터졌다. 화면에는 익숙한 남자의 손 글씨가 보였고, 이어 그가 내 이름을 부르는 소리가 들렸다. "부족한 남편이라 미안해. 그동안 많이 힘들었지만 희희, 낙낙이가 우리 곁에 와줘서 기뻐. 앞으로 더 행복해지자." 마무리로 평생 자진해서 들어본 적 없는 "사랑해"를 하는데 어찌나 눈물이 나던지. 이번 생에 가장 잘한 일은 이 남자와 결혼하고, 이 남자와 아이를 가진 것이라고 생각했다.

4장. 엄마를 위한 나라? 엿이나 먹으라지!

잠깐이었지만 정말 낭만적인 순간이었다. 하지만 방에 불을 켜고 들어온 '실장'은 좀 전까지의 낭만을 와장창 깨트렸다. 코가 새빨개지도록 운 여자와 열 감기로 얼굴이 벌게진 남자를 앞에 두고, 생전 처음 들어보는 '성장앨범' 패키지 샘플과 가격표를 보여주며 길고 긴 판촉을 벌였다. 성장주기별로 찍은 앨범과 대형 액자와 사진을 넣은 시계 등을 해서 A는 2백 얼마, B는 1백 얼마. 입이 떡 벌어졌다. 거절했지만 다시 처음부터 설명이 시작됐다. 뭐야, 거절하면 이 방을 나갈 수 없는 거야? 다시 거절하자, 언변이 화려한 것과는 거리가 먼 정직한 타입의 실장은 최후의 카드를 꺼내는 것처럼, 나직한 목소리로 말했다. "이걸 다 안 하시면, 아까 보신 영상은 '폐기'됩니다."

기가 막혀 말도 안 나왔다. 폐기라니? 아이의 심장 뛰는 소리로 시작해 다 죽어가는 남자의 "사랑해" 육성까지 억지로 담아놓고는, 인제 와서 너희들 물건 안 사면 버리겠다고? 우리는 부탁한 적도 없는 걸, 신상정보 다 털어가서 만들어놓고? 이것들이 진짜! 이따위 서비스로 위장한 강매 촬영을 패키지에 포함한 조리원과 함께 이 사진관을 소비자원에 신고하고 싶었다. 머릿속에 온갖 육두문자가 떠다녔지만, 입 밖으로 내지 않았다. 맘을 곱게 쓰는 것이 최선의 태교라고 생각하던 때였다. 허리를 숙이며 안녕히 계세요, 인사까지 하고 나왔다. 그리고 돌아오는 길에 기껏 한 말. "에잇, 나쁜 장사꾼들!"

사진관의 강매 판촉은 거기서 끝나지 않았다. 그렇게 당해놓고, 우리는 조리원에서 찍은 생후 20일 사진에 홀딱 넘어가 50일 사진을 또 찍으러 갔다. 마지막 서비스니까, "폐기하겠다"는 협박에도 굴복하지 않은 우리니까. 하지만 상대는 무엇을 상상하든 늘 그 이상이었다. 두 가지 버전의 사진을 또 프로답게 후딱 찍어낸 이들은 마지막으로 또 한 번 '폐기' 강수를 두었다. 몇백만 원짜리 성장앨범을 구매하면 원본 파일도 다 제공하지만 공짜 서비스 앨범엔 파일이 제공되지 않는다. 즉, 당신들 앞에서 찍은 저 천사들의 수십 가지 사랑스러운 B컷은 휴지통으로 들어가게 될 것이다. 우리는 어둠의 방에서와 달리 흔들렸다. 남편의 손편지와 영상 메시지는 보고 들었으니 버려져도 어쩔 수 없다 했지만, 이제 태어난 지 겨우 50일 된 아이들의 저 순간순간을 모조리 지워버린다고? 그건 장사가 아니라 협박이었다.

한 편의 사기극이란 걸 뻔히 알면서도 우린 끝내 아이들의 사진 파일이 버려지는 데 동의하지 못했다. 남편이 입술을 꽉 깨물며 카드를 내밀었다. 사진 값은 무려 15만 원. 구사일생한 파일은 우리집 컴퓨터 D 드라이브에 잘 저장돼 있다. 사진 속 생후 50일의 아이들 모습은 언제 봐도 사랑스럽지만, 그날만 생각하면 욕이 나온다. 그것도 아주 찰진 욕.

　　　　　　　　4장. 엄마를 위한 나라? 엿이나 먹으라지!

조리원의 민낯 2
– 조리원은 천국도 꿀도 아니었다

김가혜(C)

희희낙낙

3/00~4/00

객실 문에는 산모의 이름과 아이의 태명, 입실 기간이 적혀 있었다. 그런데 알 수 없는 이니셜이 내 이름 옆에 있었다. C? 저게 뭐지? 도시 괴담에 나오는 집 앞 표기 같아 어쩐지 무서웠다. 다른 방 문에는 나처럼 C도 있었고, N이라고 적혀 있기도 했다. 대체 무슨 의미지?

입실 3일 차. 남편이 미스터리를 풀었다. C는 Cesarean section, 제왕절개, N은 Natural childbirth, 자연분만이었다. 속은 시원해졌지만, 묘한 열패감이 들었다. 앞방 산모는 나처럼 쌍둥이를 낳았던데, N이었다. 대자연 앞에 인간은 한없이 작은 존재라지만 임신, 출산을 원하는 여성에게 '자연'이란 단어는 끝없는 실망과 자격지심을 준다. 시험관도, 제왕절개도 어쩔 수 없는 선택이었지만, 후자는 '쉬운 길'을 선택한 엄마라는 비난과 자책에서 자유롭지 못했다.

사실 C는 산모의 상태를 알려주기 위한 정보 표기일 뿐이었다. 제왕절개 분만한 산모와 질식분만 한 산모는 회복이 시급한 부위부터 다르다. 내겐 좌욕기가 필요 없었지만, 아이에게 젖을 먹이기 위해 수유 쿠션을 배에 차는 건 끔찍한 일이었다. 차이일 뿐이야, 틀린 게 아니라 다른 거지! 하지만 N이라고 쓰인 방을 지나갈 때마다 주눅 들었다. 제왕절개로 분만하면 자연분만보다 젖이 늦게 돈다는 말도 한몫했다. 자연임신과 자연분만의 '자연'이 나를 구석에 몰더니만, 이번엔 완전수유의 '완전'한테 두들겨 맞는 느낌이었다. 대체 뭐 하나 내 맘대로 되는 게 없었다. 아이는 낳았지만, 아직 엄마가 된 것 같지는 않았다.

누워만 있을 권리는 없었다

조리원에서의 일상은 내가 예상하던 것과 많이 달랐다. 매일 산모들을 위한 교육 프로그램이 있었는데, 시작은 교육이지만 마무리는 늘 판촉이었다. 베이비 마사지면 베이비 마사지 제품, 산모 한방 케어면 한약, 아이와 교감 놀이면 놀이교육 같은 식이다. 친절한 선배는 역시나 사전에 주의하라고 경고했다. "아무것도 하지 마, 그 냥 방에 있어!" 나는 그 말대로 했다. 프로그램이 있을 때마다 방송 이 나오고, 가지 않으면 방에 와서 한 번 더 알렸지만 가지 않았다. 그런데도, 너무 피곤했다. 밤새 드라마 정주행을 하는 것도 아닌데, 대체 왜?

조리원을 경험한 육아 선배들이 하나같이 입을 모아 조언하길, 절대 야간수유는 하지 말라고 했다. 어차피 그곳을 나오는 순간 불면의 밤이 시작될 테니까, 거기서라도 푹 자두라고. 입실 첫날, 야간수유는 하지 않겠다고 밝혔다. 원장과 관리사 선생님의 낯빛이 어두워졌다. 표정만 봐도 무슨 말을 하고 싶어 하시는지 알 것 같다. "낮에 열심히 할게요. 유축도 해놓고요." 이후 며칠 더 눈칫밥을 먹었지만, 원장의 마사지를 받고도 젖이 터지지 않자 더 이상의 직수(직접 수유)와 야간수유 강요는 없었다.

하지만 막상 '야간수유 콜'에 안 한다고 말하고 전화를 끊으면 잠이 오지 않았다. 앞방 산모는 쌍둥이를 완모하고 있다던데… 죄책 감에 뒤척이다 결국 몸을 일으켜 가슴에 유축기를 꽂곤 했다. 그리고 한 방울, 한 방울, 한 시간 넘게 짠 젖을 모아 신생아실에 가져다 드렸다. 결연하게 야간수유를 거부했어도 잠을 못 자는 건 똑같았 다. 잠이 부족하면 만사 귀찮은 법. 초점 책이며, 베이비 마사지며, 엄마들에게 필요한 교육이 하나도 궁금하지 않았다. 친구가 보낸 아이들 장난감에 초점 책이 있었지? 안 가도 돼! 베이비 마사지는 유튜브에도 잘 나오겠지? 보나 마나 끝나면 로션 사라고 하겠지, 안 가, 안 가!

그러다 딱 하루. 아이들 사진으로 가랜드를 만든다는 말에 혹해 프로그램을 들었다. 분홍색 산모복을 입은 여성들 사이에 노트북을 든 남성이 보였다. 아내 대신 참석한 남편이었다. '오, 신남성일세!' 그는 실리콘밸리의 성공한 교포 같은 인상을 풍겼는데, 퇴실을 앞두고 원장님 교육이 있던 날 들어보니 역시나 미국 IT 기업에서 일하는 남성이었다. 그의 직업을 꼬치꼬치 묻던 원장은 "어쩐지!"라고 하면서 호들갑을 떨었다. "아이가 영어는 정말 잘하겠어요, 호호호."

가랜드를 만드는 동안, 강사는 신생아의 뇌 성장에 대해 이야기했다. 가랜드는 낚시 프로그램일 뿐, 실상은 아이의 뇌 활동을 촉진하는 놀이학습 프로그램을 홍보하는 자리였다. 강사가 물었다. "신생아의 머리는 뇌를 감싸고 있는 뼈들이 완전히 닫히기 전이라 말랑말랑한 부위가 있는데요. 두개골의 앞쪽에 있는 부드러운 부분을 뭐라고 하는지 아시나요?" 그런 곳이 있다고? 당시의 나는 만지면 부서질까 겁나서 아이들 손도 제대로 못 만졌다. 대체 머리에 뭐가 있다는 거지? 다행히 다른 엄마들도 모르는 눈치였다.

그때 노트북을 두드리던 신남성이 손을 들었다. "대천문이요?"

정답이었다. "뒤쪽에도 이런 부분이 있는데, 그것도 아시나요?" "소천문이요." 역시나 정답. 학창 시절에도 저렇게 손을 들어 정답만 말했을 것 같은 남자를 보며 묘한 위화감을 느꼈다. 거참, 엄마들도 모르는 걸 아빠가 잘 아시네요. 이론이 빠삭한 만큼 실전에도 강할까요? 그렇다면 뭐, 부럽네요! 낮에 미국 교포 스타일의 남자에게 놀란 그날 밤. 나의 친애하는 한국인 남편도 나를 놀라게 했다. 불금이라며 치킨과 맥주를 사 들고 온 것이다.

조리원 천국, 퇴소 지옥?

입실 8일 차. 나는 이제 태어난 지 열흘 된 아이들 때문에 촌지를 해야 할지 고민했다. 아이들이 밤에 자지 않으면 방으로 전화가 왔다. "희희 엄마. 희희가 우는데, 수유하시겠어요?" 희희는 낙낙이보다 예민했고, 밤에 잘 자지 않았다. 신생아실 선생님들은 두 아이가 확실히 성향이 다른 것 같다고 하셨다. 나는 혹시나 그 말이 희희를 돌보는 게 낙낙이보다 어렵다는 말은 아닌지, 맘이 쓰였다.

쌍둥이 육아 선배인 C는 실제로 신생아실 관리사들이 자신의 애들을 두고 '별나다'고 하는 대화를 들었다고 했다. 기분이 좋을 리 없었지만 못 들은 척했다. 그분들이 없었다면 만날 밤을 새웠을 것이므로. 하긴 사람이 사람을 돌보는 일인데, 힘들면 힘들다고 (뒤에서는) 말할 수 있는 것 아닌가. 관리사 선생님들의 눈치를 살피는 내게 친구는 선생님들께 뇌물을 좀 드리는 게 어떻겠냐고 했다. "요즘 엄마들은 조리원에서 그렇게 하더라." 뇌물이라니? "간식거리 같은 거 챙기는 거지. 우리 애 좀 잘 봐달라고." 이 비싼 돈을 내고 들어와서는, 눈치 보는 것도 모자라 뇌물까지 드려야 한다고?

남편과 상의한 끝에 뇌물은 드리지 않았다. 그런 식으로 신경을 쓰면 서로에게 더 좋을 게 없다고 결론 내렸다. 저분들이 아이들을 볼 때 얼마나 진심인데, 저분들은 산모들의 구원자라고! 대신 우리는 감사의 인사를 더 열심히 했다(뇌물로 드려야 할지 고민한 떡 세트는 퇴실하던 날 드렸다).

어째 웃어도 웃는 것 같지 않던 원장을 제외하고(퇴실을 앞두고 원장실을 지나다 듣게 됐는데, 근로자의 휴식시간과 최저시급 보장을 두고 한창 예민한 상태였다), 아이들을 돌봐준 선생님들 가운데 찜찜한 인물은 한 사람이었다. '소아과 전문의' 타이틀로 회진하는 의사. 그는 방에 들어오자마자 내 얼굴은 보지도 않고 허공에 대고 물었다. "어디 불편해요?" 낙낙이가 태열이 있어 걱정이라고 하자 크림을 바르겠냐고 물었다. 그렇게 하는 게 좋을지 다시 물었을 뿐인데, 의사는 자신이 책임질 말은 아니라는 듯 "좋아질 수도 있고 아닐 수도 있고…"라면서 말끝을 흐렸다. 그럼 어쩌라는 거죠? "약이 13,000원인데, 줘요?" 미덥지 않았지만 '강남 병원들도 다 쓰는 약'이라는 말에 그러겠다고 했다. 약을 가지고 다시 나타난 의사의 첫마디는 역시나 "13,000원"이었다.

그 밤. 나는 처음으로 일과는 전혀 상관없이 누군가를 검색했다. 대체 그 의사 정체가 뭐야? 완전 돌팔이 같은데 의사이긴 한 거야? 혹시 원장이랑 친인척 관계 아니야? 검색창에 13,000원을 이체한 예금주의 이름을 넣었다. 같은 조리원 후기 하나와 소아과 자문을 한 뉴스 하나가 걸렸다. 의사가 맞긴 하네. 그렇게 이리 뒤지고, 저리 뒤지다 문득 허무해졌다. 대체 내가 지금 뭘 하고 있는 거지?

조리원은 천국이고, 꿀이라고? 그런데 왜 나는 매일 밤 잠 못 들고, 못난 엄마 콤플렉스에 뒤척이는 걸까? 남편은 텔레비전 화면도 크고, 침대도 넓고, 아침에 먹는 식빵과 딸기잼마저 맛있다고 좋아하는데, 대체 나는 왜? 이건 내가 생각한 조리원이 아니었다. 조리원은 천국도, 꿀도 아니었다. 조리원이 천국이란 말은 조리원 밖의 육아가 하루하루 지옥이란 의미였다. 조리원은 당신이 생각하는 그런 곳도 아니다. 그곳엔 매일 밤 우는 엄마들이 있을 뿐이다.

어린이집 보내기가
이리 힘들 줄이야

'애들 때문에 소리 지르는 건가?' 어린이집 원장의 목소리를 처음 들었을 때 나도 모르게 상체를 뒤로 젖혔다. 그의 목소리는 너무 크고 높았다. 성인 다섯과 영아 다섯이 둘러앉으니 꽉 차는 작은 방에서 초등학교 체육대회 같은 톤의 진행이라니, 하는 말은 '저희 어린이집에 오신 걸 환영합니다'인데, 들리기엔 '이놈의 어린이집 설명회 지긋지긋하니 제발 한 번에 알아듣고 질문 따윈 하지 마!'라고 하는 것 같았다. 작게 말씀하셔도 충분히 잘 들린다고 말하고 싶었지만, 아이들을 1년 이상 맡겨야 할 시설의 우두머리에게 밉보여서 좋을 건 없었다.

원장은 본인의 어린이집 운영 방식에 대한 자부심이 대단했다. "어린이집에서 뭘 옮아왔다는 말이 세상에서 제일 듣기 싫어서(정말 이렇게 말했다)" 시설 청결관리에 과하다 싶을 정도로 철저하고 ("선생님들은 좀 피곤할 수 있죠, 호호호!"), 미세먼지 수치가 나쁜 날이 아니면 덥든 춥든 매일 산책하러 나가는 게 원칙이라며 아직 걷지 못하는 영아들도 선생님들이 수레에 태워 나간다고 했다. 어린이집은 처음이라, 나와 남편은 (원장은 다 이렇게 목소리가 큰가 궁금해하면서) '어린이집은 매일 산책을 하는군' 생각했다. 그때 한 아이의 보호자(남성)가 물었다. "아이가 콧물이나 기침이 있어도 외출을 하나요?"

"콧물, 기침이 심하지 않으면 내보냅니다. 0세 반은 한 반이 세 명인데, 세 아이 중 한 아이가 콧물이 좀 난다고 해서 그 반 전체가 산책을 안 할 순 없어요. 이곳은 단체생활을 하는 곳이지, 아이를 일대일로 케어하는 곳이 아닙니다."

"아파도 학교 가서 아파"라는 말을 들으며 자란 세대임에도 불구하고, 원장의 강경한 반응은 몹시 놀라웠다. 컨디션이 좋지 않은 한 아이를 따로 돌볼 인력이 부족한 상황은 이해했다. 하지만 보육 시설 운영자는 누구보다 '아' 다르고 '어' 다른 걸 잘 알고 말하는 사람 아닌가? 질문한 사람은 더 어이가 없는 눈치였다. 원장은 자신의 운영 방식이 부모들이 기대하는 방향과 잘 맞지 않는다면 다른 어린이집이나 가정보육을 선택하는 것이 나을 거라고 했다.

그만큼 자신 있다는 건가? 아직 등원 전. 우리는 최대한 긍정적으로 생각하려 애썼다. 원장의 말투가 좀 저돌적이라고 해서 아이들한테도 그러리란 법은 없었다. 저마다 다른 성향의 양육자들을 모두 만족시킬 보육 시설은 아마도 없을 것이며, 뉴스에서 충격적인 어린이집 소식이 전해질 때마다 한껏 예민해진 탓에 걱정이 앞서는 것일 수도 있었다. 지역 맘카페에서도 이 어린이집은 평판이 좋았다. 그리고 무엇보다, 대안이 없었다.

사실 희망한 어린이집 1순위는 단지 내에 있는 국공립 어린이집이었다. 출산 직후 남편은 '임신육아종합포털 아이사랑'으로 어린이집 입소대기 신청을 했고, 우리는 맞벌이에 쌍생아라 대기번호가 2, 3번이었다. 쌍둥이 육아는 혹독했지만 그래도 때 되면 원하는 어린이집에 보낼 수 있는 '우대조건'이 나름의 위로가 되었다. 그런데 새해가 되어도 연락이 없어 전화해보니 이미 올해 입소자는 마감이 된 상태. 네? 뭐라고요?

남편은 분명 한 달 전에 통화할 때만 해도 내년에 뵙겠다는 인사를 받았다고 했다. 그런데 왜 입소 연락이 안 왔는지 묻자 '무상임대 어린이집이 위치한 단지 내에서 영유아가 거주하고 있습니다'에 체크를 했냐고 물었다. 남편은 순간 말을 잃었다. "무슨 말인지 몰라서 그냥 뒀거든."

나보다 문서 확인에 수십 배 철저한 남편은 전에 없이 황망해했다. "무슨 말을 그렇게 어렵게 써놔? '단지 내에 어린이집이 있습니까?' 했으면 될 걸!" 그동안 수차례 문의했는데 반드시 체크해야 하는 항목에 대해 왜 한 번도 설명해주지 않았는지, 신청자의 주소는 따로 확인하지 않는지 따져 묻고 싶었다. 하지만 그러지 못했다. 이사를 하지 않는다면 1년 뒤에 다시 신청할 수도 있으니까, 밉보여서 좋을 건 없었다. 시간이 지나 알게 된 사실은 단지 내 어린이집의 경우 신입 원아들 가운데 단지 내에 사는 영유아의 비율을 정해 놓고 뽑는다는 것이다. 이 과정에서 우리처럼 이 문장이 무슨 뜻인지 몰라 체크를 안 한 신청서는 탈락된 것으로 보인다.

그런데 차선책으로 선택한 ("옆 단지라도 가야지 뭐!") 어린이집마저 눈앞에서 문이 닫히고 있었다. "오늘 둘러보시고, 입소 신청해주세요." 이건 또 무슨 상황? 남편은 분명 오늘 이 시간이 '입소 확정자'를 대상으로 한 설명회라고 말했다. 그래서 쌍둥이를 데리고 네 식구가 총출동했는데, 어린이집 원장은 "남은 자리는 세 자리"라고 말했다. 맙소사, 지금 여기 있는 아이만 다섯 명인데? 더군다나 우리 대기번호는 5, 6번이었다.

다른 사람들이 없었다면 남편의 멱살을 잡았을 것이다. 지하 주차장을 통과하면 바로 보이는 단지 내 어린이집에 황당하게 떨어졌을 때, 나는 조금도 화내지 않았다. 옆 단지 깊숙한 곳에 자리한 이 어린이집에 다니려면 유아차를 끌고 도로도 건너야 하며, 비에 젖고 눈에 젖는 날도 감수해야 하지만 괜찮다고 했다. 그런데 이곳도 확정이 아니라고? 앞에 있는 대기번호 1, 2, 3, 4번이 사이 좋게 손잡고 다른 어린이집에 가거나 가정보육을 하는 게 아닌 이상 세 자리 중 두 자리가 우리에게 올 가능성은 희박했다.

그 방 안의 사람들이 다 어안이 벙벙할 때, 내 옆에 있던 보호자만은 여유가 있었다. 알고 보니 대기번호 1번. 세 아이를 둔 워킹맘이었고, 두 아이는 쌍둥이였다. 그러니까 1번뿐만 아니라 2번도 그녀의 것이었다. 이제 남은 자리는 하나. 우리보다 대기 순위가 앞인 듯하나 원장에게 질문했다가 낯빛이 굳은 보호자는 어린이집을 둘러보라는 말이 떨어지기 무섭게 나가버렸다. 한 명은 제쳤군(고맙습니다). 또 다른 경쟁자 역시 조용히 사라졌다. 0세는 영어 특별활동이 없는지 물었다가 "어휴, 말도 못 하는 애들한테 무슨 영어예요?"라고 되묻는 원장의 반응에 실망한 기색이 역력하더니만(고맙습니다). 그런데도 남은 자리는 하나. 원장은 실망한 두 팀이 자리를 재빨리 뜨자 우리에게 두 아이 중 한 아이만 되면 보낼 생각이 있는지 물었다. 이건 또 무슨 솔로몬이 밥상 뒤엎는 지혜인가?

우리는 들어가는 길에 치킨과 맥주 한 봉지를 샀다. 평일에는 술을 먹지 않는 남편도 그날은 과음을 했다. 앞날이 막막했다.

자리 났으면 된 거지, 그런 거지?

뜻밖에 어린이집에서 전화가 왔다. 입소가 확정됐으니 추가 서류를 제출하라고 했다. 이미 여러 번 발등을 찍힌 우리는 재차 확인했고, 이번엔 진짜 입소 확정이라는 확답을 받았다. 1, 2번 엄마는요?

"아, 육아휴직 내신대요!" 감사합니다, 하느님보다 1, 2번 어머님.

그날 입소 확정자 설명회에서 본 보호자들을 나는 다시 보지 못했다. 그리고 아이들의 인생 첫 친구의 엄마이자 나의 어린이집 첫 친구가 된 B에게 귀를 의심할만한 입소 확정 에피소드 하나를 듣게 되었다. 대기 번호가 10번 밖이라 올해는 어린이집 보내기를 포기하고 있었는데, 1월도 아닌 2월에 어린이집에서 전화가 왔다고 했다. 분명 입소 확정이라고 들어서 갔지만, 역시나 아니었다. 방에는 다른 엄마 한 명이 더 있었다. 두 사람은 치졸한 서바이벌 프로그램에서나 쓸 법한 방법으로 입소 신청을 유도하는 질문을 받았다. "지금 쌍둥이들이 들어와 있고, 한 자리가 남았어요. 어머니 두 분 중 누가 들어오시겠어요?"

아이비리그의 비밀 사교클럽도 아니고, 남은 한 자리를 위해 오늘 처음 보는 엄마와 눈치작전을 하라고? 황당해서 말을 못 하고 있는데, 이미 다른 어린이집에 첫째를 보내고 있던 다른 엄마가 유감을 드러냈다. "입소 확정도 아닌 상태에서, 개별 연락도 아니고 이렇게 한 자리에 불러두고 묻는 게 무슨 경우인가요?" 그 엄마는 B보다 앞 순위였고, 덕분에 B는 아이를 어린이집에 보내게 되었다.

첫 등원 날, 원장은 B의 아이에게 이런 환영 인사를 했다. "난 처음부터 네가 더 마음에 들었어. 반갑다!"

임대아파트에서
쌍둥이를 키운다는 것

"너 그거 아동학대야." 간만의 친족 통화. 오빠가 또 성질을 돋운다.

"안 그러냐? 좁아터진 집에서 애 둘에 어른 둘이 복닥복닥. 그냥 내려오라니까." 쌍둥이가 생긴 후 오빠는 툭하면 '내려와서 살아' 타령을 했다. 오빠에게 서울은 사람 살 데가 못 되는 곳이었다. 복잡하고 정신 사나우면서 집값만 더럽게 비싼 도시. 맞는 말이다.

복잡하고 정신 사나우면서 집값만 더럽게 비싼 서울은 싫지만, 지금 살고 있는 동네를 좋아한다. 20대 시절 '홍대 뒤'라 부르던 상수동. 내가 홍대 후문에서 도보 3분 거리의 친구 집에 얹혀살던 21세기 초에, 남편은 횡단보도 하나만 건너면 나오는 주택가에서 살았다. 연애 후 내가 살았던 빌라에서 불과 도보 5분 거리에 그의 집이 있는 걸 알고 무척 신기했었다.

"우리 지나가다 봤을 수도 있겠다?"
"같은 식당에서 밥 먹었을 수도 있지."

"아침부터 해장국집에서 반주하는 날 봤으면 혀를 찼겠지?"

"음, 아마도?"

남편은 이 동네 학생이었고, 나는 학교 앞보다 이 동네에서 더 자주 놀았다. 고시원 생활에 지친 나를 받아준 친구의 집과 고향 친구 셋이 서울에서 가장 맛있는 소막창을 안주로 참 달게 소주를 마셨던 껍데기집과 지금 같이 사는 남자가 동생과 살던 집이 있는 동네. 나도 남편도 서울 하늘 아래 가장 편한 동네가 이곳이었다. 제2의 고향 같은 동네랄까?

홍대에서 대안문화 공간으로 꼽히는 힙한 카페들이 동네 카페이고, 영화 인사들의 단골 술집이 내 단골집이며, 일본 현지 부럽지 않은 라멘집세권에, 스타일 좋은 힙스터 구경은 덤인 동네. 높은 아파트 단지가 들어서고, 젠트리피케이션이 휩쓸고 간 뒤 홍대 감성의 원주민들은 사라졌지만, 어느 순간 명동처럼 바뀌어버린 '홍대 앞'을 생각하면 '홍대 뒤'는 사람 사는 동네의 맛이 있다.

이런 동네에서, 브랜드 아파트에 산다고 하면 사람들은 내 말을 끝까지 듣지도 않고 부러워했다. 어쩐지 계획도 없이 회사 때려치우더니 노른자 땅에 아파트가 있었구먼, 하는 반응. 전세든 반전세든 홍대 쪽 역세권에 아파트면 남편의 외벌이로도 부족하지 않은 경제적 여유가 있을 거라고 생각했다. 하지만 뒷말까지 듣고 나면 어김없이 몇 초간 정적이 흘렀다.

"임대아파트 살아요."

임대아파트라 행복해요?

————

엘리베이터 없는 빌라 4층 집. 가파른 계단을 올라 현관문을 열면 부엌인지 거실인지 애매한 공간이 나오는 방 2개짜리 신혼집을 본 시어머니는 미안하다고 하셨다. "엄마가 집 구하는 데 도움도 못 되고 미안해." 왜 미안하시지? 사람만 많지, 자기 집 있는 사람은 별로 없는 서울에서, 결혼 선물로 집을 사주는 부모가 몇이나 된다고? "서울에 집 있는 사람 별로 없어요. 저는 이 집 좋아요."

진심이었다. 지금도 종종 그곳에서 보낸 시간이 그리워질 만큼 나는 우리의 첫 집을 좋아했다. 옥탑을 확장해 여름엔 더럽게 덥고, 겨울엔 무섭게 추웠지만, 방 2개에 화장실 2개를 갖춘 보기 드문 집이었다. 아침에 일찍 출근하는 남편은 거실 화장실을 사용해 안방 화장실은 오롯이 나 혼자 썼고, 삼면을 확장해 만든 ㄷ자 발코니 구석에는 나만의 서재도 있었다.

그곳에서 딱 2년만 살고 나온 건 지금 사는 아파트가 완공됐기 때문이었다. 무계획을 계획이라 우기는 나와 달리, 남편에겐 계획이 다 있었다. 동생과 함께 이 동네에서 10년 넘게 살았던 그는 재개발이 확정된 후 임대아파트 입주권을 받아 나왔다. 그래서 빠듯한 보증금으로 전셋집을 구하지 못해 낯선 동네에서 반전세 집을 구할 때도 2년 뒤 새 아파트로 이사한다는 생각에 마음 한편이 든든했다.

하우스 푸어인 친구들은 임대아파트의 좋은 점을 열거하며 부러워했다. 은행 빚과 이사 걱정이 없으니 얼마나 좋으냐고. 그렇게 부러워하는 친구들은 우리 집보다 거실이 컸지만, 화장실만 본인 소유라고 말하는 은행 빚 부자들에게는 내 말이 안 들리는 것 같았다. "네가 제일 행복해! 은행 빚 없으면 닥치라고!"

한동안은 닥치고 행복했다. 커리어가 한창인 10년 차에 무계획으로 회사를 때려치울 수 있었던 건 아닌 게 아니라 임대아파트 덕이 컸다. 임대아파트 보증금은 최대 금액도 반전세 집의 보증금보다 적었고, 보증금을 최대로 내면 월세도 없었다. 반전세였던 신혼집처럼 매달 월세를 내야 했다면 백수 플랜 같은 건 세우지 못했을 것이다. 나는 남편에게 앞으로 1년간 펑펑 놀겠다는 계획을 밝혔다. "알다시피 나는 이미 2년 전에 번아웃을 겪었어. 하지만 당신을 위해 버텼지. 당신 차 바꿔주려고."

뻔뻔하게 들리겠지만, 정말이다. 중고로 사서 10년 넘게 탄 그의 수동식 기어 소형차를 바꿔주는 게 나의 퇴사 전 목표였다. 임대아파트에 입주한 지 반년이 지났을 때 우리에겐 '첫', '새', '중형차'가 생겼고(아, 돈은 반씩 냈다), 나는 꿈에 그리던 퇴사를 했다. 서울에서 '울며 월세 벌이'를 하던 삶에 첫 쉼표를 찍은 것이다. 퇴사 후 처음으로 남편이 출근하는 모습을 보며 이것이야말로 '인간다운 삶'이라고 생각했다. 근무 형태가 너무나 다른 남편과 나는 서로의 출퇴근을 지켜볼 수도 기다릴 수도 없었다. 그가 출근하는 아침 지옥철 시간은 내게 꿈나라였고, 내가 퇴근하는 택시 할증 해지 시간은 그에게 꿈나라였다. 백수가 되자 진짜 신혼이 시작된 기분이었다. 감사합니다, SH공사!

임대라 그런가? 기분 탓이겠지?

아파트 단지 맨 구석에 자리한 두 개의 임대동. 이사 전, 남편은 내 손을 꼭 잡으며 말했다. "집 보기 전에 할 말이 있어. 사실 우리, 1층이야." 나는 남편이 왜 사과하는지 몰랐다. 1층이 왜? 우린 서울에서 대부분의 시간을 반지하에 살았잖아?

남편이 왜 그렇게 운이 없었다고 말하는지 알게 되는 데는 그리 오랜 시간이 걸리지 않았다. 분명 1층인데, 일조량이 반지하와 크게 다르지 않았다. 창문을 열면 맞은편 동이 어찌나 가깝게 보이는지, 던지기 실력만 괜찮다면 건너편 집에 물건도 던져 줄 수 있을 것 같았다. 답답한 마음에 고개를 옆으로 돌리면 거대한 돌산처럼 높이 솟은 교회 건물이 무섭게 내려다보았다. 죄송합니다, 전 무교라서요.

좁다란 다용도실 건조대에 빨래를 널면 여름을 제외하고는 빨래가 잘 마르지 않았다. 겨울에는 볕이 들어오는 시간이 채 두 시간도 되지 않았다. 그래도 일조량은 참을 수 있었다. 비 오는 날이면 욕실 수챗구멍에서 역한 냄새가 올라왔지만, 눅눅한 반지하 시절을 떠올리면 이 또한 참을 수 있었다. 이 집에서 정말 참을 수 없는 건, 사방이 막힌 통신 전파였다. 서울 한복판에 휴대전화 안테나가 하나 아니면 두 개밖에 서지 않는 집이 있다니. 관리실에 전화해 해결 방안을 물었지만, 임대동이 다른 동보다 층이 낮은 데다 옥상에 기지국이 없는 상황이라 "어쩔 수 없다"라고 했다. 어쩔 수 없다니, 기지국을 신청해주면 되는 일이지 않나? 혹시, 임대아파트라 이러시는 거예요?

통신사에 연락해 외장기기도 설치했지만, 창문에 매달려야 온전한 통화를 할 수 있었다. 수화기 너머 사람들은 "안 들려!"라고 소리쳤고, 결국 나는 카카오 보이스톡을 이용했다. 전화를 걸면 사람들의 반응은 하나같았다. "지금 해외야?" 업무상 통화는 난감했다. 휴대전화가 안 터져 보이스톡으로 했다고 하면 다들 사는 곳을 물었다. 홍대 삽니다, 아파트 살고요. 그런데 정말 신기하게 전화가 안 터지네요? 이건 1층이라 그럴까요, 임대아파트라 그럴까요?

   당시 뉴스와 SNS에서는 한 아파트에서 임대동 아이들의 놀이터 출입을 막은 일이 뜨거운 감자였다. 놀이터 미끄럼틀에 붙은 공고문에는 이용대상자를 분양 세대동 거주 어린이로 제한하고 임대세대 어린이는 이용이 불가하다고 쓰여 있었다. 이 공고문이 사회적 공분을 일으키자 시정을 촉구하는 목소리가 커졌지만, 아파트 관리사무소는 어쩔 수 없다고 했다. 놀이터 보수비를 아파트 관리비에 부과하는데, 임대세대는 분양세대와 달리 관리비를 다른 곳에 납부한다고. 해당 지자체 역시 자신들은 힘이 없다고 했다. 재산권에 관한 부분은 참견할 수 없다면서. 나와 남편은 뉴스를 보며 한탄했다. 이 더러운 세상!

   모 그룹 임직원이 많이 사는 아파트 주민인 친구는 놀이터에서 아이들이 하는 대화를 듣고 경악했다. "너네 아빠 어디 부서야? 직급이 뭐야?" 아이들은 아파트 동수만 들어도 평수를 알았고, 부모의 직급 확인 후 자신들 사이의 서열을 정리한다고 했다. "다 어른들 잘못이지. 애들이 그걸 어디서 배우겠니?"

   임대 세대 아이들은 이름 대신 '임대'로 불린다는 말도 들었다. 같은 학교에 다녀도 임대동 아이들은 따로 다닌다고 했다. 한 아파트 주민들이 공공주택을 '천민아파트'라 부르며 건설을 반대하는 뉴스를 볼 땐, 사람들이 재산권을 지킨다는 방식이 너무 저열해서 믿을 수가 없었다.

우리가 이 임대아파트에서 아이를 낳으면 어쩔지 막막했다. 사회에 만연한 차별을 조기 교육으로 가르쳐야 할까? 임신 후 아파트 놀이터를 지나가며 남편에게 농담처럼 말했다. "우리 애들은 분양 세대와 못 놀게 하자. 일종의 역차별이지!"

아이의 미래는 임대가 아니다

아이들의 첫 친구가 이사를 갔다. 한 반 정원이 3명인 영아반에서 우리 아이 둘과 1년을 함께한 아이였다. 첫 친구의 엄마는 나의 어린이집 첫 친구였다. 아이들 덕분에 사귄 첫 친구, 나는 그가 좋았다. 비슷한 연령대에 애주가였고 유머코드도 잘 맞았다. 말하는 대로 된 건지, 알고 보니 그도 임대아파트에 살고 있었다. 어쩐지 끌리더라니! 하지만 둘째를 낳고 복직을 준비하면서 경기도의 뜨는 동네로 이사를 가게 되었다. 많은 3040 부부가 그러하듯, 이 부부도 '영끌' 하느라 고생이 많았다. "남편이 애들 더 크기 전에 이사 가자 하더라. 임대 사는 게 혹시라도 상처가 될까 봐 걱정된다고."

같은 동의 유일한 유아 친구도 이사를 갔다. 놀이터에서 친분을 쌓은 아이의 돌봄선생님은 우리 애들에게 작별 선물을 나눠주시며 이별을 알리셨다. "아이를 더 좋은 환경에서 키우고 싶어서 결정했대요. 맞벌이 부부라 부모님 집 근처로 간다고 하더라고요."

임대아파트 육아 동지들이 하나둘 떠나면서, 우리는 초조해졌다. 둘이 살기 더없이 좋았던 전용면적 46.35제곱미터(약 14평) 아파트는 한꺼번에 두 생명이 태어나면서 게임오버 직전의 '테트리스 성'으로 변했다. 우리 물건을 아무리 버려도 애들 물건이 늘어나는 속도를 따라잡을 수 없었다. 물건 하나가 들어오면 기존 물건 하나는 버리는 걸 원칙으로 플러스마이너스 제로를 간신히 맞췄지만, 몸집이 커진 아이들은 범퍼 침대를 벗어나 우리 침대를 차지했다. 밤마다 아이들을 이고 지고 자는 통에 가위에 눌리는 날들이 이어졌다. 그래, 이렇게는 못 버티겠다. 이사 가자, 가!

하지만 지금 우리는 갈 길을 잃었다. 생각해 둔 아파트의 값이 몇 달 새 2억 가까이 뛰는 걸 보고 주저앉은 것이다. 주택청약으로 눈을 돌렸지만, 넣는 족족 떨어지고 있다. 무주택자에 쌍둥이를 키우고 있으니 가점이 꽤 클 거라 생각했지만(나도 그럴 줄 알았다), 3대 이상이 함께 살거나 아이가 셋 이상이거나, 해당 지역에서 오래 거주한 사람들과 비교하면 빈약한 점수였다. 이 세상 점수가 아니라 생각했던 만점 청약통장의 등장을 보며 우리는 또 하루 청약의 꿈에서 멀어지고 있다. 벼락 맞고 살아남은 사람이 다시 벼락에 맞을 확

4장. 엄마를 위한 나라? 엿이나 먹으라지!

률이 로또 당첨 확률이라 했던가? 그렇다면 우리는 벼락만 맞은 걸까, 그리고 장렬히···. 우리는 이번 생의 운이 시험관 1차 성공에서 다한 것 같다고 자조했다.

요즘 아파트는 나날이 출입문을 강화하고, 공고문은 나날이 각박해진다. 이 길은 통행로가 아니니 외부인은 돌아가라고, 이 놀이터는 아파트 입주민을 위한 시설이니 외부인은 이용할 수 없다고. 놀이터에서 뛰어노는 아이들에게 이 아파트 주민이냐고 묻고 아니면 나가라고 말한다. 그러고 보면 예전 어른들의 "나가 놀아" 소리가 한편으론 그립다. 그땐 집 밖이 다 놀이터라 애들을 쫓아내는 게 방치나 학대가 아니었으니까. 요즘엔 밖에서 노는 아이들에게 "너네 재산권 있는 데서 놀아"라고 쫓아내니 아이들은 뛰놀 곳이 없다. 그래서 집으로 가면? 아무리 좋은 아파트에 살아도 "뛰면 안 돼"라고 말하는 건 다르지 않다.

친정 식구들은 계속해서 내려와 살라고 한다. 서울에서 반전세 구할 보증금이면 지방에서는 집도 살 수 있는데, 왜 그렇게 좁아터진 곳에서 애들을 학대하며 사느냐고. 그래도 필로티 위 1층이라 아이들이 맘껏 뛰어놀 수 있다고 했더니 뛰어놀 공간이나 있냐고 묻는다. 왜 이래, 외삼촌 집에서 내내 "뛰지 마" 소리 듣다가 집에 와서 얼마나 좋아했다고!

아이를 위한 아파트가 과연 있을까? 집 안에선 뛰지 말라고 소리치지 않고, 집 밖에선 어느 동인지 묻지도 따지지도 않고 어울리는 아파트가? 이번 생엔 틀린 것 같다.

엄마 찬스와 돌봄노동,
공짜는 없습니다

출산 후 첫 명절은 최악이었다. 시누이가 아이돌봄 서비스를 화제로 꺼내자, 지루할 만큼 평온했던 마지막 밤은 청문회로 돌변했다.

"돌보미는 어떤 사람이야?"
"집에 오면 애만 보는 거야, 살림도 하셔?"
"하루에 몇 시간이나 있는데?"
"믿을만해?"

어머니에게는 내리사랑을, 아버지에게는 결벽을 물려받은 시누이는 흔히 말하는 '살림 밑천 큰딸'이었다. 서울에 사는 남동생들이 서른이 다 돼 취직하기 전까지 휴대전화 요금을 내줬고, 아들들의 빈자리가 느껴지지 않게 부모님을 가까이에서 살뜰하게 챙겼다. 내가 장손과 결혼하고도 시댁과의 안전거리를 유지할 수 있었던 건 시누이 덕분이라 해도 과언이 아니었다. 그렇게 고맙고도 미안한 사람이, 궁금하고 걱정돼서 묻는다는 걸 알기에 처음엔 성실히 질문에 답했다.

"아이돌봄 서비스에서 연결된 분이에요. 면접 식으로 하루 같이 지내봤는데 좋으시더라고요. 경력도 오래되셨고요."

"'영아 종일제'라고, 생후 36개월까지 아이들은 돌봄선생님이 육아만 맡아 하세요. 선생님 오시면 저는 집안일 하죠. 빨래하고 청소하고 이유식 만들고."

"한 선생님이 한 가정의 아이를 전담해서 맡아주시는 거라 일정 수입을 보장하게 돼 있어요. 매달 120시간 이상 이용하게 하는 거죠. 저희는 하루에 6시간 정도 부탁드려요."

"이전에 산후 돌봄선생님이 말씀이 많은 편이라 힘들었거든요. 다른 집 흉보는 거 들으면서 어디 가서 내 흉도 저렇게 보시겠구나 싶더라고요. 그런데 지금 선생님은 맡은 일만 열심히 하시는 타입이에요. 물론 아이들한테 엄청 다정하시고요."

하지만 끝을 보이지 않는 질문에 슬슬 취조당하는 기분이 들었고, 이어지는 질문엔 얼굴이 일그러졌다. "애들이 분리 불안이 있는 것 같던데, 너 그분 왔을 때 도망치듯 나간 적 있니?"

아이들의 낯가림이 한창 심하던 시기였다. 낯선 환경에서 관심을 보이는 낯선 어른들이 많아지자 쌍둥이는 우리에게서 한시도 떨어지지 않았다. 엉덩이만 살짝 들어도 경기하듯 울음을 터뜨렸다. 시누이는 이런 애들은 처음 본다면서, 무언가 '문제'가 있는 게 아니냐고 걱정했다. 너희 둘이든, 아니면 돌봐주시는 선생님이든 아이들에게 트라우마를 준 건 아니냐고.

입술을 꽉 깨물고 아니요오오오오, 하고 답했다. 그게 지금 질문인가요, 취조인가요, 함정수사인가요, 묻고 싶은 걸 꾹 참았다. 뻔하지 않은가. 그저 노파심에 물어본, 충조평판(충고, 조언, 평가, 판단) 많은 사람의 궁금증. 더군다나 상대는 시월드의 실세였다.

"그래서 한 달에 얼마 드리는데?"

돌봄 비용을 계산해봅시다

———

친정에 '떼인 돈'이라 생각했던 500만 원을 돌려받고, 남편에게 아이돌봄 서비스를 이용하겠다고 말했다. 120시간씩만 신청하면 다섯 달은 이용할 수 있는 돈이었다. 돌봄선생님이 오시면 계약한지 1년 넘게 못 쓰고 있는 원고도 마감하고 싶었다(계약금은 조리원에 들어갈 때 이미 다 써버렸다).

2018년 아이돌봄 서비스의 이용 요금은 시간당 7,800원. 우리 집처럼 쌍둥이거나 36개월 이하의 아이가 둘인 경우엔 기본 시급의 두 배에서 25% 할인된 11,700원이었다. 정부 지원은 소득기준에 따라 차등 적용되는데, 우리는 4인 가족 기준 중위소득이 120% 이하로 이용 요금의 35%를 지원받았다. 결국 우리가 두 아이를 돌보는 데 지급하는 돈은 시간당 7,605원. 영유아 종일제의 이용 규정대로 최소 120시간을 신청하면 한 달에 912,600원을 지출하는 것이었다.

남편은 처가에 드렸다 생각하면 될 돈을 굳이 받았다고 불편해했지만, 돌봄 서비스를 5개월간 받을 수 있단 말에 얼굴이 밝아졌다. 출산 후 수술 입원비부터 조리원, 산후돌봄 서비스('산모신생아 건강관리사 지원'으로 절반 가량을 지원받았다)까지, 계속되는 큰 지출에 가계 살림이 바닥난 상황이었다. 전화위복이란 이런 상황을 두고 하는 말 같았다. 친정에 빌려준 돈이 쌍둥이 돌봄 비용으로 돌아올 줄이야!

다시 명절의 대화. 돌봄선생님께 드리는 비용이 한 달에 100만 원 정도라고 하자 시누이의 눈이 커졌다. "그렇게나 많다고? 너무 비싼 거 아냐?" 순간 시누이가 다시 보였다. 그는 직장에서 노조 활동을 했고, 보수층인 자신의 부모와 정치 이야기를 할 때마다 날을 세웠다. 적어도 우리는 사회를 바라볼 때 같은 쪽에 있다고 생각했다. 비록 '시'자로 시작하는 인척 관계지만 딸이자 아내이자 엄마이기에 우리는 연대할 수 있을 거란 기대가 있었다. 그런데 아이 둘

4장. 엄마를 위한 나라? 엿이나 먹으라지!

을 한 달간 돌봐준 노동자에게 지급하는 100만 원이 비싸다고?

남편의 불안정한 수입 때문에 사실상 가장이었던 돌봄선생님의 주 수입원은 영아 종일제를 이용하는 우리 집이었고, 정부의 35% 지원금이 더해져도 한 달 고정수입은 140만 원 정도였다. 여성가족부의 돌봄 서비스가 시작된 2006년 이전부터 친인척의 아이들을 돌본 베테랑이었지만, 이 직업엔 호봉도 경조사 휴가도 없었다(산후조리사는 경력이 많은 사람을 '스페셜 관리사'로 분류해 추가 요금을 받는다).

아이 둘을 혼자서 돌보는 게 얼마나 고된지 하루하루 뼈아프게 느끼던 나는 시누이에게 굳은 얼굴로 말했다. "주는 사람한텐 큰돈이어도 받는 사람은 아니죠." 시누이는 질문을 시어머니한테 돌렸다. "엄마, 내가 애들 볼 때 얼마 줬지?" 시어머니가 "100만 원"이라고 답하자 그는 잠시 당황한 듯 말을 잃었다. "그렇게만 줬다고? 아니 근데, 내가 집에 이것저것 많이 사 왔잖아?"

시어머니는 조금 씁쓸한 표정으로 웃으시고는 아무 말씀도 하지 않으셨다. 시어머니는 오랜 시간 이 집의 가장이었다. 시댁 식구 때문에 진 빚을 수십 년간 갚으면서 삼 남매를 키우셨고, 일흔이 넘은 지금도 꾸준히 경제활동을 하시고 있다. 어렵게 얻은 손주를 돌보고, 딸의 복직을 돕는 건 값을 매길 수 없는 행복이었겠지만, 돈 때문에 하는 일이 아니라고 해서 돈이 전혀 문제가 되지 않는 건 아니었다.

엄마 찬스는 정말 찬스일까?

새해가 되고 '인구 데드 크로스'가 연일 뉴스였다. 2020년, 사망자 수(약 30만 명)가 출생자 수(약 27만 명)보다 많아 인구가 자연감소의 길에 들어섰다고 했다. 1인 가구가 계속해서 늘어나며 가구 수는 역대 최고지만, 결혼도 출생도 점점 줄어들고 있어 이 상태로 가다가는 심각한 인구 절벽이 예상된다고. 이쯤 되니 "결혼 안 해도 되니 애부터 낳아라"라는 부모의 잔소리가 전 국민의 잔소리로 바뀔 참이다. 하지만 현실은 두 사람은 예쁜 아이를 낳고 행복하게 살았답니다, 로 끝나는 동화가 절대 아니다. 일단 애부터 낳으면, 그다음은?

돌봄노동이 있어 우리 사회는 돌아가지만, 돌봄노동 임금에 대해서는 많은 사람이 간과한다. 육아와 살림이 얼마나 힘든지 아는 유자녀 여성도 크게 다르지 않다. 그럴 수밖에 없는 것이 여성은, 특히 경력단절 위기에 놓였거나 경력단절을 끊어내고 다시 일을 시작한 여성은 남성과 같은 노동을 하고도 같은 돈을 받지 못한다. 자신도 모르는 사이 남의 임금에 박할 수밖에 없는 영세 자영업자가 되는 것이다. 자연스럽게 더 싸고, 더 편하게 쓸 수 있는 인력을 찾는다. 앉은 자리에서 딸기 한 팩을 먹어 치우는 아이의 식비를 줄이는 것보다 인건비를 줄이기가 더 쉽기 때문이다.

'엄마 찬스'는 애 낳은 여성들이 가장 먼저 떠올리는 방법이다. 결혼해서 아이를 낳아 키우는 건 더없는 행복이라고 가르치고 권유한 엄마라면, 부족한 사회 인프라 대신 자식의 육아를 돕는 게 마땅하다. 요람에서 무덤까지, 사회가 돕지 못한다면 부모가 책임져야 한다. 신이 모든 곳에 있을 수 없어 엄마를 만들었다고 했던가? 젠장, 다들 너무 쉽게 말한다. 애는 엄마가 키워야 하고, 여자는 집에서 애 키우는 게 돈 버는 일이라고. 여성의 희생은 헌신으로 포장되고, 여성의 노동은 후려치는 게 값이다.

돌봄노동에서 한 발 떨어져 있는 유자녀 남성의 경우엔 돌봄노동의 가치를 경시하기가 더 쉽다. 얼마 전 딸의 아이들을 키운 어느 어머니 이야기를 듣다 거품을 물었다. 오랜만에 3대가 모인 자리. 손주의 귀여운 질문이 어른들을 웃게 했다. "할머니는 어쩜 그렇게 아이들을 잘 보세요?" 화기애애한 분위기를 깬 건 질문을 받은 당사자도 아니면서 대변인 노릇을 한 사위였다. "돈 받으니까."

사위는 그 말을 자본주의의 속성을 담은 블랙 유머 정도로 생각했을까? 매달 드리는 100만 원 넘는 돈이 어머니의 시간과 체력과 감정을 다 쏟아부은 돌봄노동에 대한 충분한 경제적 보상이 되었다고 생각했을까? 무슨 의도였든, 어떤 회로로 튀어나온 말이든 해서는 안 될 말이었다. 그런 말은 노동력을 제공하는 사람이 했을 때나 농담이지, 임금을 주는 사람이 하면 갑질이고 폭력일 뿐이다.

선생님 더 많이 버세요, 저도 더 많이 벌게요

2019년, 아이 돌보미의 시급이 9,650원으로 인상되었다. 경조사 휴가가 없을 뿐 아니라 경력에 대한 인정이 없어 1년을 일하나 10년을 일하나 기본시급이 같은 돌보미의 노동조건을 개선하며 최저임금 인상에 주휴, 연차수당을 반영한 결과였다.

반가운 소식이었다. 나를 산후 우울증에서 구하고, 우리 부부를 이혼 위기에서 구한 돌봄선생님이었기에, 나는 돌보미의 기본급이 언제나 박하다고 생각했다. 그해 정부 지원이 중위소득 기준 150% 이하로 확대되면서, 우리는 금액의 60%가 지원되는 나형으로 등급이 바뀌었고 전보다 저렴하게 돌봄 서비스를 이용할 수 있었다. 이전까지 지원되지 않던 어린이집 적응 기간(평균적으로 한 달 정도 걸린다고 하지만, 아이의 성향에 따라 반년이 넘게 걸리기도 한다)도 포함되면서 아이들이 어린이집에서 낮잠을 자기 시작할 때까지 선생님의 도움을 받을 수 있었다.

하지만 최저임금과 주 52시간 근무가 자영업자에겐 반갑지 않은 정책이듯, 돌보미의 임금 인상이 반갑지 않은 사람들도 적지 않다. 중위소득 150% 이상의 가정은 정부지원금 없이 시급 100%를 냈다. 인상된 임금이면 사설 업체를 통해 가사노동을 겸하는 돌보미를 구할 수 있었고, 그렇다면 정부 지원 서비스를 받는 의미가 없었다. 나 역시 지금과 달리 매달 일정 수입을 벌기 시작하면, 그래서 소득 구간이 높아진 상태에서 돌봄 서비스를 다시 이용한다면 인상된 시급에 힘겨워할 것이다. 내가 힘들게 번 돈과 선생님께 힘들게 드리는 돈을 비교할 것이고, 더 적은 돈으로 더 많은 서비스를 받을 수 있는 사람을 찾을 것이다.

주변의 워킹맘 다수는 친정 엄마와 시어머니의 도움을 받는다. 아이를 돌봐주신 어머니께 드리는 돈은 맡기는 날수와 시간, 집까지의 거리에 따라 차이가 있지만 한 달 평균 100만 원 선. 한 지인은 '엄마 찬스'에도 최저시급이 존재한다고 했다. "손주 키우는 할머니들 커뮤니티가 엄청 활발해. 평균선은 맞춰 드려야지, 안 그러면 맘 상해." 들어보니 먼 거리를 다녀가시는 경우엔 교통비를 따로 드리기도 하고, 살림도 도와주시는 경우엔 장을 보거나 아이들 물건을 살 때 쓰시라고 카드를 따로 드리기도 했다.

사설 돌보미 인력 시장에서 가사와 육아를 함께 해주는 '내국인'은 200만 원대. 아이의 수와 근무 형태에 따라 300만 원을 훌쩍 넘기는 경우도 많다. 입주 돌봄의 경우 '조선족 이모님'을 찾는 건 상대적으로 낮은 임금이 큰 이유다. 현재 살고 있는 아파트 단지엔 영어 회화가 가능한 외국인 시터들도 종종 보이는데, 같은 영어권이어도 국적(과 인종)에 따라 급여가 다르다고 했다.

2021년 아이돌봄 서비스 이용 금액은 시간당 10,040원이다. 두 해 전, 아이돌봄 서비스 만족도 조사 설문에서 돌봄선생님의 시급으로 적당한 액수라고 적었던 1만 원이 현실화되었다. 두 번째 친정 엄마 같은 선생님의 늘어날 소득을 생각하면 반가운 소식이지만, 주변 워킹맘들의 늘어날 지출을 생각하면 한숨이 나온다.

그럼에도 나는 선생님이 더 많이 버셨으면 좋겠다. 노동자의 노동 환경이 좋아져야 서비스의 질도 좋아진다고 믿으니까. 동시에 일하는 엄마들이 더 많이 벌길 응원한다. 그래서 우리들의 워라밸을 지켜준 돌봄노동 제공자들에게 인색해지지 않기를, 자신의 임금을 들여다보듯 돌보미의 임금을 바라볼 수 있기를 바란다.

정부 지원이 더 많아져야 한다는 건 입 아픈 소리다. 몇 년 사이 임신, 출산, 육아에 대한 정부의 지원은 살에 와 닿을 만큼 긍정적으로 늘어났지만, 일단 애만 낳으라고 하기엔 여전히 부족한 것이 많다. 애를 낳으라고 권하지 않아도 애를 낳는 사회가 정말 애 낳기 좋은 나라일 테니까.

낳느냐 마느냐
그것이 문제로다

"애 낳고 보자!" 청첩장을 주러 온 커플의 한없는 다정함을 보다 그만 악담을 했다. 알고 있다. 나는 임신계획에 대해 함부로 묻거나 간섭하는 사람들에 대해 거품을 무는 글을 썼다. 그래 놓고, 핑크빛 조명이 감싸는 커플에게 세상에 있지도 않은 애로 결혼에 대한 공포심을 조장했다. 반성하고 있다. 다행히 상대는 끄떡없었다. 그리고 산뜻한 한 문장으로 내 입을 틀어막았다.

"우린 애 안 낳을 거야."

어땠을까? 우리가 딩크였다면

저녁에 퇴근한 남편에게 청첩장을 보이며 이들의 딩크 선언도 전했다. 그는 신기하다는 듯 물었다. "부모님들이 허락하셨대?" 나는 한껏 뾰족하게 되물었다. "그게, 누구 허락을 받아야 할 일인가?"

남편도 기분이 상했다. "그렇게 반응하지 좀 마. 그냥 좀 놀라워서 그래."

그를 탓할 일은 아니었다. 나 역시 몇 초간 할 말을 잃었다가 친구에게 사과했다. "미안, 낳는다고 한 적도 없는데." 친구는 괜찮다고 했다. 다들 당연하게 이야기한다고. 본인들은 애초에 생각이 없으니 상처받을 일이 아니지만, '원하고', '노력하는' 사람들은 정말 힘들 것 같다고.

이 커플에게 질투 어린 악담을 하기 직전까지 나는 아이를 낳고 변해버린 부부 관계와 임신, 출산, 육아에서 여성이 감당해야 하는 거지 같은 왕관의 무게에 대한 열변을 토했다. 그래 놓고, 대체 뭘 기대했던 걸까? '그래도 아이들이 너무 예쁘잖아', '부부 사이는 아이를 낳고 더 견고해지는 거지' 같은 반응? '그래도 난 너 보면 부럽더라. 아이 꼭 낳을 거야' 같은 다짐?

친구는 청첩장을 돌리며 가족계획을 묻는 사람들에게 자연스럽게 둘의 딩크 계획을 밝히고 있었다. 그 말을 들은 사람들 가운데는 혹시 나중에라도 아이를 갖고 싶을 수 있으니 하루라도 빨리 난자를 얼려두라고 조언하는 사람들도 적지 않았다고 한다. 우리의 대화를 옆에서 듣던 예비 신랑은 다정하게 친구의 손을 잡더니 고개를 저었다. "굳이 안 해도 될 것 같아. 그걸 괜히 의식하면서 결심이 흔들릴 수도 있잖아?" 친구는 자신도 같은 생각이라는 듯 고개를

4장. 엄마를 위한 나라? 엿이나 먹으라지!

끄덕였고, 둘은 조금 전보다 더 끈끈해져 있었다.

진 기분이었다. 나와 남편은 아이를 낳는 문제로 충분히 고민했고, 고민 끝에 함께 병원에 갔다(고 생각했다). 아이를 원했으니까, 그게 우리가 원하던 결혼의 그림이었으니까. 하지만 원하던 것이 이뤄졌다는 사실만으로 이후의 모든 것을 감내할 수 있는 것은 아니었다.

쌍둥이 육아 4년 차. 우리는 일주일에 한 번은 날이 선 싸움을 한다. 며칠은 냉랭하게, 며칠은 머쓱하게, 며칠은 별생각 없이 지내다 보면 또 한 주가 지나 있다. 친구들이 남편의 안부를 물으면 먼 산을 바라보며 혼잣말처럼 중얼거린다. "내가 한때 사랑했던 남자? 글쎄, 그가 잘 지내는지 직접 물어봐야 알겠는데."

그뿐인가. 아이 하나를 키우는 데는 한 부락 정도가 아니라 사회 전체의 도움이 필요하다. 아이는 절대 선인장처럼 혼자 알아서 클 수 없으며, 그렇게 두어서도 안 된다. 21세기의 부모는 아이를 많게는 열 명씩 낳아 함께 농사짓고, 여러 자식 가운데 싹이 보이는 한 명에게 투자해 도시로 보내던 시절의 양육을 해서는 안 되는 것이다.

부모의 계급이 자식의 계급으로 이어지는 시대, 개천에서는 절대 용이 나지 않는다는 시대에 차상위 계층 이하의 부모는 영화 〈기생충〉을 보고 기분이 더러워질 대로 더러워진다. 빌어먹을, 집도 없는 주제에 애를 둘이나 낳았네?

결혼식장의 유부녀들

───────

결혼식 당일. 신부는 더할 나위 없이 편안해 보였다. 해외 온라인 쇼핑몰에서 산 캐주얼한 드레스 차림으로 살랑살랑 예식장 곳곳을 누비는 모습을 보며 우리는 저렇게 자유분방한 신부는 처음 본다며 입을 모았다. 어이 신부, 신부 대기실을 지키라고!

나는 어땠더라? 웨딩드레스만 입었을 뿐, 그날의 나는 전사가 따로 없었다. 얼굴과 어깨, 팔을 제외하고 드레스로 가려지는 부위엔 다 시퍼렇게 멍이 들어 있었다. 드레스를 위해 하드코어 전신 마사지를 받은 결과였다.

처음 마사지 숍에 갔던 날, 원장은 마감 폭식으로 얻은 군살들과 2주밖에 남지 않은 예식 날짜를 확인하더니 긴 한숨을 쉬었다. "왜 이제야 오신 거예요?" 이런 말은 말기암 환자한테 하는 거 아니야? 어쨌거나 그곳의 관리사들은 최선을 다했다. 손가락과 주먹과 도자기에 온 힘을 실어 매회 두 시간씩 땀을 빗물처럼 쏟으며 내 몸을 다시 빚었다. 마사지 첫날, 온몸이 시뻘게진 상태로 집에 들어간 나는 예비 남편의 도움을 받아 겨우 옷을 벗고 자리에서 엉엉 울었다.

"썅, 너무 아파!"

마사지 과정은 고통스러웠지만, 한껏 솟아 있던 승모근이 내려가고 배도 들어가는 걸 보면서 헛고생(과 돈지랄)은 아니라고 생각했다. 예식 당일, 식장에서 빌려 입은 드레스는 옛날 코르셋처럼 졸라매는 스타일로 전에 없던 허리도 만들어줬다. 오호, 팔뚝 빼고는 그럴싸하잖아? 면사포가 팔뚝에서 떨어지지 않게 주의를 기울여야겠군. 잔뜩 허리를 졸라둔 덕분인지 식이 끝날 때까지 밥 생각이 전혀 나지 않았다. 다만 허리가 좀 아팠고, 신혼여행에 가서는 내내 아팠다.

평소 요가와 식이요법으로 건강하고 날씬한 몸매를 유지해온 오늘의 신부는 코르셋 없이도 당당했다. 면사포를 잘못 씌웠는지 거치적거린다며 벗고 싶어 하는 모습에서 팔뚝 걱정이 없는 자의 여유가 보였다. 손을 꼭 잡고 함께 입장하는 신랑, 신부의 모습은 놀이공원에 데이트하러 나온 20대 커플 같았다.

나는 어쩌다 보니 유부녀들과 한 테이블에 앉았고, 우리의 대화 주제는 자연스럽게 임신, 출산, 육아가 되었다. A는 아이가 둘인 프리랜서, B는 임신을 준비 중인 직장인이었다.

A는 둘째를 갖기 위해 시험관을 세 번 하는 사이 일 년이 후딱 지나가면서 두 아이의 터울이 계획보다 더 커졌다고 했다. 자기 고집이 강한 둘째를 보육시설에 보내면 낮잠 시간에 절대 자지 않을 거라 생각해 네 살까지 데리고 있다가 다섯 살에 처음으로 유치원을

보냈다고도 했다. 임신 준비부터 시작하면 못해도 5년. 나는 놀라움을 감추지 못하고 그 시간을 어떻게 '버텼는지' 물었다. 대답 대신 나온 긴 한숨에 우리는 같이 웃었다.

B는 임신을 위해 병원에 다닌다고 했다. (배란을 촉진하는) 약을 먹기 시작했는데, 배란 예정일에 하필 회사에서 중요한 프로젝트가 있어 고민이라고 했다. 그렇다면 생리 주기를 옮겨야 하나, 결론에 이르렀을 때 주례사가 시작되었다.

주례는 4대 성인의 결혼관을 인용하며 두 사람의 결혼을 축복하는 내용이었다. 악처로 유명한 소크라테스도 "무조건 결혼해라"라고 했다는 대목을 듣다 피식 웃음이 났다. "좋은 아내를 만나면 행복할 것이다. 나쁜 아내를 만나면 철학자가 될 것이다"라고 했던 소크라테스. 뒤집어 보면 결혼이란 끝없이 질문을 던지고 고뇌하는 철학자를 만들 정도의 고통이란 소리겠지. 어쨌거나 세계 4대 성인으로 남았으니 그 또한 의미 있는 결혼인 걸까? 마지막 성인은 예수였다. 예수는 결혼 자체가 하나님의 축복이라 하였고, "그 결실은 아이들"이라고 했다. 잠깐만요, 주례 선생님! 오늘 이 커플은 결실 없이도 충만하다고 하는데요?

나는 내 아이를 낳을 뿐,
고구려 땅을 되찾겠다는 건 아니고

———————

결혼 후 (임신 때문에) 처음으로 친정에서 맞이한 설날 아침. 만삭의 나를 보며 고모부는 참으로 거창하고도 부담스러운 축사를 하셨다.

"정말 애국하는 겁니다(원래 말투도 교장선생님 훈화 스타일인데, 결혼 후엔 남편을 의식해서 그러시는지 거의 존댓말을 쓰신다). 우리가 고구려 때 영토가 얼마나 대단했습니까? 그때 고구려가 통일했으면 만주 땅이 우리 거예요. 그거 되찾아와야 합니다. 요즘 저출산이 너무 심각하잖아! 국민이 늘어나야 국력도 세지는데. 우리도 중국처럼 인구가 늘어나면 고구려 때 영토 찾아올 수 있어요."

하, '저출산'이 아니라 '저출생'입니다. 인구 절벽 문제는 '가임기 여성'의 책임이 아니거든요. 애국이 나쁜 말은 아니지만, 저희는 그저 아이가 갖고 싶었을 뿐입니다. 이 나라에 이바지하겠다는 생각은 없었어요. 기회만 된다면 이 나라를 뜨고 싶고요.

물론 말하진 못했다. 훈화 말씀이 끝도 없이 길어질 게 뻔하니까. 출산 후 큰일 했다, 애국자다 소리는 적지 않게 들었지만, 쌍둥이 출산이 고구려 영토를 되찾는 이야기로 이어질 줄은 상상도 하지 못했다. 죄송하지만 나는 아이들에게 삼국시대 때 고구려 땅이 얼마나 넓었는지 이야기할 일은 없을 것 같다. 그럴 시간이 있다면 일본이 할머니들의 삶을 끔찍하게 짓밟고 사과도 안 한 일에 관해 이야기할 것이다.

아이들의 미래에 바라는 건 한 가지. 국가나 인종 같은 경계와 구분이 아닌 다양성의 가치가 중요한 시대를 사는 것이다. 당장 나부터 잘하고 볼 일이다.

안녕하세요,
서울 사는 맘충입니다

"너네 '낭낭하게'가 어디서 시작된 말인지 알아?"

순댓국집에서 점심을 먹다 옆 옆 테이블의 대화에 귀가 커졌다. "그게 맘카페 회원이, 중국집에 군만두 서비스로 달라고 했는데 안 줬다고 투덜대서 시작된 말이야. 자기 애는 군만두밖에 못 먹는다고 서비스 군만두 몇 개만 달라고 해놓고, 또 짜장면 하나는 애랑 같이 나눠 먹을 거니까 양 좀 '낭낭하게' 달라고 해서."

20대로 보이는 남성은 같이 온 여성들에게 '낭낭하게'의 어원에 대해 꽤 큰 목소리로 이야기했고(바로 옆자리보다 그 테이블의 대화가 더 잘 들렸다), 덕분에 나는 신조어 하나를 알게 되었다. 한편으론 궁금했다. 그는 테이블이 만석인 점심시간에, 어느 자리엔 나 같은 애 엄마도 있단 생각은 못 한 걸까? 아니면 누가 들어도 무방한 정보의 공유라고 생각했을까? 잘 먹고 있던 순댓국의 맛이 달라지는 기분이었다.

맘충을 부탁해

"나도 이 표현 너무 싫고 조심스럽긴 한데, 맘충 말이야. 한 번 '까야' 되지 않을까?" '욕쟁이 쌍둥이 엄마의 임신, 출산, 육아 고발 르포'를 쓰고 있다고 근황을 전하자 친한 선배가 '맘충'을 주제로 한 글을 부탁했다. 민폐 캐릭터를 오장육부로 싫어하는 그는 비행기에서 한 엄마의 진상을 눈앞에서 본 뒤로 전에 안 쓰던 맘충이란 말을 쓰기 시작했다.

그 '애 엄마'의 자리는 비상구 통로측이었고, 이제 한 돌 정도 돼 보이는 아기를 자신의 옆자리(세 좌석의 가운데)에 앉혔다. 비행기 문이 닫히고 이륙 전 좌석 정리 시간. 한 할머니가 남아 있던 비상구 좌석에 앉으려고 하자 '애 엄마'가 말했다. "할머니, 거기 할머니 자리 아니잖아요?" 할머니는 무릎이 아파서 그런다며 앉으려 했고, '애 엄마'는 계속 막았다. 다른 승객들이 둘의 대화를 신경 쓰며 불편해하자 보다 못한 승무원이 나섰다. "고객님, 모든 승객이 다 착석하신 후에는 필요에 따라 빈 좌석으로 이동하실 수 있습니다." 승무원의 만류에도 불구하고 '애 엄마'는 할머니의 착석을 거부했다. "할머니, 낯선 사람이 자기 옆에 앉으면 아기가 얼마나 불안하겠어요?"

바로 뒷자리에서 지켜보던 선배는 세상에 자신과 자신의 애밖에 없는 것처럼 무례하게 구는 '애 엄마'의 행동에 부아가 났고, 그러

4장. 엄마를 위한 나라? 엿이나 먹으라지!

는 그쪽은 당신 애를 앉힌 그 좌석을 돈 주고 샀냐고 물을지 계속 고민했다. 다행히 할머니는 면박보다 무릎이 쑤신 게 더 중요하셨는지 자리에 앉으셨고, 비행기가 이륙하자 '애 엄마'는 포기한 듯 입을 다물었다. 이야기를 마친 선배는 내게 동의를 구했다. "이러니 맘충 소리가 안 나와?" 나는 길게 한숨을 쉬었다. 그러게요. 그 애 엄마, 이기적이고 무례하다는 말론 부족하네. 그런데 선배, 우리 맘충이란 말은 안 쓰면 안 될까?

맘충을 피하고 싶었어

출산을 계획했던 나는 맘충이란 단어의 등장에 적잖은 충격을 받았다. 발을 조금이라도 헛디디면 바로 이름이 올라가는 블랙리스트 후보가 된 기분이었다. 같은 애 엄마가 봐도 민폐, 진상인 상식 밖의 애 엄마를 비난하는 말이라는 건 알았지만, 인터넷에서 혐오의 의미를 담아 사용되는 대부분의 말이 그러하듯 얼마든지 일반화의 공격을 받을 수 있었다.

알다시피 말은 생각을 지배한다. 맘충이란 말이 등장한 세상은 이전과 절대 같을 수 없다. 외국에 나갔을 때 '어글리 코리안'이나 '옐로 몽키' 등 인종 차별이 담긴 말들을 나도 모르게 의식하듯, 아이들을 데리고 외출하면 어디선가 맘충으로 찍히지 않기 위해 신경을 곤두세웠다. 남편 역시 타인에게 해를 끼치는 행동을 극도로 꺼리는 사람이었지만, 내가 까슬까슬하게 느끼는 사회 분위기엔 잘 공감하지 못했다.

단적인 예로, 친구를 만나기 위해 4인 가족이 식당에 총출동했을 때였다. 2층 독채 건물을 쓰는 대규모 식당이었지만, 기저귀 교환대가 없는 화장실을 확인한 초보 엄마, 아빠는 아이들이 이곳에서 대변을 치르진 않을까 걱정이 앞섰다. 식사를 마치고 남편에게 옆자리 아이(우리는 아이와 하나씩 짝을 지어 나란히 앉는다)에게 배변 낌새가 있는지 물었는데, 곧 그 질문을 후회하게 됐다. 남편이 자리에서 일어나더니 아이를 번쩍 들어 엉덩이에 코를 박았기 때문이다. 나는 너무 당황한 나머지 얼굴이 새빨개졌다. "사람들 밥 먹는데 뭐 하는 거야? 얼른 앉아!" 남편은 어이없는 눈치였다. "뭐 어때? 기저귀를 간 것도 아니잖아?"

남편의 말이 틀린 건 아니었다. 남들 다 보는 데서 기저귀를 간 것도 아니고, 영역 표시하듯 똥 기저귀를 남겨두고 간 것도 아니니까. 하지만 밥 먹는 식당 한가운데 우뚝 선 '아이의 배변을 후각으로 확인하는 아버지상'을 보고, 누군가는 충분히 불쾌해할 수도 있었다. 그러나 남편은 내가 주변 사람들의 분위기를 살피며 자신을 나무라는 이유를 당최 모르는 눈치였다. 그대는 맘충 같은 소리 들을 일 없다, 이건가?

노키즈존은 아니지만 키즈존도 아닌

맘충이 사회적 공분의 대상이 된 이야기 대부분은 식당과 카페에서 일어났다. 식사를 주문해야 나오는 후식을 아이 주게 그냥 달라고 하거나, 김밥 재료 중 아이가 못 먹는 단무지와 오이는 빼서 김밥 한 줄을 더 싸달라거나. 사람들은 '거지 근성' 애 엄마들의 갑질 횡포라며 분노했고, 그걸 지켜보는 애 엄마의 심정은 복잡했다.

맞아요, 그 사람이 잘못했네요. 서비스를 당연하게 요구하고, 그걸 해주지 않으면 맘카페에 올린다고 협박하는 경우도 있다죠? 가뜩이나 먹고 살기 힘든 시대에 자영업자분들은 얼마나 분통이 터지실까요? 그런데 말입니다. 어느 집단에나 이상하고 나쁜 사람은 있잖아요. 소수 애 엄마들의 잘못으로 대다수 무고한 애 엄마들은 자기 동네에서도 갈 곳이 별로 없답니다.

우리 동네 역세권에 있는 세 곳의 유명 체인 커피전문점 가운데 유아 의자가 있는 곳은 딱 한 곳, 스타벅스뿐이다. 다른 지역에 가도 상황은 비슷했다. 노키즈존은 아니지만 아이의 낙상을 막을 의자는 따로 갖춰지지 않은 카페에 가면 아이를 안고 있거나 옆에서 잡고 있어야 한다. 사실 동네에선 작은 카페들이 아이와 함께 가기 더 편하지만, 어쩌다 생긴 쿠폰을 쓰기 위해 체인 커피점에 가야 할 때면 유아 의자가 상비된 스타벅스가 편했다.

아이를 동반한 카페 방문은 생각보다 돈이 많이 들었다. 아이들에게 어린이 음료를 하나씩 들리고 함께 먹을 곡물 과자까지 사준다면, 어른 둘이 마시는 커피값보다 많이 나왔다. 앉아 있는 시간이라고 해봐야 최대 한 시간이지만, 자릿세를 내야 한다는 강박감이 컸다. 카페에 가면 1인 1메뉴, 식당에 가면 3인분 이상을 주문하는 걸 원칙으로 했다. 서비스를 받으면 팁을 지불하는 게 당연한 나라에서 매너 없는 외국인이 되지 않기 위해 강박적으로 팁을 계산하는 것처럼, 아이를 키우는 부모들은 아이 한 명에게 성인 한 명이 이용하는 것보다 비싼 돈을 내는 경우가 많다. 노키즈존은 아니지만 아이를 동행한 게 눈치가 보이기 때문이다. 입장을 허락해준 업소에 대한 최소한의 매너로, 최대의 경비를 내는 것이다. 그러면서도 매장 스태프보다 열심히 자리를 치우고 나온다.

외국에서 아이를 키우는 친구들은 아이를 배려하지 않는 한국의 분위기를 훨씬 불편하게 느꼈다. 지하철에서 아이가 칭얼대면 이어폰 없이 동영상을 보거나 시끄럽게 통화라도 한 것처럼 눈총을 받는다는 건 여러 번 들은 이야기다. 한 지인은 친구를 만나러 스타벅스에 갔다가 맘충 취급을 받았다며 분통을 터뜨렸다. "애가 시끄럽게 군 것도 아니고, 자리에서 작은 장난감을 갖고 놀았어. 그런데 맞은 편에 있던 한 여자가 나랑 애를 번갈아가며 째려보는 거야. 자기는 앞자리 의자에 발 올려놓고 노트북 하면서!"

친구를 노려봤다는 그 사람은 혼자 작업만 하는 사람들도 있는 카페에, 아이를 동행한 나의 지인을 정말 맘충이라 생각했을까? 아파트 단지 안에 위치해 아이를 동반한 가족들도 많이 이용하는, 보기 드물게 유아 의자가 상비된 글로벌 체인 커피전문점에서, 커피 한 잔 값을 내고 카페를 전세 낸 듯 작업하면서 아이와 보호자를 불편하게 만든 그도, 누군가의 입장에선 충분히 예의 없는 인물일 수 있다.

기내에서 소란을 피워 죄송합니다

———————

두 해 전 명절. 우리가 탄 비행기에서 아이가 이륙 전부터 착륙 직전까지 울던 날, 나는 지옥을 맛봤다. 이륙하는 비행기에서 자리에서 일어나지도 못한 채, 아무리 달래도 울음을 그치지 않는 생후 6개월의 아이를 안고, 주변 승객들에게 일일이 양해를 구하며 귀마개를 갖다 줄지 묻는 승무원들을 보는 것. 그건 지옥의 일상 버전이었다. 승무원은 3분에 한 번씩 내 옆으로 와서 안쓰럽고도 미안하고도 곤란한 표정으로 말했다. "혹시 아이가 어디 아픈 건 아닐까요? 저희가 뭘 도와드리면 되죠?" 나는 어쩔 줄 몰라 계속 죄송하다고만 했는데, 사실 이렇게 말하고 싶었다. "제발, 저 좀 여기서 꺼지게 해주세요!"

바쁘고 지친 현대인이 중간에 내리지도 못하는 비행기에서 언제 끝날지 모르는 아이 울음소리를 듣는 건 그야말로 고역일 거다. 부모라고 해서 내 아이 울음소리가 크리스마스 캐럴처럼 들리는 것은 절대 아니기에, 당연히 그럴 것이라 생각한다. 웬만한 사람은 10분 안에 인내심의 한계에 다다를 것이다. '정말 짜증나 죽겠군' 생각할 거다. 하지만 우는 아이를 달래며 주변 사람들의 눈총을 받는 엄마는, 아이가 울음을 그치기 전까진 죽어서도 안 된다.

좌석벨트 사인이 꺼진 뒤, 비상구 쪽에 서서 아이를 달래다 문득 싱가폴에 사는 친구가 떠올랐다. 한국에 오는 6시간 동안 이착륙 시간 말고는 내내 일어나서 아이를 달랬다고 했던 친구. 한 시간 남짓도 이렇게 괴로운데, 그 긴 시간을 얼마나 힘들었을까? 그날의 대환장 비행을 마친 후, 나는 '아이 두 돌 전 해외여행'을 포기했다. 방사능 때문에 일본을 빼고, 미세먼지 때문에 중국을 빼고, 지카 바이러스 때문에 동남아를 뺐더니 당최 임신한 몸으로 갈만한 나라가 없어 출산 전 여행('태교 여행'이란 말은 불편하다)을 포기한 후, 우리는 애 키우는 가정에서 많이들 하듯 두 돌이 되기 전(비행깃값을 내기 전) 해외여행을 가기로 했다. 하지만 아이들의 두 돌이 임박하자 떠날 자신이 없었다.

현지에서 내 가이드만 기다릴 남편에게 역정을 내며 사실상 애 셋을 끌고 다니는 고단함은 차치하더라도, 도저히 비행기를 탈 자신이 없었다. 또다시 아이가 비행 내내 운다면, 지난번엔 하나였지만 둘이 쌍으로라도 운다면, 그래서 우리 주변으로 승무원들이 바쁘게 움직인다면, 여기저기서 사람들의 탄식 소리가 들린다면, 전에 참은 눈물까지 터져 통곡을 할 테니까.

낭낭하게, 맘충을 싫어하세요?

얼마 전 일이다. 식당 앞 인도에서 지갑 정리를 하려고 잠시 아이의 손을 놓았는데, 하마터면 지나가던 전동 킥보드에 부딪힐 뻔했다. 놀란 나는 아이를 끌어당기며 "죄송합니다"라고 했는데, 상대의 반응을 듣고 귀를 의심했다. 그(성인 여성이었다)는 나와 아이 얼굴을 한 번 노려보고는 "어후!" 탄식의 소리를 내면서 자리를 떴다. 가벼운 몸짓으로 인도를 달려 횡단보도를 슝 건너는 그 뒷모습을 보며 나는 뒤늦게 억울함이 북받쳤다.

이봐요, 좀 전에 내가 한 사과는 취소예요! 그리고 전동 킥보드로 인도에서 달리면 처벌 대상인 거 몰라요(적발 시 3만 원의 범칙금을 내야 한다)? 헬멧도 안 썼잖아요(범칙금 2만 원 추가다)? 당신이 도로교통법을 어기고 인도를 달렸어도 나는 사과했어요. 놀라긴 마찬가지였을 테니까. 그런데 당신은 아이를 칠 뻔하고 조금도 미안하지 않은 거예요?

그날 다짐했다. 앞으로는 나와 아이가 다른 사람에게 분명한 잘못을 했을 때만 사과할 것이다. 공공장소에 아이를 동행했다고 무조건 눈치 보거나 반사적으로 죄송하다 말하지 않을 것이다.

일부 무개념 애 엄마를 가리키는 '맘충'이란 단어는 가뜩이나 육아로 사회에서 고립된 엄마들의 일상을 '자기 검열'로 숨막히게 만든다. 유자녀 여성이 맘충을 자신과는 무관한 말로 생각하며 엄마들을 향한 차별적 잣대에서 벗어나 아이를 키우고 있다면, 그건 정말 축복이다. 불행하게도 나는 그러지 못했다.

출산 후, 외부에서 누군가에게 의도치 않게 피해를 줄 때마다 '내가 맘충인가?' 하는 생각에 괴로웠다. 애 둘을 데리고 먼길을 가던 날. "지하 주차장에 택시를 부르는 건 민폐"라는 남편의 말 때문에 아파트 정문 앞으로 택시를 불렀다. 예상보다 택시는 빨리 도착했고, 애들을 양 옆구리에 끼고 뛰었지만, 5분 넘게 기다린 택시 기사는 이미 화가 나 있었다. 여러 번 죄송하다고 했지만 들은 척도 하지 않았다. 적막한 택시를 타고 가는 내내 출발지에서 택시를 부르지 않은 내 행동을 자책했다. 하지만 목적지에 도착 후, 그럴 가치가 전혀 없는 일이란 걸 알게 됐다. 두 아이를 차례로 내리고 있는 내게, 기사가 던지듯 기저귀 가방을 건넨 것이다.

쌩하니 떠나는 택시를 보며 더러워진 기분으로 도착한 친구의 집. 얼이 빠진 나를 보며 친구는 자신의 경험담을 들려주었다. 다섯 살 딸을 데리고 택시를 불러 친정에 가던 길. 재잘거리는 아이를 백미러로 보던 기사는 이렇게 말했다. "고놈 말 되게 많네!" 아이는 놀라 입을 다물었고, 친구는 그 말을 못 들은 척했다. 남성을 태운 택시와 여성을 태운 택시가 다른 시간을 달리는 것은 알았지만, 아이를 동반한 여성은 더욱 약자라는 사실은 그날 처음 알았다.

아이와 함께 묵을 독채 숙소를 알아보던 다른 친구는 투숙 인원 제한 안내문을 보다 여러 번 기분이 상했다. "입실 때 '아이가 작은데 봐주세요' 해도 소용없다는 글이 있더라고. 누군가 맘충짓을 해서 조치를 취했겠지만, 이런 안내문만으로도 박탈감을 느낀단 건 생각 못 하겠지."

노키즈존 문구를 보고 부모에게 사과하는 아이들도 있다고 했다. 자신 때문에 엄마, 아빠도 못 들어가게 만들어서 미안하다고. 아이가 다른 사람에게 폐를 끼쳤다면 보호자가 사과하고 시정해야 마땅하지만, 아이가 자신의 존재를 미안해하는 사회는 너무 절망적이지 않나? 아이를 함께 키우기 좋은 사회는 어딜 가든 유아차가 보이는 대단지 아파트촌에서만 가능할까?

'노키즈존' 대신 '노배드패런츠존'이라고 말을 바꿔도, 결국 아이를 동행한 부모는 예비 블랙리스트가 되는 것이 현실이다. 또한 운동신경과는 무관하게 엄마들이 느끼는 노키즈존과 노배드패런츠존의 문턱은 아빠들이 느끼는 그것보다 훨씬 높다.

나는 아이를 키우며 전보다 더 좋은 사람이 되기 위해 노력하는 여성들을 많이 알고 있다. 그들은 내 아이 밥을 챙기며 지구 건너편 아이의 끼니를 후원하고, 구매할 때마다 저소득 계층 10대에게 생리대가 지원되는 생리대를 사며, 무책임한 어른들의 방관으로 바다에 가라앉은 아이들을 잊지 않기 위해 4월을 애도한다. 약자와 소수자의 삶에 더 많은 관심을 기울이고, 할 수 있는 한 최선을 다해 힘을 보탠다. 그런 여성들이 더 많은 곳에, 더 마음 편히 입장할 수 있다면 좋겠다. 유아차를 끌고, 아이의 손을 잡고서 말이다.

여자들의 진짜 우정은
애 낳고부터

"여기에선 눈치 안 보고 자유로워.

기저귀를 뒤로 채우거나 우유병 소독 까먹어도 괜찮다니까.

맛없는 이유식 대신 맥너겟 먹여도 다 통과야."

_영화 〈임신한 당신이 알아야 할 모든 것〉 중에서

알렉스는 난임 시술 끝에 입양을 결정하지만 아이를 원하는지 확신이 없다. 하루는 아내에게 등 떠밀려 애 아빠들 모임에 참석하는데, 이름하여 '남자 클럽(Dude's Club)'이다. 토요일마다 아이들을 데리고 다 같이 공원을 산책하는 게 주요 행사다. 모임의 규칙은 두 가지.

첫째, 이곳에서 나눈 대화는 비밀이다. 프랑스 사람도 아니면서 아들 '헨리'를 '앙리'라고 부르는 아내 험담도, 카시트가 들어가지 않는 '카마로'를 죽어도 팔기 싫다는 진심도(하여간, 그놈의 범블비!), 싱글 친구가 보여준 중미 여성의 사진에 감탄한 것도, 모두 비밀!

둘째, 비난은 금물이다. 아빠가 될 준비가 안 됐다는 알렉스에게 한 아빠가 자신의 딸은 절대 울지 않으니 안아보라고 권한다. "테이블에서 떨어졌는데 울음소리도 안 냈다니까"라면서. 알렉스는 경악하지만 다른 회원들은 "사고는 언제나 일어난다"면서 아찔한 육아의 순간들을 무용담처럼 늘어놓는다. 자신의 아이는 담배를 먹었다, 건조기 안에서 놀고 있더라, 변기에서 수영을 했다… 하다 하다 어린이집에서 다른 아이를 데려온 아빠도 있다. 대체 이 남자들이 모여서 하는 대화라는 게… 너무 부럽잖아?

내가 출산 후 그토록 꿈꾸던 모임을 영화 속 아빠들은 이미 하고 있었다. 모든 대화는 비밀에 부치고, 어떤 비난도 하지 않는 엄마들의 모임. 가정을 파탄 내려는 게 아니라 서로를 위로하기 위해 만나는 모임 말이다.

가슴으로 친해지는 조리원 동기

올해로 10살이 된 A의 딸이 태어났을 때 일이다. A는 스물일곱 살에 친한 친구들 가운데 가장 먼저 결혼했고, 서른한 살에 아이를 낳았다. 서른한 살. 또래 친구들은 여전히 비혼이었고, 이제 좀 수입다운 수입을 벌기 시작해 돈 쓰는 재미를 알아가고 있었다. 나는

4장. 엄마를 위한 나라? 엿이나 먹으라지!

임신 안정기에 들어간 A네 부부와 제주를 여행하고, 만삭이 될 때까지 주기적으로 만났지만, 10대 시절부터 붙어 다녔던 절친이 한 아이의 엄마가 된다는 게 사실 잘 실감이 나지 않았다.

엄마, 아빠를 반씩 닮았다는 아기 사진을 받고 한 달 후. 다른 친구와 함께 A를 보러 갔다. '아이가 자고 있어요. 벨 누르지 말고 노크해 주세요' 스티커가 붙은 현관문을 열고 들어가니 집은 전에 없이 고요했다. 우리가 함께 마시고 취하고 토하던 아지트가 아니었다. 방문을 빼꼼 열어보니 속싸개에 폭 싸인 작은 생명체가 쌔근쌔근 자고 있었다. 어디 가서 목청으로 지지 않는 A는 옆방에 살인마라도 있는 것처럼 숨죽여 말했고, 우리는 따라서 속삭이듯 대화를 나눴다.

A는 장시간 진통 끝에 제왕절개 수술을 했다. 엄마들 사이에서는 가장 '피하고 싶은' 출산의 경우였다. '자연분만'이라는 고귀한 출산 방식을 위해 장시간의 고통을 감수했건만, 이러다가는 산모와 아이 모두 위험해진다는 의료진의 설득 끝에 긴급 수술에 들어가는 상황. 나의 모든 상상력과 공감 능력을 총동원해도 좀처럼 가늠하기 어려운 경험이었다. 어림짐작도 할 수 없는 시간을 통과해서인지, 인생의 중요한 순간마다 함께 했던 친구의 얼굴이 어딘가 달라 보였다.

A는 의사에게 자연분만을 하게 해달라며 울었다고 했다. 나와 다

른 친구는 위로든 격려든 적당한 말을 찾지 못하고 "고생 많았어"라는 말만 되풀이했다. 모르긴 몰라도 온몸이 끊어질 듯 아프다는 그 고통스러운 순간에, 나의 소중한 친구가 왜 그렇게 (자연스럽지 않게) 자연분만을 고집하다 위험한 상황까지 갔는지(긴급 수술로 제왕절개 분만을 한 경우라 보험 혜택을 받았다), 뒤늦게 가슴이 철렁할 뿐 이해하기 어려웠다.

수술 동의서에 사인하는 와중에 시댁 식구들이 자꾸만 병원에 오겠다고 연락해 남편이 화를 냈다고도 했다. 나는 갸웃했다. 잠깐만, 다들 그렇게 하지 않아? 드라마 속 출산 장면의 클리셰잖아. 수술실 밖에서 초조하게 기다리던 남편이 급하게 찾아온 양가 부모님의 손을 맞잡는 모습 말이야. 그땐 미처 알지 못했다. 산모의 보호자인 남편이 병원에서 이리 뛰고 저리 뛰는 가운데, 양가 부모님이 병원에 오신다고 도움될 건 없다는 사실을. 긴박한 상황 속에서 어른들을 챙기는 게 얼마나 부담스러운 일인지 말이다. 당시 나의 솔직한 감정은, 가족이라면 끔뻑 죽는 A의 남편이 가족한테 화낼 때도 있단 사실이 신기하단 정도였다.

어느 순간부터 비혼 둘은 조용해졌다. A는 결혼도 안 한 '아가씨들'한테 출산에 대한 공포심을 조장한다 생각했는지 조리원에서 남편에게 분노한 이야기로 화제를 바꿨다. "음식이 입에 안 맞아서 치킨 좀 사다 달랬더니, 글쎄 맥주 피처를 옆구리에 끼고 온 거 있지?" 그게 분위기 파악 못 한 행동이란 건 알아도 단전에서부터 분노가 끓어오르는 일이란 걸 두 비혼은 역시나 알지 못했다. 웃으라고 한 이야기니 그냥 웃었다. "애도 낳았겠다, 보란 듯이 들고 마셔야지!" 하면서.

순간 너무 크게 웃었던 걸까? 온종일 잠만 자는 줄 알았던 신생아가 깨서 울기 시작했고, A는 아주 오래전부터 해왔던 것처럼 자연스럽게 아기에게 젖을 물렸다. 옷섶을 풀자 등장한 '엄마의 가슴'을 보고 나는 흠칫 놀라 고개를 돌렸다. 중학생 때부터 같이 목욕탕에 다녔지만, 수유를 위해 풍만해진 친구의 가슴은 무서울 정도로 컸다(!). 수유를 마치고 A는 아기를 안아보라 권했는데, 나는 폭풍우를 헤치고 가는 자동차 와이퍼보다 빠른 속도로 손사래를 쳤다. 저렇게 조그만 아기를 안으라고? 손만 대도 바스러질 것 같은데? 난 못 해 친구야! 이해심 많은 친구였지만 아마 서운했을 것이다. 출산과 육아에 무지하고, 무지해서 두려운 나머지 뒷걸음질치는 절친에게.

그런데 우리와 대화하는 중간중간, A는 휴대전화를 확인하더니 피식피식 웃으며 메시지를 입력했다. '조리원 동기'들의 채팅방이라고 했다. 조리원도 동기가 있다는 건 그때 처음 알았다. 인원은 무려 8명. 2~3주간 미역국 먹을 때만 빼고 내내 누워 있는 곳이 조리원인 줄 알았던 나는 이 여성들이 언제 어디서 어떻게 만나 통성명을 마치고 가까워져서 채팅방까지 만들었는지 신기할 따름이었다.

"수유하면서 친해졌어." A가 있던 조리원은 산모들이 공용 공간에서 수유를 하는 곳이었다. 신생아실 옆방, 'ㄱ자'로 놓인 긴 소파에 앉아 수유하다 보면 자연스럽게 눈이 마주치고 인사를 하게 된다고 했다. 아이가 젖은 잘 먹냐, 엄마는 젖은 잘 나오냐 물으면서. 새언니 말고는 수유하는 여성의 가슴을 가까이서 본 적 없던 나는 수유실의 풍경을 듣고 또 들어도 좀처럼 그림이 그려지지 않았다. 처음 보는 사람들 앞에서 가슴을 드러내고 젖을 먹인다고? 그러면서 대화도 하고?

내게는 문화 충격이었지만, 똑같은 옷을 입고 나란히 앉아 비슷한 시기에 태어난 아기에게 젖을 먹이는 엄마들은 자연스럽게 유대감을 형성하는 것 같았다. 조리원 동기들의 채팅방 대화는 대략 이런 식이었다. 누군가 아이 사진을 올리면 감탄과 칭찬이 쏟아지고, 힘든 일을 털어놓으면 너 나 할 것 없이 공감하고 격려하며, 궁금한 걸 물으면 자신이 알던 정보와 알아낸 정보를 공유한다. 비슷한 시기에 비슷한 문제에 부딪히고 비슷한 감정의 굴곡을 겪는 여성들은 그렇게 서로에게 힘이 되고 있었다. 어두컴컴 끝이 없는 긴 육아 터널도 조리원 동기와 함께라면 언제나 즐거울 것 같았다(어째서 이 글을 쓰는 내내 〈꼬마버스 타요〉 노래가 입에 맴도는지 모르겠다).

엄마가 된 A에게 조리원 동기들은 절실하고 든든한 네트워크였다. 하지만 출산도 조리원도 아는 게 없던 비혼의 눈에 그 관계는

〈기묘한 이야기〉에 등장한 '뒤집힌 세계'처럼 친절한 설명을 들으면 대충 이해할 것 같지만 사실 완벽하게 이해하기는 어려운 것이었다. 뉴욕에 사는 친구는 자신이 한국에 없던 몇 년 사이 어린이집 학부모가 된 A를 보며 경이로워했는데, 끊임없이 종알대는 A의 딸을 본 소감을 이렇게 밝혔다. "갑자기 나타난 생명체에게 친구를 뺏긴 기분이야."

엄마가 된 A를 처음으로 보러 갔던 그 날. 조리원 동기들과의 채팅방을 들여다보며 웃는 A를 보던 내 기분도 그랬다. 친구의 출산 후 내가 한 일이라고 해봐야 출산 선물로 뭐가 필요한지 두어 번 묻고 친구가 보내준 링크대로 접이식 욕조를 인터넷으로 주문한 게 전부였다. 그뿐인가. 긴 진통 끝에 수술실에 들어가며 너무나 무서웠을 친구를 한 달이 지나서야 보러 왔고(이건 나름대로 변명의 여지가 있다. 어른들이 하나같이 '삼칠일(21일)'이 지나면 보러 가라고 잔소리했다!), 친구의 출산과 조리와 육아 이야기를 들으며 전혀 공감 못 하는 티를 냈다. 아무리 그래도 그렇지. 알게 된 지 고작 한 달 조금 넘은 사람들에게 밀리는 건, 좀 서운했다.

어린이집 엄마와도 친구가 될 수 있을까?

––––––––

며칠 전, 다른 동네로 이사 간 B와 만났다. 반년만의 만남에 주어진 시간은 한 시간 남짓. 우리는 그간의 크고 작은 신변 변화를 빠르게 공유한 다음, B의 둘째(딸)에게 주기 위해 모아둔 희희의 옷과 신발 기증식을 하고, 남매둥이와 연년생 남매의 최근 사진과 동영상을 함께 감상한 다음 1박 2일 집들이를 기약하며 헤어졌다.

B는 쌍둥이의 어린이집 첫 친구의 엄마이자 나의 첫 '어린이집 동기'였다. 정원이 3명인 0세 반의 하나뿐인 '같은 반 엄마'. 어린이집 신입생 오리엔테이션 날. 앞으로 아이들이 생활하게 될 반에서 담임선생님은 나와 B를 앉혀놓고 물었다. "어느 어머님이 '운영위원' 하시겠어요?" 녹색 어머니회도 알고, 자모회와 육성회도 알았지만, 어린이집 운영위원은 이날 처음 들었다. 담임선생님은 분기별로 운영회의에 참석해 어린이집 운영에 대한 전반적인 내용을 검토하고 다른 엄마들(아빠는요? 보호자가 엄마, 아빠가 아닌 경우는요?)의 의견을 모으고 전달하는 게 역할이라고 친절하게 설명해주셨다. 잘은 몰라도 피곤할 게 뻔한 자리였다. 나는 3초 정도 하나뿐인 같은 반 엄마의 눈치를 살피다 입을 열었다. "셋 중 둘이 저희 아이인데, 제가 하는 게 도리겠죠?"

이후 운영위원회에 참석해 알게 된 운영위원 선출 과정은 생각보다 1차원적이었다. 누구는 가위바위보에 졌고, 누구는 유일한 전업주부였으며, 누구는 두 아이를 연달아 보내다 보니 피할 수 없었다고 했다. 물론 나 역시 선뜻, 기꺼이 자진한 건 아니었다. 아이가 하나였다면 좀 더 눈치를 살폈을 것이고, 직책(임명장도 준다)에 더 잘 어울리는 사람이 있지 않겠냐며 한 번 이상 사양했을 것이고, 정 안 되면 정정당당하게 가위바위보를 제안했을 것이다. 하지만 결과적으로 운영위원을 자진한 건 그해에 한 (몇 개 안 되는) 착한 일 중 하나였다. 알고 보니 하나뿐인 같은 반 엄마는 임신한 상태였다.

각 반의 운영위원들이 처음으로 모이던 날. 요즘엔 쌍둥이가 많은 게 정말 신기하다며, 쌍둥이를 '어떻게 갖게 되었는지' 꼬치꼬치 묻는 원장에게 질린 나는 한 시간의 '벌 받는 회의'를 마치고 B에게 연락했다. 전화번호를 주고받은 적은 없었지만 반마다 학부모들과의 채팅방을 만들어놓은 원장 덕분에 그에게 따로 톡을 보낼 수 있었다. 회의 내용 전달사항이라는 메시지에 특별히 할 말이 없었을 B의 답은 친절하지만 형식적인 종결형이었다. "고생이 많으시네요." 하지만 나는 그 답을 물고 늘어지며 커피 타임을 제안했다. "시간 되세요? 언제가 편하세요?"

돌이켜 보면 그때의 나는 '동지'가 간절했던 것 같다. 내가 겪고 있는 상황과 감정을 누구보다 잘 아는, 함께 분노하고 어깨를 두드려줄 누군가. 퇴근한 남편을 붙잡고 나의 상식과 경험으로는 당최 이해가 안 되는 어린이집 원장에 대한 분노와 하루하루 안색이 나빠지는 담임을 향한 안쓰러움과 답답함을 토로하는 건 문제해결에 별로 도움이 되지 않았다. 내 이야기를 끝까지 참고 들은 남편이

해줄 수 있는 최선의 말은 "그럼 어린이집 보내지 말까? 돌봄선생님 다시 알아볼래?"였다. 전액 정부 지원인 어린이집을 두고 한 달에 못해도 100만 원씩은 지출해야 하는 돌봄 서비스라니, 이 선택이 무리라는 건 낭만주의 문과생도 3초 안에 할 수 있는 계산이었다. "그건 아니고…" 하고 돌아서면 내일 또 등하원 길에 어떤 스트레스를 받게 될지 막막했다.

다행히 아이들은 등원을 시작한 지 한 달이 안 돼 낮잠을 자기 시작했다. 빠르면 한 달, 늦으면 몇 달도 걸릴 수 있다는 어린이집 적응 기간이 생각보다 빨리 끝난 것이다. 문제는 나였다. 너무 방어적인 나머지 다분히 공격적으로 느껴지는 어린이집의 운영방식과 원장의 '투명함'을 앞세운 섬세하지 못한 화법에 매일 놀라고 매일 화가 났다.

나만 힘든 걸까? 어린이집은 원래 이런 곳인데 내가 모난 엄마라서 영아들도 다 마친 적응을 여태 못하는 걸까? 같은 반 엄마는 어떨까? 임신한 몸으로 아이를 등하원 시키면서도 늘 웃는 얼굴의 B는 나와는 다른 차원에 사는 사람 같았다. 어린이집 앞이나 소아과에서 마주친 그는 언제나 생기 있게 화장한 얼굴에 D라인이 드러나는 원색 원피스나 데님 쇼츠 차림이었다. 파파라치 사진 속 임신한 할리우드 스타처럼 말이다.

하지만 저돌적으로 약속을 정해 함께 커피를 마신 날. 나의 예상

4장. 엄마를 위한 나라? 엿이나 먹으라지!

은 완전히 뒤집혔다. B는 껄끄러운 입소 과정을 겪으며 처음부터 원장을 불편해했고, 툭하면 자신의 아이를 생일이 몇 달 빠른 쌍둥이와 비교해서 말하는 담임 때문에 스트레스가 이만저만이 아니었다. 세 아이는 여름이 되어서야 급식을 먹기 시작했는데, 이유식을 매일 싸서 보내는 게 힘들어 여러 번 물었지만 돌아오는 답은 늘 같았다고 한다. "어머니, 아직 쌍둥이도 이유식 보내는데 너무 이르죠."

그는 아이를 어린이집에 계속 보내야 할지 고민하며 혼자서 운 적도 있었다. "하원할 때 보니까 애 얼굴이 빨갛더라고요. 아이가 오래 울면 그렇게 되거든요. 한자리에 못 앉아 있는 앤데, 원장이 식판 의자에 앉아 먹는 연습을 시켰다고 하더라고요. 돌도 안 된 애한테 무슨 훈육인가 싶어서 너무 당황했는데, 쌍둥이는 의자에 앉아서 얌전히 잘 먹는다고 하니까 할 말이 없는 거예요." 답답한 마음을 털어놓을 곳은 맘카페뿐이었다고 했다.

듣고 보니 우리는 같은 상황이었다. 같은 고민을 하며 밤잠을 설쳤던 두 엄마는 각자의 불안하고 불편했던 마음을 터놓으며 비로소 숨통이 트이는 기분이었다. 이후 우리는 어린이집의 새 준비물 구입처를 공유하고, 해외직구 아이템인 모기퇴치 밤을 비롯해 여러 구입한 물건을 나누고, 함께 노는 아이들 사진을 찍어서 서로에게 보내는 사이가 되었다. 등하원길에 스치듯 안녕하며 1분간 대화해도 척하면 척. 우리를 연대하게 만든 '공공의 적' 성대모사로 서로를 웃게 했다.

함께 커피를 마신 지 어느덧 3년째. B와는 꽤 괜찮은 관계를 이어 가고 있다. 우리가 육아 퇴근 후 만나 술집 닫는 시간까지 수다 떠는 걸 보며 남편들은 신기해했지만, 선배 엄마들은 (부모의 교육관과 교육열이 드러나기 전) 아이들이 영아일 때 사귄 엄마들 사이가 오래 간다고 분석했다. 그리고 나는 때 되면 서로의 안부를 묻고 자신이 할 수 있는 최선의 도움을 주는 엄마들의 끈끈한 네트워크를 이해하게 되었다.

혼자 서운해했던 A와는 어떻게 되었냐고? 말하지 않았나, A는 이 해심이 많다고. 임신 소식을 알렸을 때, A는 우리 집으로 꽃을 배달 시켰다. 아이들이 태어났을 땐 기차를 타고 내가 입원해 있던 병원에 왔다. 손에는 작은 꽃송이가 가득한 화분을 들고 있었는데, 쌍둥이 탄생목으로 키우라고 했다. 요즘도 그는 언젠가 술기운에 닭살 돋게 맹세했던 "서로에게 친정 엄마가 돼주자" 했던 약속을 성실히 지키고 있다.

언젠가 A의 집 안방을 차지하고 자다 달큰한 간장 냄새에 잠을 깼다. 부엌에 나가 보니 A는 메추리알 장조림을 두 아이의 입에 쏙 쏙 넣어주고 있었다. 그러면서 하는 말. "더 자지 왜 벌써 일어나? 그나저나 애들 엄청 잘 먹는다. 예뻐!" 친정 엄마보다 다정한 친구에게 감동할 때마다 생각한다. A랑 결혼할걸.

5장

출산은
네버엔딩
이었다

지금도 찔끔찔끔
나온다고!

"비밀이다, 자꾸 오줌 나와.

지금도 막 힘주고 있어.

촬영 나갈 때는 미치겠어. 지금도 힘주는 거야.

힘주고, 힘주고, 힘주고, 이제 풀고.

또 힘주고, 힘주고, 사는 게 이게 뭐니?"

내가 사랑하는 줄리 델피의 영화 〈2 데이즈 인 뉴욕〉 속 대사다. 아이가 있는 파리지앵 여자와 역시나 아이가 있는 뉴요커 남자의 '결혼 없는 동거' 로맨스를 그린 이 영화에서, 직장 동료였던 '마리옹'과 '밍구스'는 서로의 신세를 한탄하고 위로하다 눈이 맞는다. 생후 8개월 된 딸을 키우면서 애 아빠(결혼하지 않은 관계다)와는 죽기 살기로 싸우던 마리옹은 이 남자와 헤어지면 자신의 인생도 끝나는 게 아닐까 두려워한다. 밍구스는 "프랑스 여자잖아!"라며 위로하지만, 마리옹의 자기비하는 끝날 줄 모른다.

"곧 38살에, 아줌마 몸매에, 입만 열면 잔소리에, 애 딸려, 요실금 도 있다고!"

꽃보다 팬티

비밀인데, 요즘 자꾸 오줌이 나온다. 지금 이 글을 쓰면서도 힘주고 있다. 부지불식간에 재채기가 나올 때는 정말 미치겠다. 친한 친구 넷이 있는 톡방에서 육아 선배 A에게 요실금에 관한 이야기를 쓰겠다고 하자 다정한 내 친구는 말했다. "요실금까지 간 거야?" 그래, 요실금까지 갔다! A는 제왕절개로 분만해서 요실금은 없는 것 같다고 했다. 나 역시 제왕절개로 아이들을 낳았지만, 의료기준 노산에 쌍둥이 하중이 여러 몫 했는지 만성으로 불편한 느낌이 들었다. 임신 준비 중인 M은 우리의 대화를 보고 기겁했다. "무서워서 애 낳겠니? 너희보다 노산인 나는 어쩌라고? 현재 비혼이지만 비혼주의는 아니라 나중에 출산할 수도 있는 E는 또 어쩌고?"

어쩌긴, 힘줘야지!

지난가을 브런치에 연재를 시작한 '마더 퍼커: 엄마를 위한 나라는 없다'의 첫 주제는 똥이었다. '배변 훈련'이라는 전문 용어도 있지만, 애들 똥 치우느라 배변의 권리를 박탈당한 엄마의 이야기였

5장. 출산은 네버엔딩이었다

다. 그리고 이듬해 봄. 나는 내 맘대로 되지 않는 오줌에 대해 떠들고 있다. 뭔가 굉장히 근사하거나 고차원적인 주제를 다룰 거라 기대하진 않았지만, 임신하고 출산하고 육아하는 여성으로 내가 할 수 있는 이야기는 예상보다 더 똥 같았다.

 어젯밤엔 평년보다 빨리 개화한 벚꽃을 보러 나갔다. 내가 살고 있는 아파트 근처엔 윤중로에 갈 수 없는 아쉬움을 달랠만한 멋진 벚꽃길이 있는데, 다음날 비가 내린다는 소식을 듣고 남편에게 저녁 산책을 제안했다. "내일이면 꽃잎이 떨어질지도 모르잖아, 얼른 나가자!" 해놓고 보니 데이트 제안 같았다. 벚꽃, 저녁 산책, 나와 그. 낭만적이었다. 하지만 그 어떤 조건을 갖췄대도 '네 살배기 두 아이'가 끼면 낭만은 줄행랑을 치는 법이다. 집에서 나와 처음 5분 정도는 그럭저럭 괜찮았다. 2인승 유아차에 아이들을 태우고 가로등 불빛을 받은 벚꽃을 보며 걷는 잠깐, 나는 미세먼지 농도 '나쁨'을 잊고 잠시 설렜다.
 하지만 내리막길에 이르자 분위기가 삐그덕거렸다. 요즘 계속 안 좋은 무릎이 찌릿찌릿 아파왔다. 아이들 무게까지 더하면 40킬로그램이 넘는 유아차를 붙잡고 한 걸음 디딜 때마다 입에서 쓰읍, 소리가 나왔다. 뒤를 돌아보니 재활용 쓰레기를 버린 남편이 스마트폰으로 뭔가를 보면서 느릿느릿 다가오고 있었다. 나는 신경질적으로 말했다. "당신이 밀어!" 잠시 얌전했던 아이들은 얼마 가지 않아

내려서 걷겠다고 했고, 분명 내려서 걷는다 해놓고는 얼마 못 가 다리가 아프다고 안으라 했으며, 밥 먹은 지 30분도 지나지 않았는데 자꾸만 국수를 사달라고 했다(쌍둥이에게 외출은 곧 외식이며, 외식은 곧 국수를 의미했다).

금요일 저녁, 힙스터들이 몰려오는 동네에 아이들과 국수를 먹을 만한 곳은 없었다. 비 한 번에 꽃잎이 다 떨어지진 않을 텐데, 라며 저녁 외출을 주저하던 남편은 비좁은 길을 오르고 내리면서 점점 누군가(아마도 나?)를 원망하는 듯 거친 숨소리를 냈다. 그렇게 우리는 외출한 지 30분 만에 지쳤고, 국수를 먹겠다고 아우성치는 쌍둥이의 마음을 달래기 위해 아파트 단지 앞 빵집으로 갔다. 성난 두 유아는 주스와 빵에 마음이 금방 풀어졌지만, 지친 두 성인은 침대에 눕고 싶은 마음뿐이었다. 우리의 외출은 대부분 그런 식으로 끝났다. 조금이라도 뭔가를 기대하면 실망이 컸고, 누구 한 명의 잘못이 아니란 걸 알면서도 서로를 원망했다.

집에 들어가면 일단 씻는 거라고 확답을 받고 또 받으면서 (요즘 아이들은 '씻을 기분'이 아닐 때 씻는 걸 무척 싫어한다. 또한 씻는 방식을 '목욕'과 '샤워'로 철저히 구분해, 꼭 둘이 다른 방식을 요구한다) 아파트로 들어가는 길. 엘리베이터 앞에서 코가 간질거렸다. 에취! 꽃가루 때문인지, 미세먼지 때문인지 아무튼 뭔가에 반응한 재채기였다. 순간 속옷이 축축해졌다.

여자가 흘리지 말아야 할 것은

하얀 바지를 입고 자신의 옷태를 확인하며 만족하는 중년 여성. 성인 기저귀 광고의 한 장면이다. 처음 봤을 때, 나는 아름다운 중년 배우가 왜 굳이, 벌써 성인 기저귀 모델을 하는지 의아했다. 여전히 멜로물을 찍는 50대 남성 배우가 찍은 눈 영양제 광고를 보면서도 비슷한 생각을 했지만, 두 광고가 자극하는 내 안의 두려움은 엄연히 달랐다. 스마트폰을 멀찍이 떨어뜨려서 보거나 다초점 렌즈 안경을 쓰는 일은 자연스러운 노화로 받아들여지면서도, 생리대가 아닌 기저귀를 차는 날이 온다는 건 생각만 해도 아찔했다.

떠오르는 장면이 있다. 나는 초등학교 저학년이었고, 집에 들어온 고모가 다급하게 바지를 갈아입는 모습을 의아하게 바라보고 있었다. 고모부에게 횡설수설하는 말들을 조합해 알게 된 상황은 이랬다. 민속촌에서 열린 전통놀이 행사에서 널뛰기 시연을 했는데, 널빤지에 발을 쿵 하고 딛는 순간 소변이 찔끔 나왔다는 것이다. 고모는 어찌나 놀랐는지 하마터면 발을 헛디딜 뻔했고, 다행히 짙은 색 풍덩한 바지를 입고 있었단 사실에 안도했다.

언제나 무서운 대상이었던 고모가 찔끔 나온 소변에 놀라 자빠질 뻔했다는 이야기를 들으며, 어렴풋이 깨달았던 것 같다. 미성년으로 피가 묻은 팬티를 확인하는 첫 순간만큼, 성년으로 오줌이 팬티를 적시는 첫 순간 역시 무섭고 막막하다는 것. 인생의 어느 날이 될지는 알 수 없었지만 나는 기도했다. 회색 바지만 피하게 하소서.

아침에 두 아이를 낳고, 진통제를 맞으며 신음하던 저녁. 나는 인간의 '생로병사'에 대해 생각했다. 태어나고 늙고 병들고 죽는 과정은 인간사의 자연스러운 흐름이었지만, 그 과정을 자연스럽게 온전히 받아들이는 건 정말 어려운 일이었다. 출산하자마자 웬 득도냐고? 두 아이를 1분 텀으로 낳은 뒤 시작된 호르몬의 대반란도 이유가 됐겠지만, 진짜 이유는 침대 아래에 있었다.

담당 간호사가 몇 시간에 한 번씩 '비워주던' 소변통. 내 몸을 나의 의지대로 할 수 없는 상황이 얼마나 비루하고 슬픈지 깨닫게 해준 그것이 침대 아래에 있었다. 친절한 간호사가 그 통을 들고 화장실로 가서 비우는 소리를 듣고 있으면 영혼이 빠져나가는 기분마저 들었다. 수술 다음날, 기를 쓰고 몸을 일으킨 건 신생아실에 있는 아이들이 보고 싶어서이기도 했지만, 1초라도 빨리 소변줄과 소변통을 치워버리고 싶었기 때문이다. 마침내 해방의 시간. 끝을 알 수 없던 소변줄이 슬금슬금 내 몸을 빠져나가며 아랫도리를 얼얼하게 만드는 동안, 문득 슬픈 예감이 들었다. 앞으로 나의 소변은 (임신) 전 같지 않겠군.

벚꽃을 보러 나갔다 밤이슬로 옷을 적시는 대신 속옷을 적시며 귀가했던 어젯밤. 나는 또 울적해졌다. 비와 눈이 싫어지고, 둘리보다 고길동이 불쌍한 게 어른의 삶이라지만, 하다 하다 이젠 봄마저 싫어하게 되는 건가? 꽃가루 알레르기가 있는 사람도 봄이 싫기는 마찬가지겠지만, 요실금만큼 부끄럽진 않을 것이다.

나는 두렵다. 출산 여성이 비출산 여성에 비해 걸릴 확률이 3배 높으며, 출산한 여성 3명 중 1명은 걸린다는 요실금이. 오랜만에 찾아본 〈2 데이즈 인 뉴욕〉이 나를 웃게 했지만, 그런 장면이 나올 때마다 긴장했다. 누군가 그랬다. 자신은 조금만 크게 웃어도 팬티가 젖는다고. 지금도 힘주고 있다. 사는 게 이게 뭐니?

콧구멍에 수박 넣는
이야기는 아니지만

"드물게 '양수 색전증'이란 게 일어날 수 있어요. 분만 시 양수가 혈관을 타고 자궁으로 들어가 쇼크를 일으키는 건데, 호흡곤란이나 저산소증, 심각하게는 사망하는 경우도 있어요."

제왕절개 수술을 한 달 앞두고 수술동의서를 작성하던 날. 나와 남편은 수술 시 일어날 수 있는 합병증을 듣다 얼어붙었다. 모든 의료 행위를 받기에 앞서 만에 하나 발생할 수 있는 문제들을 확인하는 건 필수 절차다. 하지만 의료진이 같은 문장을 어떻게 읽고 설명하느냐에 따라 환자와 보호자는 굳이 둘러보지 않아도 되는 지옥 땅을 밟을 수 있다. 그날 우리에게 제왕절개 수술 과정에서 일어날 수 있는 최악의 상황을 설명한 '의사 양반'은 결코 〈슬기로운 의사 생활〉에는 캐스팅될 수 없는 캐릭터였다. 나는 확신했다. 분명 3일 이상 밤을 새웠으며 좀 전까지 담당 교수에게 깨지다 온 것이라고 말이다.

등장부터 인상적이었다. 그는 우리가 기다리던 방의 문을 열고 들어오며 이렇게 읊조렸다. "아 짜증 나." 연유는 알 수 없으나 뭔가에 단단히 짜증이 나서 들어온 의사 양반은 친절하게 했다면 5분 이상 걸렸을 내용을 30초 속성으로 전달하는 게 목표인 것처럼 보였다. 그런데 '양수 색전증' 대목에서 놀란 남편이 그런 일이 발생할 가능성이 얼마나 되는지 묻자 길게 한숨부터 쉬었다. 그러고는 우리가 우물가에서 신선로라도 찾은 것처럼 어이없는 말투로 답했다.

"저희는 3차 병원이니까 상대적으로 많죠. 수술 전까진 절대 알 수 없는 일이고요. 그리고 이런 일의 확률을 묻는 건, 암에 걸릴 확률 묻는 거죠."

어느 직업에나 그 직업에 대한 신뢰를 무너뜨리는 예의 없는 인간들이 존재하지만, 그는 내가 봐온 의료인들 중 최악이었다. 의사 양반이 쌩하니 나간 뒤 담당 간호사는 얼굴이 허옇게 질린 나와 남편을 안심시키기 바빴다. "아주 아주 드문 경우예요. 만에 하나 그런 일이 발생한다 해도 저희 병원 선생님들이 빠르게 대처하실 거니까 걱정 안 하셔도 돼요."

친절한 간호사 선생님의 수습에도 더러운 기분은 꽤 오래갔다. 남편과 나는 그 의사 양반에 대한 또 한 가지 확신을 가졌다. "이사장 딸이 틀림없어." 이름도, 얼굴도 기억나지 않지만, 보호자를 미개인 취급하던 목소리는 아직도 귓가에 선명하다. 암에 걸릴 확률 묻는 거죠, 암에 걸릴 확률 묻는 거죠, 암에 걸릴… 에라이!

나는 집에 와서도 분이 안 풀려 하는 남편을 달래야 했다. "곱씹어서 뭐해, 이제 와서 병원을 옮길 것도 아니잖아. 그래도 그 큰 병원의 많고 많은 사람 가운데 개 하나만 싸가지네. 다행이지, 안 그래?" 말을 하면서도 나 자신이 낯설었다. 언제부터 내가 이렇게 긍정적이었지? 그로부터 몇 주가 지나 수술이 열흘 앞으로 다가왔을 때. 임신이 (한시적이나마) 나를 얼마나 긍정적인 인간으로 바꾸어놓았는지 스스로 놀라게 된 작은 사건이 일어난다.

으그적, 소리가 났다. 남편이 퇴근길에 사 온 참치김밥을 먹었을 뿐인데, 어금니가 금속으로 추정되는 무엇과 세게 부딪히는 소리가 났다. 손바닥에 뱉자 으깨진 김밥 사이로 무언가 반짝거리는 것이 보였다. 남편이 숨겨놓은 반지였다면 로맨틱했겠지만 맙소사, 그건 부러진 면도칼이었다. 앞니로 끊어먹지 않고 바로 어금니로 씹는 식사 습관이 날 구한 날이었다(앞니로 일단 물었다면 어딘가 찢어졌을 가능성이 컸다). 허기에 제대로 씹지도 않고 꿀떡 삼키기라도 했다면? 응급실에 갔다면 나와 아이들은 어떻게 됐을까? 면도칼과 아이들을 둘 다 꺼내는 수술을 했을까? 손바닥의 수명선과 운명선 사이에서 반짝거리는 면도칼을 들여다보며 가슴을 쓸어내렸다. 그래도 정말 운이 좋았다. 이럴 때 아이들이 복덩이라고 말하는 건가?

아이들을 만나다

한때 브라질리언 왁싱을 심각하게 고민했었다. 그곳 털을 깨끗하게 정리하고 나면 태초의 아기 같은 자신의 몸을 발견하게 되며, 파트너와 함께 할 경우엔 섹스의 쾌감이 몇십 배가 된다는 주변의 경험담 때문이었다. 나는 이미 혹했고, 이왕 하는 거 같이 했으면 좋겠다고 했지만 (현재 남편인) 남자친구는 완강하게 거부했다. "사우나라도 가면 어쩌려고?" "어쩌긴 사실대로 말해야지. 주변에 권유도 하고 말이야." 열심히 어르고 달래 보았지만 그는 꿈쩍도 하지 않았고, 어느 순간 나도 시들해져서 결국 하지 못했다. 어쩌다 보니 흔한 비키니 왁싱 한 번 한 적이 없다. 비키니를 입을 일이 없었기 때문이다.

그러다 출산일. 나는 태어나서 처음으로 그곳 털 중 일부를 미는 제모를 했다. 서걱서걱. 굳이 구분하자면 브라질리언은 아니고 비키니인데, 생애 첫 Y존 제모인 만큼 소리가 꽤 섬뜩했다. 무인도 탈출에 성공한 남자가 면도하는 소리 같았다. 간호사님, 제 그곳이 너무 원시림인가요? 이럴 줄 알았으면 여름마다 제모를 할 걸 그랬어요. 어쨌거나 고생 많으십니다.

제모, 관장, 회음부 절개. 한국에서 '질식분만'의 굴욕 3종 세트로 불리는 것들이다(자연주의 분만은 이 3가지를 거부한다). 자궁 폴립 제거

수술 당시 관장으로 굴욕을 '남긴('난임의 추억 2' 참고)' 나는 일단 관장을 하지 않아도 된다는 사실에 안도했다. 회음부 절개 역시 마찬가지였다. 출산과정에서 회음부를 절개한다는 사실은 고등학생 시절, 새언니들의 대화를 듣다 알게 됐다. 마취도 안 하고 거기를 칼로 쨌다고? 어째서? "애가 나오면서 다 터지니까(!) 미리 쨰는 거지. 열상도 막고." 이걸 장르로 따지면 '슬래셔'라고 해야 하나, '고어'라고 해야 하나? 어쨌거나 끔찍한 이야기였다. 그런데 회음부를 둘러싼 아줌마들의 대화는 금방 19금 에로물로 넘어갔다. 절개했던 곳을 다시 꿰매기 전에 남편의 성기 사이즈를 재서 오는 경우도 있다나? 고생해서 애 낳는 김에 '이쁜이 수술'도 같이 하는 거라고 했다. 이쁜이 수술의 의미를 알고 난 뒤 나는 오만상을 썼다. "남편한테 그렇게까지 이뻐 보여야 해?" 출산한 부부의 삶은 멜로를 쏙 뺀 메디컬 드라마 같았다.

자연분만(질식분만)은 일시불, 제왕절개는 할부. 우리나라에서 출산 방법에 따른 고통을 흔히 비유하는 이야기다. 우리는 예정일을 한 달 앞두고 할부를 택했다. 아이들의 위치도 (2호가 '역아' 상태였다) 좋지 않았고, 골반유착으로 질식분만을 하기는 어렵다는 진단을 받았다.

수술 날 아침. 단순한 나는 질식분만 굴욕 3종 중 그나마 덜 굴욕적이고 아프지 않은 제모만 받았다고 좋아했다. 하지만 이건 어디까지나 '소변줄'을 꽂기 전 이야기다. 도무지 전체 길이를 알 수 없는(!) 긴 고무호스가 꾸역꾸역 몸 안으로 들어가는 동안 나는 재갈을 문 듯 비명을 참아야 했다. 나는 계속 되뇌었다. '이봐, 그대는 제왕절개야. 콧구멍에 수박 넣는 것처럼 고통스럽다는 질식분만이 아니라고. 엄살 부리지 말고 입 꽉 다무시게나.' 출산 후 질식분만 과정보다 소변줄을 넣고 빼는 게 더 아팠다는 일부 산모들의 이야기를 듣고 후회했다. 아프다고 할 걸. 아픈 것도 서러웠지만 맘껏 아파하지 못한 게 더 서러웠다.

찌르는 아픔을 겪고, 수술 시간이 다가올수록 나와 남편은 점점 말이 없어졌다. 수술동의서에 사인할 때 들은 '양수 색전증'이 머리를 떠나지 않았다. 하필 출산을 앞두고 긍정 에너지가 뚝 떨어진 기분이었다. 의료기준으로 노산에, 안정기가 없다는 쌍둥이 임신이었다. 위급상황에 대비해 출산 병원을 3차 병원으로 정했고, 담당 의사는 다음 대선에 나온다면 꼭 찍고 싶을 정도로 믿음직스러운 분이었지만, 무서운 건 어쩔 수 없었다. 수술실로 들어갈 시간. 침대가 이동하며 남편의 손을 놓는데, 이 남자가 전에 못 본 그렁그렁한 눈을 하고 있었다. 울컥했지만 참았다. '이봐요, 쌍둥이 아빠. 고작 한 시간 남짓한 수술이라고. 분위기 좀 잡지 마!'

수술 대기실에서 멍하니 천장의 하얀 불빛만 보고 있는데, 누군가 내 손을 잡았다. 처음 보는 사람이 날 위해 기도하겠다고 했다.

기독교 재단 병원다운 서비스였다. 종교는 없지만 위급한 순간마다 불특정 신을 찾는 나약한 인간은 그 손을 꼭 붙들었다. 고맙습니다, 선생님. 저 살아서 나올 수 있겠죠?

수술은 척추에 경막외마취 주사를 넣은 다음 하반신 마취 상태로 진행됐다. 내 가슴과 배 사이에 쳐둔 녹색 커튼을 보는데, 마술사가 미인을 토막 내는 마술을 부릴 때 쓰는 커다란 톱이 떠올랐다. 커튼 아래 내 몸이 나도 모르는 사이 딴 곳으로 가는 건 아닐까 겁이 났다. 심장이 빠르게 뛰었다. 상반신 힘만으로 수술실을 빠져나갈 방법을 찾고 있는데, 당시 내가 세상에서 가장 의지하던 담당의사 선생님의 얼굴이 보였다.

"안녕하세요! 기분 어때요?"
"떨려요, 선생님….."
"떨지 마세요. 이제 애들 만나야죠?"

두 아이가 세상 밖으로 나오는 데 걸린 시간은 예상보다 더 짧았다. 생애 첫 부분마취로 진행한 생애 첫 출산은 묘한 감각으로 내 몸에 남아 있다. 고통은 없었지만, 가르고 고정하고 손을 집어넣어 무언가를 빼내는 일련의 과정이 다 느껴졌다. 몸 안에 있던 커다란 잉어 한 마리가 후루룩 빠져나가는 느낌이 들더니 1호가 나왔다. 아이의 울음소리, 세상이 잠시 멈춘 것 같았다. 아이의 얼굴은 작고

빨간 역삼각형이었다. 1분 뒤, 또 한 번 후루룩하더니 2호가 세상 밖으로 나왔다. 고작 200그램 더 나가는데, 동그라미로만 빚은 듯 동그란 얼굴이었다. 두 아이가 다 나온 뒤엔 젖 물림을 시도했다. 눈도 못 뜬 상태로 꼬물꼬물 젖을 찾는 아이를 보고 있자니 그때까지 참았던 눈물이 터졌다.

경쾌한 퇴원

수술 후 입원 첫날 밤. 손을 움직일 수 있는 상태가 되자마자 물티슈로 그곳부터 닦기 시작했다. 고개를 들어 확인할 순 없었지만 대충 만져봐도 이불 속 복부 아래는 처참했다. 아침에 거칠게 제모한 비키니존 아래로는 피가 덕지덕지 엉겨붙어 있었고, 엉덩이 밑에는 피와 오로를 받아내기 위한 대형 기저귀가 깔려 있었다. 나는 담당 간호사가 다시 와서 이불을 들춰보기 전에 얼른 이 상황을 수습하고 현대의 교양인답게 환자복 바지도 입고 싶었다. 묻어나는 피가 거의 없어 닦기를 멈췄을 땐 침대 위에 시뻘건 물티슈가 산더미처럼 솟아 있었다.

남편의 도움을 받아 끙끙대며 바지를 입은 뒤 본격적으로 진통이 시작됐다. 할부 결제가 시작된 것이다. 작은 들썩임에도 온몸이 아팠고, 배에서 불이 나는 것 같았다. 많이 아플 때마다 누르라는 진통제 투약 버튼을 계속해서 누르며 자다 깨기를 반복하다보니 어느새 동이 텄다. 대학병원에서 제왕절개 수술의 입원 기간은 3박 4일. 절대 잠을 잤다고 할 수 없는 상태로 하룻밤을 보내고 나면 이튿날 아침이다. 친절한 의료진은 이제 슬슬 움직이라고 격려한다. 몸을 많이 움직여야 그만큼 회복도 빠르다고 했다.

신생아 면회 시간은 아침저녁으로 두 번. 아이들을 보러 가려면 최소한 침대에서 내려와 휠체어를 타야 했다. 둘째 날 아침은 침대에서 몸을 일으켜 앉기도 전이라 아침 면회는 물건너간 상태였다. 남편이 시어머니를 모시고 아이들을 보고 와서는 휴대전화를 내밀었다. 눈도 못 뜨는 세모와 동그라미 얼굴을 사진으로 보고 나니 빨리 가서 직접 보고 싶었다. 몸을 조금만 움직여도 배 속의 불구덩이가 꿈틀댔지만, 조금씩 계속해서 몸을 움직였다.

면회 시간만큼이나 나를 움직이게 만든 동력은 다인실의 분위기였다. 산모 6인과 그의 남편들과 직계 가족들이 함께 하는 병실로 옮긴 지 얼마 지나지 않아 바가지라고 욕을 욕을 했던 1인실이 그리워졌다. 침대가 불편한 건 기본이었고, 삼면으로 둘러친 커튼은 답답했으며, 침대 옆에 딱 붙어 있는 보호자용 간이침대에 앉은 모자(시어머니와 남편)의 시선도 부담스러웠다. 무엇보다, 출산이라는 엄청난 공통점에도 불구하고 서로 인사조차 나누지 않는 산모들 사이의 공기가 답답했다. 병실 분위기는 정숙하다 못해 엄숙했다.

나와 같은 할부의 고통에 시달리는 듯한 옆자리 산모에게 "많이 힘드시죠? 불덩이를 안고 있는 것 같네요"라고 이야기를 건네고 싶었고, 좌욕 대야를 들고 혼자서 성큼성큼 걸어 다니는 맞은편 (질식분만한) 산모에게 엄지를 척 들어 보이고 싶었지만 참았다. 그래야만 할 것 같았다.

병실에서 옆자리 사람과 대화를 나누는 건 친정 엄마 아니면 시어머니였다. 산모들끼리는 눈인사조차 나눈 적 없는데, 어머니들은 신기하게도 금방 호구조사에 들어갔다. "저는 며느리 보러 왔어요. 이번에 쌍둥이를 낳았거든요. 아들 하나 딸 하나." "아이고, 축하드립니다. 저는 딸 보러 왔어요. 저도 얘가 쌍둥이를 가졌으면 했는데 그게 또 생각처럼 잘 안 되더라고요?" 같은 대화를 나누시는 것이다.

어쨌거나 출산 동기 사귀기 같은 데 시간 쓰지 않고 재활훈련을 한 덕분인지 그날 저녁엔 내 발로 걸어서 아이들을 보러 갈 수 있었다. 다음날엔 '홀로서기'에 성공했다. 남편 없이 화장실에 가서 큰일을 해낸 것이다. 셋째 날 저녁 면회 때는 아이들을 직접 안을 수 있다는 말에 기를 쓰고 몸을 움직인 결과였다. 맹장 수술보다 몇 배로 수술 부위가 당기고 아팠지만, 아이들을 안는 순간엔 신기하게도 통증이 없었다. 혹시라도 팔 힘이 빠지면 안 된다는 생각뿐이었다.

드디어 4일 차 아침. 답답한 병원에서 나가 '젖과 꿀이 흐르는' 조리원에 들어갈 생각에 나는 들떠 있었다. 그런데 자리로 걸려온 전화를 받고 남편의 낯빛이 어두워졌다. CT, 뇌 주변 음영, 출혈, 재검사 같은 말들이 띄엄띄엄 들렸다. 남편이 통화를 마치고 다시 설명을 하기 전부터 나는 울고 있었다. 초음파 검사(희희가 출생 당시 체중이 2.5킬로그램이 안 되는 저체중이라 퇴원 전 검사 대상이었는데, 다태아인 관계로 낙낙이도 함께 진행했다)에서 두 아이 모두 '뇌실 주변 음영 증가'가 보인다며 한 달 뒤 재검사를 받으라고 했다. 남편은 병원의 설명도 그렇고, 아이들에게 정말 문제가 있었다면 퇴원이 안 됐을 거라면서 나를 달랬다.

이후 남편이 받아온 '환자용 퇴원요약' 서류에는 제왕절개술 치료 결과가 '경쾌'로 체크되어 있었다. '완쾌'는 아니지만, (함께 있는 보기에) '호전 안 됨'이나 '가망 없는 퇴원'을 생각하면 다행스러운 결과였다. 나는 통통 부은 눈으로 '쌍둥이 임신'부터 '자궁 내 임신 37주인 모두 제왕절개에 의한 다태 분만'까지, 임신, 출산 과정의 진단 기록을 읽어내려가며 마음을 다잡았다. 그래, 경쾌하게. 여태껏 부정의 힘으로 살아왔지만, 엄마로서는 경쾌하게 살기로 했다.

화내는 엄마라
아이를 망칠까

가끔 그럴 때가 있다. 무심코 휴대전화 알림을 확인했다 주변을 둘러보는 순간. 나밖에 모르는 사실을 누군가 다 알고 있다는 듯 이야기를 꺼내는 것이다. "지금 곤란한가요?"라고 시작하는 대부업 광고 문자를 받거나 "그 남잔 당신을 몰라요" 같은 제목의 섹스토이 홍보 메일을 받을 때처럼.

아침부터 아이들에게 열두 번도 넘게 소리를 질렀던 그날도 그랬다. 나는 계속해서 울고 떼쓰는 아이들에게 그만, 하지 마, 제발, 하고 애원하다가 혼난다, 엉덩이 맞아, 가만 안 둬, 하는 협박을 하다가 결국 폭발하고 말았다. 괴수 영화의 주인공처럼 포효했다. 킹콩처럼 양손으로 어린이집 가방을 잡고 바닥을 뚫을 기세로 탕탕탕 내려치면서.

놀란 두 아이가 조용해지자 괴수는 사라졌다. 맙소사, 내가 두 살배기들 앞에서 무슨 짓을 한 거지? 미안, 많이 놀랐지? 엄마가 너무 속상해서 그랬어, 너희가 엄마 말을 너무 안 들어주니까, 암튼 미안. 다신 안 그럴게. 애들을 끌어안고 나니 좀 전에 내리친 가방 속이 걱정됐다. 도시락 뚜껑 모서리가 살짝 깨져 있었다. 잘하는 짓이다, 엄마라는 게 도시락 통이나 깨 먹고. 헐크가 쑥대밭으로 만든 도시를 확인한 브루스 배너의 심정 같았다.

불가능한 임무 같던 아침 등원을 마치고 다리에 힘이 풀렸다. 이대로 집에 가면 아이들 장난감을 치우다 울거나 아이들 빨래를 돌리다 울거나, 아무튼 집안 어딘가에서 살림 무언가를 하다가 청승맞게 울 것 같았다. 대신 좀 걷기로 했다. 오랜만에 광합성도 좀 하고, 도서관에서 책도 빌리자고. 걸음마다 한숨이 나왔다. 터덜터덜 걸어가다 무심코 받아 든 전단지에는 이렇게 적혀 있었다.

"화내는 부모가 아이를 망친다."

'화'와 '망'자가 크게 씩씩거리는 문장 옆으로 클레이로 만든 엄마와 아이들이 보였다. 허리에 양손을 얹고 씩씩거리는 엄마 앞에서 눈물을 뚝뚝 흘리는 아이들은 하필 남매. 누구냐, 넌? 오늘 아침에 다 본 거야?

산후 우울증이란 동굴

"출산 후 2년이래. 이혼 확률이 가장 높은 시기 말이야."

용케 이혼하지 않고 2년이란 시간을 통과한 육아 선배들은 이 또한 지나가리 하는 말투로 조언했다. 믿고 싶었다. 기한이 있다면, 끝을 알 수 없는 시련과는 다르게 희망적인 것이니까. 주입식 교육으로 배운 단군 탄생 설화가 힘을 발휘하는 순간이었다. 그래, 웅녀의 마음으로 참자. 이 어두운 동굴에서 쑥과 마늘만 먹어야 한대도 2년만 지나면 괜찮아진다는 거잖아? 동굴도, 쑥과 마늘도, 짐승 같은 삶도 2년만 지나면 끝이라고, 끝.

사실 산후 우울증을 먼저 앓은 건 남편이었다. 체력이 인성이라더니, 체력의 한계에 부딪힌 남편은 한동안 너무 우울해했고, 상처 주는 실언도 곧잘 했다. 회사, 집, 회사, 집 하는 생활이 너무 답답했는지 하루는 동네 세탁소에 셔츠를 맡기러 간다더니 한 시간 가깝게 소식이 없었다. 무사히 귀가한 그는 "드라이브를 하고 왔다"라고 했다. 주차장에서 먼지 쌓여가는 차가 걱정돼 (도보 5분 거리의) 세탁소에 차를 끌고 갔는데, 돌아오는 길에 문득 한강 다리를 건너고 싶었다나? 남편이 공사 안내판을 못 보고 맨홀에 빠진 건 아닐까 걱정했던 나는 어이가 없었지만, 안쓰러운 마음이 들어 그냥 웃었다. 이후 지인들에게 공공연하게 이야기했다. "우리 남편 요즘 산후 우울증이야. 재활용 쓰레기든, 세탁물이든 들고나가면 깜깜무소식이야."

하지만 책임감 강한 남자는 어느 순간 직장에서 퇴근하면 육아로 출근하는 루틴에 적응했다. 나날이 체력은 고갈됐지만, 우울해하거나 화내지 않았다. 문제는, 남편이 안정을 찾자 내가 우울해지기 시작했다는 것이다. 쌍둥이의 첫 돌 파티를 마친 후 나는 깊은 우울감에 빠졌다. 아이들이 어린이집에 가 있는 동안 어지러운 집안을 정리하고 나면 하원 시간이었다. 짠 하고 돌아올 것 같던 임신, 출산 전의 삶들은 깜깜무소식이었다. 집에서 1킬로미터를 벗어나지 못하는 삶이었다.

육아 18개월 차. 나는 한계를 느꼈다. 감정이 매일 곤두박질쳤다. 혼자서 중얼거리다 머리를 쥐어박기도 했고, 툭하면 눈물이 터졌다. 나 자신이 시한폭탄 같았다. 헐크가 필요한 순간에 지금은 화내도 좋다고 말하는 캡틴 아메리카에게, 배너 박사는 말했다. "그게 나의 비밀이에요, 캡틴. 난 언제나 화나 있어요!" 그 시기의 내가 그랬다. 언제나 화나 있었다. 쌍둥이 엄마가 실은, 생각보다 더 자주 헐크로 변한단 사실을 숨기기 위해선 최대한 다른 사람들 눈에 띄지 않게, 최소한의 인간관계를 유지하며 사는 수밖에 없었다. 출산후 만 2년이 지나 동굴 문이 열린다고 해도 동굴 밖으로 나갈 자신이 없었다. 더 이상 짐승이 아니면 뭐해, 툭하면 헐크로 변하는 걸.

5장. 출산은 네버엔딩이었다

누군가 "대체 뭐가 문제냐?"라고 물으면 뭐라고 답해야 할지도 막막했다. 꿈꾸던 정상가족을 이루었고, 배우자의 수입은 (나와 달리) 안정적이었으며, 쌍둥이는 크게 아픈 곳 없이 무럭무럭 커가고 있었다.

그즈음 외국에 사는 친구 S의 부탁으로 육아용품을 잔뜩 싣고 우리 집에 오셨던 S의 엄마는 얼마 전 딸에게 감동한 이야기를 들려주셨다. "내가 S 둘째 낳았을 때 키워준다고 했거든? 엄마는 너 공부한 게 아까우니까 (S는 초등학생 시절, 학교에서 유일하게 나이키를 신을 만큼 귀하게 큰 장녀였다) 지금이라도 하고 싶은 일 하라고. 그런데 얘가 싫다는 거야. 일도 중요하지만 자기는 아이들 하루하루 크는 걸 지켜보는 게 더 소중하다고. 엄마가 딸한테 또 배웠잖니? 그래, 자식이 그렇게 예쁜 건데, 애 키우는 것만큼 중요한 일이 어디 있다고. 나는 요즘 엄마들 우울증 걸리는 이유를 모르겠다. 그나저나 요즘 쌍둥이 키우느라 힘들지?" 대학 시절부터 나를 살뜰하게 챙겨주신 친구 엄마였지만, 그 순간엔 시댁 어르신을 대할 때처럼 어색하게 웃었다. 사랑하는 아주머니, 아이를 키우는데 우울한 기분이 들어 우울하다고 한 것인데, 어찌 우울한 기분이 드냐고 물으시면?

이후 통화에서 나는 S를 원망했다. 이봐, 지구 건너편에서도 내 걱정뿐인 다정한 친구야. 네가 보내준 카시트 두 개와 수많은 장난감과 책과 옷과 신발들, 정말 잘 쓰고 있단다. 하지만 지금은 네가 밉다. 네가 너무 모범 엄마라 상대적 박탈감이 크거든. 나는 하루하루 아이가 크는 걸 지켜보는 행복도 중요하지만, 점점 들을 일 없는 내 이름 석 자를 지키는 것도 소중해.

엄마 어디 아파?

> "상기 여환 18개월 전 출산했으며, 약 6개월 전부터 시작된 무기력, 원망감, 불행감 등으로 인해 본 기관 방문함. 수면의 질 저하 등의 증상 동반하고 있으며 정신의학적으로 검사 및 치료 요하는 상황 설명함."

두 해 전, 지역 정신건강복지센터에서 받은 평가서 내용이다. 출산 전부터 우리 집을 지속적으로 방문한 (지역 보건소에서 위험가구 임산부 및 영유아를 대상으로 임신 20주부터 영유아 만 2세까지 총 25회 방문하는 영유아 건강 간호사들의 '지속 방문'을 받았다) 보건소 간호사는 우울 평가 답변지를 보고 "전문가의 도움이 필요한지" 물었다.

'에든버러 우울 척도'라 불리는 산전·산후 우울평가를 출산 전부터 두어 차례 했지만 걱정할 수준은 아니었다. 오히려 출산 전엔 '내 인생에 이렇게 행복한 시기가 있었나' 놀라울 만큼 긍정적이었다. 그런데 아이들이 태어난 지 1년 반쯤 됐을 때, 그러니까 아이들이 어린이집에 다니고 적응기도 마친 시기에 나는 같은 평가에서 전에 없던 높은 점수를 받았다. 몹시 부정적이었고, 끝없이 자책했으며, 견딜 수 없을 만큼 불행했다. 친절한 간호사는 걱정스러운 표정을 지었다.

전화로 예약한 방문일. 정신건강복지센터 직원은 먼저 '성인행동평가척도 ASR(Adult Self Report)'를 작성하라고 했다. '성인의 적응상태 및 문제행동을 본인 스스로 평가하는 표준화된 도구'라더니 100개가 넘는 문항에 답변하면서 정말 나의 우울과 불안이 걱정할 수준을 넘어섰다는 걸 스스로 알 수 있었다. 이후 20여 분간 상담을 진행했고, 내 이야기를 차분히 들어준 의사는 '정신의료기관 제출용'으로 평가서를 써줬다.

센터를 나오는 길. 가방에는 성인행동평가척도 (자기 보고용) 결과지와 평가서, 그리고 관내 정신과 병의원과 사회복지서비스 기관 안내서, 그리고 방문 기념품인 섬유용 향수가 들어 있었다.

위로란 무엇인가

전에 교육방송에서 한 남자 방송인이 기혼 여성의 가사노동 부담을 놓고 하는 말을 듣고 기함한 적이 있다. "물론 힘들겠지만" 예전 어머니들은 한겨울에 얼음 깨서 빨래를 하던 걸 지금은 세탁기며 건조기가 다 해주는데 자꾸만 힘들다고 해서 나아질 게 뭐냐고. 그가 밖에서는 뭇 남성들의 지지를 얻을 만한 저런 발언을 하면서도 막상 집에 가서는 두 팔 걷어붙이고 가사노동을 할지는 모르겠으나(물론 그럴 가능성은 희박하다고 생각한다), 남성의 목소리를 낸다고 하는 말이 실은 여성의 입을 막아버리는 행위란 걸 그는 절대 모를 것이다. 그럴 리 없다고 생각하면서도 같이 사는 남자도 실은 저런 마음인 건 아닐까, 가슴이 서늘했다.

출산 후 힘든 내색을 하면 친정 고모는 호통치듯 말했다. "야, 옛날에는 열 명씩 낳았다!" 나는 그 말을 들을 때마다 질색했다. 고모는 본인 말마따나 산전수전 다 겪은 분이었지만, 육아는 하지 않았다. 생계를 위해 일하러 나간 동안 두 아들은 할머니와 큰고모가 돌봤다. 세 딸의 아빠인 오빠가 질색하는 말은 따로 있었다. "야, 애들은 다 알아서 커!" 그러고 보면 두 문장은 묘하게 연결되는 느낌이었다. 옛날에는 자식을 열 명씩 낳아도 다 알아서 컸다.

고모의 육아론은 21세기에 쌍둥이 남매를 키우는 사람에겐 너무나 전근대적인 가르침이었다. 쌍둥이 출산을 축하하며 "고구려 시대 영토를 되찾자" 하시는 고모부와 돈 벌어오는 것도 모자라 살림과 육아에도 참여하는 사위를 극진하게 모시는 고모의 컬래버레이션은 위로는 고사하고 화병만 주었다. 아이를 낳고 보니 전 국민이 시어머니처럼 돌변했지만, 친정에 가도 내 다리 뻗을 곳은 없었다. 그럴 땐 차라리 영국의 문화비평가 테리 이글턴의 글을 읽는 게 마음의 위안이 되었다.

> "소농들이 아이들을 낳는 이유는, 다른 이들과 대부분 동일하겠지만, 아이들이 자라서 농지에서 일하고, 늙은 자신을 부양하며, 결국 그 아이들이 몇 에이커 안 되는 작은 땅을 물려받게 되기 때문이다. 아이들은 귀엽다는 것 외에도, 노동력, 복지 체계, 그리고 농장을 계속 유지한다는 것을 나타내는 표상이다. 반대로 근대 문명에서 아이들이 왜 필요한지 말하기란 쉽지 않다. 아이들은 일하지 않고, 어떤 아이들은 집 안을 장식할 수 있을 만큼 예쁜 것도 아니다. 기르는 데 돈이 많이 들고, 언제나 합리적인 것도 아니다. 젖먹이를 돌보는 일은 인류가 알고 있는 가장 고된 노동 중 하나다. 이 모든 걸 고려하면, 근대 인류가 계속 재생산에 전념하고 있다는 것 자체가 놀라운 일이다."
>
> _《문화란 무엇인가》 중에서[2]

---

2 《문화란 무엇인가》, 테리 이글턴, 문예출판사, 2021

어린 생명을 먹이고 입히고 사랑을 주는 일은 그야말로 고된 노동이다. 아무리 자신이 원하고 계획한 일이라고 해도 그 일의 실체를 아는 사람은 그리 많지 않으며, 절대 발 빼거나 뒷걸음질칠 수 없기에 더 힘든 것이 육아다.

나를 위로한 건 역시나 육아 동지들의 불행 고백이었다. 이왕이면 나와 달리 행복해 보이기만 했던 사람이 할수록 그 효과는 컸다. 대표적인 예로 연년생으로 두 아이를 낳고도 언제나 해사한 얼굴로 마주쳤던 어린이집 친구 B 같은 인물 말이다. 우리의 관계가 돈독해진 후 B는 고백했다. 둘째를 낳은 뒤 밤마다 테라스에 쪼그리고 앉아 멍하니 있었다고. 갓난아기를 돌봐야 하는데 자꾸만 보채는 첫째가 전에 없이 미웠고, 자상한 남편이 없는 시간에 혼자 하는 육아가 거지같이 힘들었다고. "아이에게 자꾸만 화내는 내 모습이 너무 싫었어."

처참한 심경을 꾹꾹 눌러쓴 B의 문자에 자타공인 공유보다 나은 남편은 장문의 답장을 보냈고, B는 그 문자 한 통에 그간의 모든 우울이 해소됐다고 했다(고작 문자 한 통으로? 거짓말!). 남편이 보낸 문자의 내용은 다음과 같았다.

그래, 얼마나 힘들겠어. 화나고 속상한 게 당연하지. 나도 첫째 녀석 집어던지고 싶을 때가 얼마나 많다고. B는 너무 잘하고 있어. 내가 앞으로 더 잘할게. 행복하자. (졌다, 졌어!)

제가 우울한지 어떻게 알 수 있나요?

에든버러 우울 척도_ 산전·산후 우울 평가

출산을 앞두고 있거나 출산을 했나요? 이제부터 당신의 심리 상태를 알아보려고 합니다. 오늘 하루가 아닌 최근 7일 동안 느낀 감정에 가장 가까운 답변에 체크하세요.

1. 나는 잘 웃고 주변 일들의 재미난 면을 잘 볼 수 있었습니다.

예전과 마찬가지로 그러하였습니다.	0점
예전보다는 조금 덜 그러하였습니다.	1점
예전보다 확실히 많이 그러하지 못하였습니다.	2점
전혀 그렇지 못하였습니다.	3점

2. 나는 즐거운 마음으로 미래에 일어날 일들을 기대하였습니다.

예전과 마찬가지로 그러하였습니다.	0점
예전보다는 조금 덜 그러하였습니다.	1점
예전보다는 확실히 덜 그러하였습니다.	2점
거의 그러하지 못하였습니다.	3점

3. 일이 잘못될 경우 나는 지나치게 나 스스로를 탓하였습니다.

    예, 대부분의 경우 (대체로) 그러하였습니다.   3점

    예, 종종 그러하였습니다.   2점

    자주 그렇지는 않았습니다.   1점

    아니요, 전혀 그렇지 않았습니다.   0점

4. 나는 특별한 이유 없이 초조하고 불안하였습니다.

    아니요, 전혀 그렇지 않았습니다.   0점

    거의 그렇지 않았습니다.   1점

    예, 때때로 그러하였습니다.   2점

    예, 자주 그러하였습니다.   3점

5. 나는 뚜렷한 이유 없이 두려움 혹은 공포심을 느꼈습니다.

    예, 꽤 자주 그러하였습니다.   3점

    예, 종종 그러하였습니다.   2점

    아니요, 그다지 그렇지 않았습니다.   1점

    아니요, 전혀 그렇지 않았습니다.   0점

6. 상황이 내게는 너무 버겁게 느껴졌습니다.

    예, 대부분의 경우 상황을 전혀 감당할 수 없었습니다.   3점

    예, 예전처럼 상황을 처리하지 못하는 때가 종종 있었습니다.   2점

아니요, 대부분의 경우 상황을 잘 처리할 수 있었습니다.　　　1점

아니요, 늘 그렇듯이 상황을 잘 처리했습니다.　　　0점

7. 나는 너무 불행해서 잠을 이루기가 어려웠습니다.

예, 대부분의 경우 그러하였습니다.　　　3점

예, 종종 그러하였습니다.　　　2점

아니요, 자주 그렇지는 않았습니다.　　　1점

아니요, 전혀 그렇지 않았습니다.　　　0점

8. 나는 슬프고 비참하다고 느꼈습니다.

예, 대부분의 경우 그러하였습니다.　　　3점

예, 꽤 자주 그러하였습니다.　　　2점

아니요, 자주 그렇지는 않았습니다.　　　1점

아니요, 전혀 그렇지 않았습니다.　　　0점

9. 너무 불행하다고 느껴서 울었습니다.

예, 대부분의 경우 그러하였습니다.　　　3점

예, 꽤 자주 그러하였습니다.　　　2점

아주 가끔 그러하였습니다.　　　1점

아니요, 전혀 그렇지 않았습니다.　　　0점

10. 자해하고 싶다는 생각이 들었습니다.

예, 꽤 자주 그러하였습니다.　　　　　　　　　　　3점

때때로 그러하였습니다.　　　　　　　　　　　　2점

거의 그렇지 않았습니다.　　　　　　　　　　　　1점

전혀 그렇지 않았습니다.　　　　　　　　　　　　0점

　10개 문항의 점수 합이 10점을 넘나요? 그렇다면 당신은 우울이나 불안 증세와 관련해 전문가의 평가를 받아볼 필요가 있습니다. 당신의 배우자나 친구 또는 당신이 신뢰할 수 있는 사람과 상의하세요.

엘리베이터에 갇힌 그 엄마는
어떻게 되었나

2019년 4월 XX일. 엘리베이터에 갇히다.

   1층에서 타서 B3층으로 가야 하는 길. 엘리베이터에 유아차를 밀어 넣고 나도 밀어 넣고 닫힘 버튼을 눌렀다. 며칠째 '엘리베이터 사고 대처 안내' 문구가 눈에 띄더니만, 평소보다 속도가 느리다 싶던 엘리베이터가 B2층에서 멈췄다.

   엘리베이터에 갇힌 게 처음은 아니었다. 전에 두어 번 경험해본 적이 있는데, 갑자기 멈춘 엘리베이터에서 일행 중 한 명은 꼭 울었다. 그때마다 나는 떨면서 눈물을 떨구는 누군가에게 괜찮다고, 금방 나갈 수 있다고 말했다. 그런데 지금, 딱 울고 싶은 심정인 내 옆에는 아무도 없다. 2인승 유아차가 엘리베이터의 반을 차지하고 있어도 타고 있는 사람은 나 혼자. 호출 버튼을 누르자 누군가 답하지만, 이내 "안 들린다"며 끊어버린다. 호출버튼을 누를 때마다 목소리가 커진다.

"엘.리.베.이.터.에! 갇.혔.다.고.요!"

"안 들려요! 거기가 어디예요?"

놀이터 옆 승강기라고 소리 지르기를 서너 번. 기다리란다. 조금 지나니 내 머리 위로, 1층에 누군가 도착했지만 그 사람이 갖고 있는 열쇠는 나를 꺼내지 못했다. '업체'에 전화했으니, 또 기다리란다.

"얼마나요?"

"최소 10분 정도 걸릴 거예요."

'늦어도'도 아니고 '최대'도 아니고, '최소'란 말에 기운이 빠졌다. 아이들 얼굴이 떠오르고, 나를 기다리는 또 한 사람이 떠올랐다. 몇 분만 늦어도 전화할 텐데…. 먼저 연락하는 게 나을 것 같아 휴대전화를 꺼냈다. 다행히 전화는 (우리 집보다 더 잘) 터졌다.

"지금 제가 엘리베이터에 갇혀서요, 조금만 기다려주시겠어요?"

내가 하면서도 이게 무슨 말인가 싶었다. 엘리베이터에 갇혀서 그러니 조금만 기다려달라고 양해를 구하다니. 코미디가 따로 없었다. 전화를 끊고 한동안 멍하니 서 있다가, 얼마나 기다릴지 몰라 쪼그리고 앉았다가 이내 엉덩이를 깔고 앉았다. 얼마나 더 기다려야 하지?

문이 열렸을 때, 업체 사람은 날 보자마자 "미안하다"고 했다. 아파트 관리인은 "자기 열쇠는 왜 안 열리느냐?"고 업체 사람에게 물었다. 두 사람은 반복되는 엘리베이터 고장의 원인을 찾는 대화로 엘리베이터 안에 사람이 서 있다는 걸 금방 잊었다. 맘이 급해 혼자서 유아차를 들어 올리자 두 사람은 도와주겠다고 했지만 사양했다. "괜찮아요, 제가 할게요." 그리고 기다란 유아차를 끌고 B3층까지 계단을 따라 내려왔다. 타닥탁탁, 타닥탁탁. 바퀴가 계단에 부딪히는 소리가 유난히 거슬렸다. 엘리베이터 안에서 나는 혼자였고, 나와서도 혼자였다. 누구든 먼저 괜찮냐고 물어봐 주길 바랐던 것 같다.

엘리베이터 안에서, 엄만 잔소릴 들었지

쌍둥이를 낳고, 모르는 사람들의 질문을 받는 게 일상이 되었다. 나이가 지긋한 어르신들의 시작하는 말은 언제나 "어머, 쌍둥인가 보네?". 그렇다고 하면 돌아오는 말은 둘 중 하나였다. 자신의 손주도 쌍둥이라며 "아이고, 엄마가 참 힘들겠다"라거나, 딸 또는 며느리도 쌍둥이를 갖고 싶어 한다는 가족계획. 나는 그럴 때마다 할 말을 찾지 못해 "아, 그러세요?" 정도로 반응하고 자리를 피하곤 했다. 가끔은 나(와 아이들)를 붙잡고 애들은 시험관으로 가졌는지, 병원은 어디로 다녔는지 구체적으로 물어보시는 분도 있었다.

남편이 있으면 곁눈질이라도 주고받는 게 위안이 됐지만, 혼자서는 그럴 수도 없었다. 남편은 혼자 다니면서 들어본 적 없는 잔소리를 나는 혼자서 많이 들었다. 아이들과 붙어 지내는 절대적인 시간과 소아과와 어린이집, 놀이터라는 주요 동선이 큰 이유겠지만, 그게 전부는 아닐 것이다. 출산 후 알게 된 사실 중 하나는 세상엔 아이를 낳은 여성이라는 이유만으로 낯선 사람들의 간섭과 평가와 충고를 들을 일이 많다는 것이었다. 우리나라 사람들이 정이 많아서, 라고 이해해보려 했지만 잔소리 하는 사람은 많은데 도와주는 사람은 그리 많지 않다는 건 잘 이해가 되지 않았다.

일례로 바람이 몹시 세차게 불던 날, 방풍커버를 씌운 2인승 유아차를 끌고 소아과를 다녀오던 길이었다. 우리 집 유아차는 세로로 긴 형태라 뒤에서 밀고 가다 보면 앞자리 아이가 잘 안 보이는데, 그날은 커버까지 씌운 상태라 중간 중간 유아차를 세우고 커버를 열어 아이들의 상태를 확인해야 했다. 빨간불인 횡단보도 앞에서 유아차의 브레이크를 걸어두고, 앞뒤 좌석의 아이들 기분을 확인하고 일어났는데, 나를 무섭게 노려보는 한 어르신과 눈이 마주쳤다.

"아니, 애기 엄마! 유모차를 여기 세워 놓고 가면 어떻게 해요?" 당황스러웠다. 내가 쪼그리고 앉아 방풍커버 지퍼를 열어 두 아이의 상태를 확인하는 동안, 그 어르신은 어느 정신 나간 부모가 횡단보도 앞에 유아차를 세워놓고 사라졌는지 찾으신 듯했다. "어르신 그게 아니라요…" 설명하려 했지만 듣는 사람은 없었다. 직전까지

나를 쏘아보던 어르신은 신호가 바뀌자마자 쌩하니 가버렸다. 30초도 안 되는 대화의 뒤끝이 얼마나 쓰던지 그날 밤은 잠을 이루기가 어려웠다. 대체 내가 뭘 잘못한 거지?

지나가는 길이나 횡단보도 앞에 잠시 섰을 때의 대화는 그나마 낫다. 정말 어색하고 불편한 상황은 엘리베이터에서 벌어진다. 낯선 사람과의 동승을 덜 불편하게, 그 시간을 짧게 느끼도록 거울까지 붙여놓은 공간이지만, 쌍둥이 엄마를 향한 어른들의 관심을 돌리기엔 역부족이다. 어르신들의 걱정이 앞선 조언은 대부분 아이들의 복장에 관한 것이었다. 옷이 얇다, 옷이 두껍다, 양말을 신겨라, 양말을 벗겨라(양말을 내려라), 모자를 씌워라, 모자를 벗겨라(뒤로 젖혀라)… 불러서 말씀하시기도 하고, 일행들과 하는 대화지만 내 귀에도 잘 들리게 말씀하시기도 했으며, 안 들릴 거라 생각하신 건지 혼잣말처럼 하시기도 했다. 그럴 땐 이 표현밖에 떠오르지 않았다. 시간이 이대로 멈춘 것만 같군.

'닫힘 버튼'으로 다칠 수 있습니다

거의 매일 다짐하지만 거의 매일 실패하는 다짐이 있다. 엘리베이터에서 닫힘 버튼 누르지 않기. 오늘 아침 엘리베이터에서도 향균 스티커의 가장 해져 있는 '닫힘 버튼' 자리에 손가락을 가져가다 멈칫했다. '이봐, 쌍둥이 엄마. 지금 누를 뺀했지? 몇 초나 빨리 가겠다고, 쯧쯧.'

3년 전. 임신 막바지에 엘리베이터에 낄 뺀해 가슴을 쓸어내린 적이 있다. 아파트 지하 주차장에서 남편은 차에서 짐을 내리느라 나보다 뒤에 오고 있었고, 나는 앞서서 엘리베이터에 타는 아주머니를 따라 들어가다 그만 엘리베이터 문에 끼었다. 아주머니가 뒤따라오는 나를 발견하지 못하고 닫힘 버튼을 눌렀던 것이다. 순간 놀라 "으악!" 소리를 냈고, 타고 있던 아주머니도, 뒤따라오던 남편도 많이 놀랐다. 다행히 내 넓은 양어깨에 부딪힌 엘리베이터 양문은 안전하게 다시 열렸는데, 닫히는 문 틈으로 커다란 배가 들어오다 끼이는 걸 본 아주머니는 나보다 더 놀라신 듯했다. "괜찮아요? 나는 누가 뒤에 오는 줄 모르고 그랬어요, 정말 미안해요."

그날 나와 남편은 다짐했다. 만삭의 몸으로 끼일 뺀하고 나니 엘리베이터 닫힘 버튼은 사람을 다치게 할 수 있는 위험한 버튼임을 안 것이다. 바쁜 현대인들은 자신이 원하는 층수보다 닫힘 버튼을 먼저 누르는 게 익숙하지만, 보통의 걸음을 갖지 못한 교통약자에게는 비교통약자가 엘리베이터 안에서 어색함을 참는 그 시간이 탑승에 꼭 필요한 시간이다.

하지만 나 역시 출산 후엔 그 다짐을 자주 잊는다. 이제는 만삭 때처럼 걸음이 느리지 않으니까, 어린이집 하원 시간에 늦었으니까, 엘리베이터에서는 뛰는 아이들을 말리기 힘드니까. 오늘 등원 길에는 가까스로 안 눌렀지만, 하원 길에는 또 별 생각 없이 닫힘 버튼을 누를지도 모른다.

그래도 노력할 것이다. 아이를 낳고 내가 얻은 것 중 하나는 전보다 약자를 생각하게 되었다는 것이니까. 육안으로는 그리 높지 않은 턱에서 유아차가 자꾸만 뒷걸음질칠 때, 유아차가 덜덜 떨리는 오프로드 스타일의 보도블록을 지날 때, 노키즈존이라고 써놓진 않았지만 당최 바퀴가 굴러갈 평탄한 곳이 없는 가게에 들어갔을 때, 우리 유아차만으로 꽉 차는 좁은 엘리베이터에서 사람들의 눈치를 살필 때. 이곳에서 나보다 힘든 교통약자들을 떠올린다.

내가 엘리베이터에 갇힌 채 전화를 걸어 조금만 기다려달라고 말한 상대는 어린이집 원장이었다. 아이들이 어린이집에 다니기 시작하고 한 달쯤 지났을 때였다. 엘리베이터에 갇히기 전날, 나는 등원 길에 원장이 정해준 하원 시간보다 5분 늦게 어린이집에 도착했는데, 아이들을 데리러 가는 길에 전화를 받았다. "어머니, 지금 오시고 있나요?" 시계를 보니 약속 시간에서 2분이 지나 있었다. 나는 죄송하다고, 가는 길이라고 말하며 머리를 몇 번씩 꾸벅거렸다. 그리고 아이들을 유아차에 태우고 돌아오는 길. 뒤늦게 기분이 나빠졌다. 대체 난 뭐가 이렇게 죄송할 일이 많을까?

전날의 굴욕을 다시 느끼고 싶지 않아 일찍 나선다고 나섰는데, 그렇게 엘리베이터에 갇혀버리게 되자 맥이 탁 풀렸다. 엘리베이터 사고 대처 안내문에는 드라마나 영화처럼 엘리베이터가 갑자기 추락하는 일은 없으며 엘리베이터에 갇힌 주인공이 갑자기 호흡곤란을 일으키는 모습은 과장된 설정이라고 적혀 있었다. 알겠어요, 침착하게 굴게요. 근데 까칠한 어린이집 원장이 애들 찾으러 오라고 한 시간이 몇 분 안 남았거든요, 얼른 저 좀 나가게 해주세요.

현재 엘리베이터에 갇혀 있는 상태라 아이들을 '제시간'에 데리러 가기가 어려울 것 같다고 하자 수화기 너머의 목소리는 텔레마케터처럼 명랑한 '솔'음으로 말했다. "잘 알겠어요, 어머니. 담임선생님께 전달할게요!"

다행히 엘리베이터는 영화에서 본 것처럼 추락하지 않았고, 나도 드라마 주인공처럼 폐소공포증을 일으키지 않았다. 다행이었다. 어린이집에 도착해서 보니 예정된 하원시간보다 20분 늦은 시각. 원장은 반갑게 맞아주었지만, 나는 입꼬리를 올려가며 웃을 기운이 없었다.

엘리베이터에 갇혔던 2년 전 그날의 일기를 읽고 생각했다. 그 사이 무엇이 변했을까? 아직 말도 못하는 애들을 보내도 괜찮냐는 주변의 걱정을 뒤로한 채 아이들을 어린이집에 보낸 지 올해로 3년째. 유아차를 타고 어린이집을 오가던 유아들은 요즘 아파트 단지에서 킥보드를 타고 날아다니고, 누가 미운 네 살 아니랄까 봐 미운 어휘는 하루가 다르게 늘고 있다.

나는 어떻지? 기던 아이가 뛰고, 옹알이 하던 아이가 성대모사까지 하며 완벽한 문장을 구사하게 되는 동안, 내 세상은 얼마나 넓어졌을까? 지금도 진행 중인 전 세계적인 역병만 아니었다면 나의 세상도 우리 집 유아들처럼 하루하루 팽창했을까? 어쩐지 나는 자신이 없다. 여전히 나는 갇혀 있는 기분이다. 2년 전, B2층에서 멈춘 엘리베이터 안에.

후진은 무섭지만
달리고 싶어

"넌 운전하지 마라."

연애 시절, 놀이공원에서 범퍼카를 뒤로 빼내지 못해 내내 구석에 처박혀 있던 내 모습을 보고 남편이 말했다. 약이 올랐지만 고개를 끄덕였다. 어차피 이번 생엔 운전을 할 생각이 없었다. 하지만 십수 년 동안 조수석에 타면서도 편히 눈 붙인 날이 다섯 손가락에 꼽히는 건, 운전석의 남자를 끔찍이 사랑했기 때문만은 아니었다. 내게 차는 멀미와 공포의 대상이었다. 택시를 타면 롤러코스터를 탄 듯 오금 저린 날이 많았고, 고속버스에서도 기사님이 졸음운전을 할까 봐 눈을 떼지 못했다.

출산 전까지만 해도 나는 내가 운전을 안(못) 하는 상황을 꽤 긍정적으로 해석했다. 내 일이 끝나는 시간에 맞춰 내 지분 반이 들어간 차를 타고 나타나는 남편을 볼 때면 '기사 딸린 차'를 소유한 기분이었다. 하지만 쌍둥이가 태어난 후 모든 것이 변해버렸다. '기사님'이 집에 없는 날엔 아이들을 데리고 동네를 벗어나는 일이 불가능했다. 생활 반경은 유아차를 끌고 다닐 수 있는 지하철역 두 세 정거장 사이로 좁아졌고, 인간관계 역시 동네로 찾아와주는 몇 친구를 제외하면 대부분 소원해졌다. 아침에 목포에 갔다가 저녁에 우리 집에 들르는 영화인 E에게는 그야말로 전국이 1일 생활권인데, 나는 네이버 지도로 예상 소요시간이 1시간 넘어가는 장소는 '갈 수 없는 곳'이라 여겼다('안 돼, 아이들 하원 전까지 못 돌아올 것 같아!'). 팬데믹 이후, 유아 둘의 엄마로서 대중교통 이용조차 꺼려지자 프리랜스 에디터로 낯선 사람을 만나거나 여러 사람이 모이는 일은 포기해야 했다.

더는 이렇게 살 수 없어 운전을 하리라 마음먹었을 때, 가장 먼저 떠오른 건 장류진 작가의 〈연수〉였다. 운전에 대한 공포를 가진 '비혼 여성 주인공'이 지역 맘카페를 통해 만난 '기혼 중년 여성 선생님'께 연수를 받는 이야기. 나는 동네에서 필요한 육아 정보를 검색할 때만 들어가던 지역 맘카페에 '도로 연수'라는 검색어를 넣었고 그러자 관련 글이 여러 개 나왔다. 장롱면허이거나 물면허이거나, 혹은 둘 다였던 '맘'들이 어떤 이유로 운전을 결심하고 어떤 우여곡절을 거쳐 홀로 운전하기에 성공했는지, 이후의 삶은 어떻게 바뀌었는지 다르고도 비슷한 이야기들이었다. 건조기와 식기세척기는 삶의 질을 바꾸지만, 자동차는 한 사람(특히 유자녀 여성)의 우주

에필로그

를 바꾸는 듯했다. 나는 추천이 중복되는 선생님에 관한 후기에 댓글을 남겼다. 「저도 선생님 연락처 좀 받을 수 있을까요?」 맘카페에 댓글을 단 건 이때가 처음이었다.

선생님은 고래도 운전하게 만드는 칭찬으로 용기를 주시는 분이었다. 첫날 어두운 주차장을 벗어나 환한 도로 위를 달릴 때의 기분이란, 아이들이 처음으로 걸음마를 떼서 내 품에 안기던 순간만큼이나 벅찼다. 우리는 하루에 2시간씩 5일간 만났는데, 첫날부터 직업병이 도진 나는 선생님께 이 일을 시작하게 된 계기를 여쭤보았다. "주식 때문에, 내가 아파트 한 채 해먹었거든. 하하." 남편 몰래 사둔 주식이 종이쪼가리가 된 후, 대학 전공인 동양화를 취미로 그리던 중산층 전업주부는 지인을 좇아 도로 연수 강사가 되었다. 처음엔 찾는 사람이 없어 서울 전역을 오가며 띄엄띄엄 일을 했는데, 이 지역 맘카페에서 추천이 이어지며 거주지 반대편인 마포로 일주일 내내 출근하고 있다고 하셨다. 연수 마지막 날, 나는 선생님께 〈연수〉가 실린《2020 젊은작가상 수상작품집》을 선물했다. 우리는 처음이자 마지막으로 악수를 나눴고, 선생님은 말씀하셨다. "겁먹지 말고 열심히 연습해요. 그럼 어디든 갈 수 있어!"

조수석에 남편을 태우고 몇 번의 연습을 더한 뒤 처음으로 혼자서 운전대를 잡은 그날. 내비게이션 목적지에 최근 나를 자주 만나러 와준 E의 일산 집주소를 넣었다. 지하철을 여러 번 갈아타며 갈 땐 멀고 멀었던 내 친구의 집까지 예상 소요시간은 30분. 라디오에서 나오는 음악을 흥얼거리며 가다 보니 어느새 목적지에 도착해 있었다. E는 감격스러운 듯 운전대를 잡은 내 모습을 사진으로 담았다. 하지만 감격스러운 상봉은 오래가지 못했다. 그로부터 3분 뒤 운전석에서 내려 사고 현장 사진을 찍어야 했으니까.

띠- 하는 후방 센서 경고음과 동시에 유리가 깨지고 금속이 우그러지는 소리가 났다. 사고 요인은 미숙한 후진 엑셀 조작. 동네에서 앞으로 나갈 때는 아무리 밟아도 속도가 시속 40킬로미터 내외더니만 하필 경사진 주차 구역으로 후진하던 그 순간 힘이 많이 들어간 것이다. 내 차로 출입문을 '깨먹은' 사무실엔 다행히 아무도 없었다. 내가 콘솔박스를 열어 보험사에 사고 접수를 하는 동안 친구는 사무실 주인에게 전화해 사고 상황을 알렸다. 현장에 출동한 보험사 직원이 신속하게 업무를 처리하고 자리를 떠난 뒤 나는 친구의 집에서 사무실 주인이 돌아오기를 기다렸다. 사고 처리야 보험사가 한다지만, 사과는 내가 해야만 했다.

길고 긴 3시간 동안 나는 E의 집 거실에 쪼그리고 앉아 바느질을 했다. 전날 밤부터 딸아이는 등이 터진 자신의 애착 인형을 꿰매달라 했고, 나는 오늘 어린이집에서 돌아오면 새 옷으로 갈아입은 토

끼가 인사해줄 거라 약속했다. 지키지 않는다면 딸은 저녁 내내 나를 원망하며 울부짖을 게 뻔했다. 좀 전에 사고를 친 손으로 덜덜 떨며 바느질하는 날 보고 친구는 큭큭큭 웃다가 사과하고 또 킥킥 킥 웃다가 사과했다. 그래, 사람 안 다쳤으면 된 거고(이날 내가 가장 많이 들은 말이다), 웃겼으면 된 거야?

집으로 돌아가는 길. 내 운전 실력은 연수 전으로 퇴화해 있었다. 도로에서 운전에 미숙한 차량을 보면 악의 없이 "김여사네"라고 말하는 남자들의 목소리가 귓가에 웽웽거렸다. 하필 난 왜 '김씨'일까? 정신을 집중해도 모자란 운전 초보는 100% 본인과실 사고 후유증에 자기혐오에까지 빠져, 정작 빠져야 할 길목에서 빠지지 못해 하마터면 직진만 하다 부산까지 갈 뻔했다. 어쨌거나 그날 결국 집으로 돌아올 수 있었던 건 내 옆으로 쌩쌩 달려오는 차들보다 다가오는 아이들의 하원 시간이 더 무서웠기 때문이었다.

요즘 나는 비상등을 켜고 멈춰서 주변을 돌아보고 천천히 차를 뒤로 물리는 연습에 한창이다. 몇 년이 걸릴지 모르겠지만 운전에 능숙해질 때까진 아이와 노인과 미인(?)은 태우지 않을 계획이다. 엘리베이터에 갇힌 그 엄마는 어떻게 되었냐고? 그는 오늘도 차 키를 들고 지하 주차장으로 향한다. 더디더라도 지상으로 나가기 위해, 사랑하는 사람들을 태우고 달릴 그날을 위해.

"남편의 아내가 되기 전에 내 자식의 어미이기 전에

첫째로 나는 사람인 것이오."

_나혜석(한국 최초의 여성 서양화가, 작가)

엄마를 위한 나라는 없다

초판 1쇄 인쇄 2021년 8월 26일
초판 1쇄 발행 2021년 8월 31일

지은이 김가혜

발행인 유영준
편집팀 오향림, 한주희
디자인 데시그 이하나
인쇄 두성P&L
발행처 와이즈맵
출판등록 제2017-000130호(2017년 1월 11일)

주소 서울시 강남구 봉은사로16길 14, 나우빌딩 4층 쉐어원오피스(우편번호06124)
전화 (02)554-2948
팩스 (02)554-2949
홈페이지 www.wisemap.co.kr

ISBN 979-11-89328-49-8 (03330)